Dannah Gresh

Nancy DeMoss Wolgemuth

BEGLEITBUCH FÜR MÜTTER

# Lügen, die Mädchen glauben

und die Wahrheit, die sie frei macht

Dannah Gresh
Lügen, die Mädchen glauben – Begleitbuch für Mütter

Falls nicht anders vermerkt, sind die Bibelzitate der Elberfelder Übersetzung 2003, Edition CSV Hückeswagen, entnommen.

1. Auflage 2023
2. Auflage 2025


Christliche Literatur-Verbreitung e. V.
Ravensberger Bleiche 6 · 33649 Bielefeld
www.clv.de

Bei Fragen zur Produktsicherheit erreichen Sie uns
über gpsr@clv.de oder auf dem Postweg.



Übersetzung: Hermann Grabe, Meinerzhagen
Satz: Ertelier (Luba Ertel, Bulgarien)
Umschlag: Lucian Binder, Marienheide
Druck und Bindung: FINIDR, s.r.o., Český Těšín, Tschechien

Artikel-Nr. 256745
ISBN 978-3-86699-745-5

# Was andere über „Lügen, die Mädchen glauben“ sagen:

*Lügen, die Mädchen glauben* ist ein fantastisches Werkzeug für Mütter, um ihre Töchter vorzubereiten, den Lügen zu widerstehen, die sie während ihrer Jugendzeit und darüber hinaus zu glauben versucht werden. Investieren Sie in die Zukunft Ihrer Töchter, indem Sie diese mit Wahrheit ausrüsten. Denn die alte Regel gilt immer noch: Ein Gramm Vorsorge ist *ganz sicher* so viel wert wie ein Kilo Heilmittel hinterher!

**MARY A. KASSIAN**
Autorin von *Girls Gone Wise*, Mitautorin von *Divine Design*

Mir gefiel *Lügen, die junge Frauen glauben* von Nancy DeMoss Wohlgemuth und Dannah Gresh sehr. Und jetzt bin ich hocherfreut, zu sehen, dass durch *Lügen, die Mädchen glauben* junge Mädchen in Wahrheiten eingeführt werden, die sie frei machen. Nur Jesus kann das tun, aber Dannah macht sehr deutlich, wie man diese Veränderung durch Jesus erleben kann. Ich kann es gar nicht abwarten, dass es in die Hände meiner Enkelinnen gelangt!

**CATHE LAURIE**
Gründerin und Leiterin von *Virtue*, Frauenarbeit in der *Harvest Christian Fellowship*.

Unsere Töchter sind von schön klingenden Botschaften umringt, wie „Mädchen sind die Bosse“ und „Mädchen regieren die Welt“. Aber ist das die Wahrheit? Nein – die Wahrheit ist, dass Jesus der Boss ist und dass er regiert! Darum freue ich mich, dass Dannah Gresh diese Hilfe für Mütter geschrieben hat, um den Lügen der Sozialen Medien, der Popkultur und törichter Freundinnen Widerstand leisten zu können. Schnappt Euch Eure Töchter und dieses Buch und sucht einen passenden Platz, um mit ihnen zu reden. Ich weiß, dass dieses Buch der Türöffner für viele absichtliche „Dates“ mit meinen Töchtern sein wird!

**ARLENE PELLICANE**
Sprecherin und Autorin von *Parents Rising* und *31 Days to Becoming a Happy Mom*

# Einführung

## Was jede Mutter über die Gefühle ihrer Tochter wissen muss

**Um ein Gespräch mit Deiner Tochter zu beginnen, kannst Du ihr diese interessante Frage stellen:** Was ist der größte lebende Organismus der Welt? Du wirst vermutlich zuerst an den Blauwal denken, aber das ist nicht die richtige Antwort! Es ist ein Baum im *Fishlake National Forest* in Utah. Und weil er so groß ist, hat er den Namen „Pando" bekommen. Es handelt sich bei ihm nicht um einen Riesenmammutbaum, der auch Redwood genannt wird. Es ist eine Espe, genauer gesagt eine Klon-Kolonie* einer einzigen männlichen Zitterpappel. Pando, auch als „Zitternder Riese" bekannt, sieht wie ein Wald voller Bäume aus. Aber genetische Untersuchungen haben bewiesen, dass alle Bäume Anteil an einem massiven unterirdischen Wurzelsystem haben. Die Pflanze breitet sich über mehr als 26 Hektar aus und wiegt rund 6600 Tonnen. (Etwa so viel wie 33 Blauwale!)

Und das ist etwas, was ich an diesem Baum besonders interessant finde: Er hat wegen seiner tiefen, weitverzweigten Wurzeln oft schon Waldbrände überstanden. Wenn die Feuer durch Pando rasten, blieben die Wurzeln vor der Hitze bewahrt. Aus dem Leben im Untergrund sprossten schließlich neue Schösslinge in den fruchtbaren Boden, den das Feuer zurückließ.

Im Gegensatz dazu haben die Fichten, die auch in der Gegend wachsen, ein flaches Wurzelwerk. Kommt dann ein Feuer, so verbrennt es diese Bäume vollständig.

Wurzeln haben eine große Bedeutung. Das Ding mit den Wurzeln ist aber: Man kann sie nicht sehen. Ein Baum mag – oberflächlich betrachtet – stark und gesund aussehen, doch kann man nicht viel über ihn sagen, bevor man die unterirdischen Wurzeln untersucht hat.

* Eine Klon-Kolonie ist eine Gruppe genetisch identischer Individuen, wie Pflanzen, Pilze oder Bakterien, die an bestimmten Orten rein vegetativ und nicht durch geschlechtliche Vermehrung entstanden sind und von einem einzigen Vorfahren abstammen.

Welcher Art Wurzeln hat Deine Tochter? Sind sie tief und weit ausgebreitet wie bei Pando, oder sind sie flach und schwach wie die Wurzeln der Fichte?
Ich kenne viele Eltern, die sich wünschen, sie könnten noch mal von vorn anfangen, um geistliche Wurzeln in ihren Kindern zu etablieren. Aber es ist zu spät. Im Alter, in dem sie zur High School oder ans College gehen, ist aus den niedlichen Kleinkindern, denen man Schlafanzüge mit Füßchen dran anzog, ein Haufen von Zerbrochenheit, Sündhaftigkeit und Schlimmerem geworden. Einigen sieht man es nicht so an, dass sie Gott verworfen haben, aber sie haben sich mit der subtilen Neutralität eines „anständigen" aber „gottlosen" Lebens abgefunden. Ihre Wurzeln reichten nicht tief genug.

Ich möchte jetzt Klartext reden. Die Kinder frommer Eltern sind am Ende manchmal auch gottlos. Die Geschichte von Adam und Eva beweist das. Aber davon will ich hier nicht reden. Ich spreche hier von Eltern, die *wissen*, dass sie es besser hätten machen können. Sie berichteten mir, dass es ihnen nicht so sehr darum ging, die Wahrheit in ihre Kinder zu pflanzen, wie sie darauf bedacht waren, ihnen Körperpflege oder außerschulische Interessen wichtig zu machen. Dann kommt Reue darüber auf, der akademischen Bildung mehr Bedeutung beigemessen zu haben als der geistlichen Herzensbildung, und das kann zu einer schmerzhaft schweren Last werden. Solche Eltern beten nun intensiv und hoffen, Gott möge ihre erwachsene Tochter auf wundersame Weise retten.

Ich wünsche mir, dass das nicht von Dir gesagt werden muss. Viel lieber würde ich Dir bei Deiner Tochter helfen, während sie noch jung ist. Es gibt keine Garantien, außer wenn Du weißt, dass es Dir darum geht, Wahrheit in ihr Herz zu pflanzen.

Ich habe das selbst mit meinen beiden Töchtern Lexi und Autumn gelernt. Sie sind jetzt in den Zwanzigern und dabei, sich in den Nervenkitzel des wirklichen Lebens, also des „Erwachsenseins" einzuleben. Sie sind nicht vollkommen und würden auch nicht wollen, dass ich Dir etwas anderes berichte, aber ich bin froh, sagen zu dürfen, dass sie nicht nur so gerade eben ihre Mädchen- und Teenagerjahre überlebt haben, sondern in ihnen geradezu aufgeblüht sind.

Natürlich hat sich vieles geändert seit der Zeit, als sie in dem Alter waren. Ich wollte also Ihrer elterlichen Realität wieder etwas näherkommen.

Darum reiste ich überall im Land herum, um Gelegenheiten für Gesprächsgruppen mit Müttern von Mädchen im Alter von 9-12 Jahren zu bieten. Hier folgen einige Dinge, von denen Mütter mir berichteten, dass sie darüber bekümmert sind:

- *Meine Tochter wurde in der fünften Klasse über Frauenrechte und Abtreibung belehrt. Ihre Lehrerin an der öffentlichen Schule war eine eiserne Feministin, die ihre Überzeugungen in ihr Curriculum eingebaut hatte. Als ich so alt war, wusste ich von all diesen Dingen noch gar nichts.*

- *Es gibt mehr gezielte Werbung. Medienriesen meinten, nicht genug Geld zu verdienen. Sie schauten sich um und entdeckten den Markt für Kinder vor der Pubertät. Sie hatten es besonders auf unsere Mädchen abgesehen. Früher wollten sie Spielzeug; heute muss es Make-up, Essen [und] Kleidung sein. Unsere Töchter meinen, diese Dinge nötig zu haben.*

- *Meine Tochter kam mit einem Buch aus der Bücherei nach Hause. Darin wurde die Tatsache gefeiert, dass der Hauptcharakter zwei Mütter hatte und einen Jungen traf, der auch zwei Mütter hatte. Ich war sehr enttäuscht, dass die öffentliche Bibliothek ein dermaßen die linke Propaganda vorantreibendes Buch für Kinder in der zweiten Klasse bereithielt.*

- *Sie war in der dritten Klasse und acht Jahre alt, als einer aus der fünften Klasse Selbstmord beging. Ich glaube nicht, dass Kinder Selbstmord begingen, als ich in dem Alter war.*

Diese Mütter suchten sichere, altersangemessene Möglichkeiten, wie man reife und sensible Themen mit ihren Töchtern diskutieren kann. Sie wollten das tun, ohne sie mit verwirrenden Lügen bekannt zu machen. Zugegeben, dies sind Themen, die auch für uns als erwachsene Frauen große Herausforderungen bedeuten. Wie reden wir daher über sie mit Zehnjährigen? Und sollten wir es überhaupt tun?

Die Entscheidung über das Wie und Wann für diese Gespräche werden noch weiter dadurch verkompliziert, dass diese jungen Mädchen unglaublich emotional sein können. Zu den Wörtern, die die Müttern benutzten, gehörten: *unsicher, peinlich berührt, verwirrt, angespannt, zornig, deprimiert, voll Scham* und *einsam*. Sie fragten mich immer wieder, ob die Reaktionen, die ihre Töchter dem Leben gegenüber hatten, entwicklungsmäßig normal waren, oder ob man besorgt sein müsse. Das ist eine wichtige Frage ohne eine leichte Antwort. Jede Mutter muss sie für sich selbst beantworten. Aber ich habe ein Werkzeug gefunden, das Dir dabei helfen kann. Ich nannte es „klebrige Gefühle", um Dir und Deiner Tochter etwas zu geben, um ungesunde Emotionen zu erkennen. Ich habe das mit High School- und College-Mädchen ausprobiert und meine, es sei etwas, was wir alle gebrauchen können, damit wir entscheiden können, ob unsere emotionalen Reaktionen gesund sind, oder als Warnsignal dienen, dass etwas falsch ist.

## Klebrige Gefühle

Der Körper Deiner süßen kleinen Tochter fängt an oder hat bereits begonnen, die Angriffe hormonaler Komplikationen zu erleben, durch die es schwierig wird, gesunde von ungesunden Emotionen zu unterscheiden. Es ist trotzdem möglich. In der Einleitung zu *Lügen, die Mädchen glauben* schrieb ich für Deine Tochter:

> Gott hat die guten **und** die schlechten Gefühle gemacht, und sie können beide nützlich sein, wenn Du Gottes Wahrheit benutzt, um auf sie zu reagieren. Hast Du aber ein schlechtes Gefühl und weißt nicht warum, oder wenn es einfach nie weg geht und Du es die **ganze Zeit, JEDEN TAG** fühlst, ist das ein „klebriges Gefühl". Es könnte der Beweis dafür sein, dass Du eine Lüge glaubst!

Es ist sehr gut möglich, dass Deine Tochter mit einem bestimmten Gefühl zu kämpfen hat, weil Gott haben will, dass sie – mit Deiner Hilfe – auf eine Wahrheit reagiert. Vielleicht ist sie angespannt, weil zu vieles auf ihrem Stundenplan steht, und Du musst ihr helfen, Raum für Ruhepausen zu schaffen. Vielleicht ist sie bedrückt, weil sie sich nicht sicher ist, ob sie über Dinge reden darf, die sie aufregen und sie muss lernen, wie sie über ihre Frustrationen auf eine reife Art und Weise sprechen kann. Gott schuf unsere Gefühle, um uns Botschaften zu übermitteln, und von uns wird erwartet, auf solche Signale zu reagieren. Tun wir das, so verschwinden diese Gefühle oftmals, weil sie ihren Zweck erfüllt haben.

Aber manchmal bleiben solche Gefühle an einem Mädchen kleben. Sie treten ohne offensichtlichen Grund auf und gehen nicht weg! Das passiert, wenn man ein Problem hat. Dann muss jede Mutter Folgendes über die Probleme ihrer Tochter wissen:

**Chronische, wiederkehrende, klebrige Gefühle können der Beweis dafür sein, dass Lügen in den Tiefen des Glaubenssystems Deiner Tochter wachsen. Sie könnte in geistlichen Fesseln liegen.**

Der Ausdruck „geistliche Fesseln", den Nancy DeMoss Wolgemuth in *Lügen, die wir Frauen glauben* verwendet, um zu beschreiben, was gläubige erwachsene Frauen erleben, erklärt auch die Krisen, denen Mädchen begegnen. 72 % der Mütter, die meine Gesprächsgruppen besuchten, glauben, dass die Gefühle ihrer Töchter die Äußerungen noch viel tieferer, finsterer Kämpfe sind. Eine Mutter drückte es so aus:
*„Satan unterscheidet nicht nach Altersgruppen."*
Das sehe ich auch so. Du hast dieses Buch wahrscheinlich in die Hand genommen, weil Du dem ebenfalls zustimmst. Aber wo sollen wir anfangen, unseren geliebten Mädchen zu helfen? Durch Nancys Buch *Lügen, die wir Frauen glauben. Und die Wahrheit, die sie frei macht* haben über eine Million Frauen Sieg über alle möglichen Formen von Sünde, Traurigkeit, Unruhe, Furcht, Einsamkeit, Sucht, Hoffnungslosigkeit und vieles mehr erlebt. Sie hat den Leserinnen geholfen, ihre geistlichen Fesseln tief verwurzelten Lügen zuzuschreiben. Dann hat sie ihnen geholfen, diese Lügen auszureißen und durch Gottes Wahrheit zu ersetzen.

*Unsere Töchter wurden belogen.
Sie brauchen die Wahrheit,
um frei gemacht zu werden.*

Die beiden Bücher *Lügen, die Mädchen glauben* und *Lügen, die Mädchen glauben – Begleitbuch für Mütter* sind die Antwort auf die große Menge der Mütter, die sich so ein Buch für ihre acht- bis zwölfjährigen Töchter wünschten. Was wäre, wenn ich Dir sagen würde, dass Deine Tochter, statt neidisch, gemein, launisch, habgierig, und versklavt zu sein, folgende Eigenschaften entwickeln könnte:

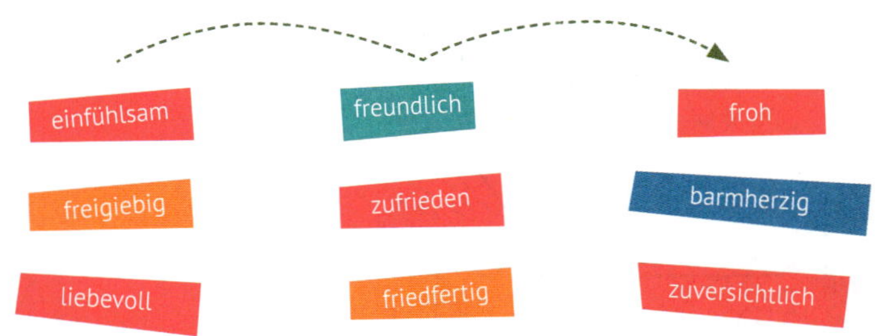

Gott möchte, dass Deine Tochter – und Du! – *frei* leben. Allerdings hat uns Jesus gesagt, dass das nicht leicht werden würde. Er sagte:

**„[Satan] kommt nur, um zu stehlen und zu schlachten und zu verderben. Ich bin gekommen, damit sie Leben haben und es in Überfluss haben."**

(Johannes 10,10)

Wahrheitsperle

Es wird harte Kämpfe im Leben Deiner Tochter geben, wenn Satan versucht, sie zu belügen und Gott will, dass sie die Wahrheit erkennt und glaubt. Ich möchte Dir und Deiner Tochter helfen, diesen Krieg zu gewinnen, damit sie das überfließende Leben erfährt, für das Jesus kam, um es Euch beiden zu schenken. Du kannst nicht entscheiden, ob Deine Tochter Gottes Wort annehmen wird, aber Du kannst Samen in sie pflanzen, damit sie in Wahrheit gegründet wird.

Die Schreiber des Alten Testaments verstanden, wie wichtig es ist, wohlgegründet zu sein. Jeremia, Hesekiel und die Psalmen schrieben darüber. Der Apostel Paulus bediente sich ihrer Worte, als er schrieb:

Mein Ziel für dieses Buch und für *Lügen, die Mädchen glauben* besteht darin, Dir zu helfen, Samen zu pflanzen, damit in Deiner Tochter tiefe, weitverzweigte Wurzeln der Wahrheit gedeihen.

# Wie man *Lügen, die Mädchen glauben* und *Lügen, die Mädchen glauben – Begleitbuch für Mütter* zusammen verwenden kann

1. **Lies** *Lügen, die Mädchen glauben – Begleitbuch für Mütter* zur gleichen Zeit und im selben Tempo wie Deine Tochter *Lügen, die Mädchen glauben* liest. Wenn Du also diese Einführung liest, solltest Du Deine Tochter ermutigen, die Einführung in ihrem Buch ebenfalls zu lesen. Die Kapitel laufen parallel nebeneinanderher und bereiten Euch für großartige Mutter-Tochter-Gespräche vor.

2. **Bete** für Deine Tochter. Ich werde in jedem Kapitel Gebetsideen vorbereiten. Sie werden etwa so aussehen:

## Mit Gott reden:

**Nutze Johannes 10,10 als Inspiration, um ein Gebet für Deine Tochter zu formulieren:** Bitte Gott, aus Dir eine weise Mutter zu machen, die erkennt, wenn der Satan versucht, das Herz ihrer Tochter zu rauben. Bete, Gott möge dieses Buch gebrauchen, damit Du Deiner Tochter helfen kannst, ein reiches und erfülltes Leben in Christus zu genießen:

*„[Satan] kommt nur, um zu stehlen und zu schlachten und zu verderben. Ich bin gekommen, damit sie Leben haben und es in Überfluss haben.“*
(Johannes 10,10)

**3.** *Rede* mit Deiner Tochter. Benutze die Gesprächsanregungen am Ende Deines Kapitels, um mit ihr zu reden. Sie werden etwa so aussehen:

## Mit Deiner Tochter reden:

**Nachdem Deine Tochter die Einführung zu** *Lügen, die Mädchen glauben* **gelesen hat**, lass sie die Seite 9 aufschlagen und frag sie, ob sie bereit ist, ihre Antworten auf das „Mädchen-Drama-Quiz" mit Dir zu diskutieren. Das ist Deine Chance, feststellen zu können, in welchen Bereichen Deine Tochter weiterhin Deine Gebete und Anleitungen nötig hat.

## Lügen, die wir Frauen glauben

Ich ermutige Dich, zuerst das Buch *Lügen, die wir Frauen glauben* zu lesen und die in Nancys Buch gefundenen Wahrheiten anzuwenden. Wenn Du es schon gelesen hast, solltest Du es eventuell noch einmal überfliegen, damit es wieder frisch in Deinem Bewusstsein ist. Es gibt kein besseres Werkzeug, das Du Deiner Tochter geben kannst, um Wahrheit und Freiheit zu erleben, als wenn Du selbst eine lebensverändernde Begegnung mit der Wahrheit gehabt hast.

# Mach Dich bereit, Deiner Tochter zu helfen

(Enttarnung von drei Lügen, die Mütter glauben)

Dannah

**Um die Geschichten für dieses Buch zu sammeln**, machte ich mich auf den Weg, kochte Kaffee und traf mich in elf Städten mit Müttern von Mädchen im Alter von 9-12 Jahren.

## 156 Frauen nahmen an den Gesprächsgruppen teil!

Bei jeder dieser Begegnungen erhielten die Frauen Abstimmungsklicker. Ich stellte Fragen wie: *„Ist Ihre Tochter verrückt nach Jungs?“* Jede Teilnehmerin konnte die Fragen ganz für sich beantworten. Dadurch erhielt ich grundlegende Prozentwerte darüber, wie weit verbreitet ein Problem jeweils ist. Danach wurde darüber gesprochen. Unsere Unterhaltungen waren oft mit Tränen angefüllt, wirkten aber reinigend, wenn Mütter ihre traurigsten Geschichten und tiefsten Gefühle über das Muttersein mitteilten. Wir wurden auch oft ermutigt, wenn die Frauen uns an ihren Siegen in diesen Kämpfen um die Wahrheit teilhaben ließen. Du wirst diese Geschichten – oder Fallstudien – auf den Seiten dieses Buches finden. Die Namen sind erfunden, die Geschichten jedoch nicht. Diese Mütter halfen mir, die Lügen genau zu beschreiben, um die es im nächsten Abschnitt dieses Buches geht. Zusammen identifizierten wir drei Lügen, die Mütter glauben. Sie hindern uns daran, unseren Töchtern beizubringen, wie man in der Wahrheit wandelt. Sie lauten:

### Mutter-Lüge Nr. 1:

**„Ich kann (nicht) kontrollieren, was meine Tochter glaubt.“**

### Mutter-Lüge Nr. 2:

**„Es ist zu früh, um mit meiner Tochter über _______ zu reden.“**

### Mutter-Lüge Nr. 3:

**„Meine Tochter ist nicht so gefährdet wie andere Mädchen.“**

Wenn sich diese Sätze für Dich unangenehm bekannt anhören, lehn Dich beruhigt zurück. Du bist nicht die Einzige. Und wenn Du wirklich meinst, dass Du diese Lügen nicht glaubst, möchte ich Dich bitten, die nächsten paar Kapitel trotzdem zu lesen. Ich hoffe, bei Dir ist das anders, aber ich gebe zu, dass ich auch nicht gedacht habe, dass ich diese Lügen glaubte. Als ich dann mein Herz überprüfte, stellte ich fest, dass ich bereits angefangen hatte, diesen Lügen Raum in meinem Leben zu geben. Ich weiß nicht, wie es Dir geht, aber ich möchte nicht, dass irgendetwas mich davon abhält, meinen Mädchen zu helfen, in der Freiheit der Wahrheit zu wandeln. Darum: Bevor wir Deiner Tochter helfen, würde ich gern einige Zeit damit verbringen, Dich in den nächsten drei Kapiteln zu ermutigen und zu unterstützen.

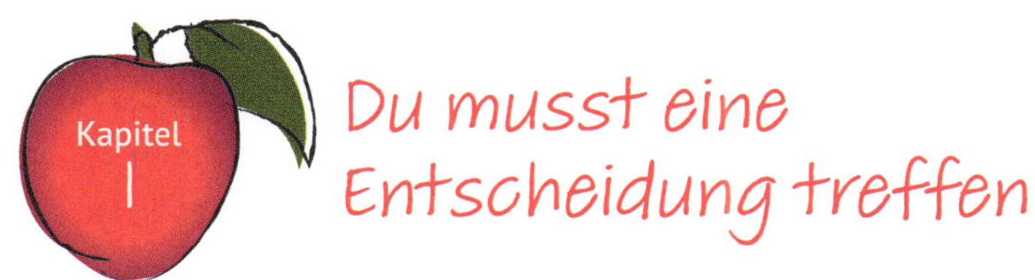


# Du musst eine Entscheidung treffen

**Zwei Bilder haben sich für immer in meiner Erinnerung festgebrannt.** Das erste ist der wunderbare Anblick eines Mädchens, das zusammen mit seiner Mutter (meiner Freundin) niederkniet, um ihr Leben Christus zu übergeben. Auf diesem Bild hat das Mädchen – ich bringe es einfach nicht fertig, ihr einen anderen Namen zu geben – ein wunderschön ansteckendes Lächeln.

Das andere Bild ist erschreckend. Es zeigt dasselbe Mädchen. Aber lass mich erst ein bisschen mehr von meiner Freundin und ihrer Tochter erzählen, bevor ich sage, was auf dem zweiten Bild ist. Als sie elf war, drängte sie ihre Eltern, ihr zu erlauben, einen Instagram-Account zu erstellen. Aber sie blieben dabei, dass man das für diese App empfohlene Mindestalter[1] einhalten sollte. Sie blieben hartnäckig und sagten: „Noch nicht!" Als ihre Tochter auf diese Entscheidung sehr heftig und emotional reagierte, nahmen sie an, das sei eine „normale" Teenager-Reaktion.

Immerhin war sie auch nach ihrer Bitte erfolgreich in vielen außerschulischen Aktivitäten involviert, war immer noch die hilfsbereite große Schwester und brachte immer noch durch ihren Gesang Herzen zum Schmelzen. Sie schien das „Noch nicht" akzeptiert zu haben.

Nichts konnte also die Eltern auf den Telefonanruf eines Nachbarn vorbereitet haben, der sie auf das Geheimnis ihrer Tochter aufmerksam machte. Sie hatte hinter dem Rücken ihrer Eltern einen Instagram-Account erstellt.

Aber das war nicht das Schlimmste. Ihr neuster Beitrag enthielt ein grausames Foto, das ich wünschte, nie gesehen zu haben. Das süße, kaum zwölf Jahre alte Mädchen hatte Schnitte am Handgelenk und das Blut lief an ihrem Arm herab, während ihre Augen leer in die Kamera starrten. Meine Freundin musste eine Entscheidung treffen: Wie würde sie diese schmerzliche Möglichkeit nutzen, ihre Tochter in der Wahrheit zu erziehen?

Ich gehe davon aus, dass Du dieses Buch aus dem gleichen Grund besorgt haben, weshalb ich es geschrieben habe. Du siehst, dass unsere Mädchen in Schwierigkeiten sind, und Du möchtest etwas dagegen tun.

Die meisten Mädchen heutzutage leiden unter etwas, was man als das sogenannte „Angstspektrum" bezeichnet. Es geht nicht mehr darum, *ob* sie darunter leiden, sondern nur noch *wie viel*! Die Soziologin Juliet Schor, die Familientrends und Frauenthemen untersucht, warnt uns, dass die emotionalen Probleme, die sich in unseren Töchtern zeigen, und die wir für normal halten, noch vor gar nicht langer Zeit auf aggressive Behandlung zurückgeführt wurden.

*Heutige durchschnittliche (d.h. normale) Jugendliche zwischen neun und siebzehn Jahren zeigen genauso hohe Angstwerte wie Kinder, die man 1957 in psychiatrische Kliniken einwies.*[2]

In dem Bemühen, ihre Töchter aus einer solchen Statistik herauszuhalten, vertrauen viele Mütter auf Bestseller, Beratung, Mütterblogs und populäre Sprecher, die ihnen helfen sollen. Gegen solche Hilfen ist normalerweise nichts zu sagen. Auch ich habe sie genutzt, um eine gesundere Frau zu werden und gesunde Kinder zu erziehen. Sie bieten uns Verständnis und gute Tipps, aber mit ihnen allein dringt man nicht zum Eigentlichen vor, um der Zerbrochenheit in unseren Familien zu begegnen.

Liebe Freundin, wir brauchen mehr als nur das Reden über den Ruin, der in unseren Mädchen um sich greift. Wir brauchen eine Lösung. Wir müssen verstehen, *WARUM* sie zu kämpfen haben und *WIE* wir das aufhalten können.

## Warum die Mädchen zu kämpfen haben

Wie Deine Tochter in Kapitel 1 von *Lügen, die Mädchen glauben* erfährt, lassen sich alle unsere Sorgen auf das Paradies zurückführen, wo Satan, verkleidet als Schlange, der ersten Frau die erste Lüge erzählte. Seit dieser Begegnung hat er seine Täuschungen benutzt, um unsere Zuneigung zu gewinnen, unsere Entscheidungen zu beeinflussen, und letztendlich unser Leben zu zerstören.

**„[Der Teufel] war ein Menschenmörder von Anfang an und steht nicht in der Wahrheit, weil keine Wahrheit in ihm ist. Wenn er die Lüge redet, so redet er aus seinem Eigenen, denn er ist ein Lügner und ihr Vater."**

(Johannes 8,44)

Wahrheitsperle

Das Lügen gehörte immer schon zu seinen Spielregeln. Aber das Schlimme ist, dass wir dieses Spiel mitspielen. Eva war keine völlig unschuldige Zuschauerin. Sie arbeitete mit der Schlange zusammen.

Eva erlebte einen vollkommen, wunderbaren Tag im Paradies. Wie konnte er zum verheerendsten Tag der gesamten Menschheitsgeschichte werden? Eva hörte auf die Lügen der Schlange, und dann dachte sie darüber nach. Sie ließ es sich durch den Kopf gehen und hörte auf ihre Gefühle, was zu ihrem Fall führte. Wenn zwanghafte Gedanken und Emotionen die Oberhand gewinnen, geraten wir in tiefen Kummer. So habe ich es für Deine Tochter aufgeschrieben:

Vielleicht **FÜHLTE** sie sich verwirrt.
**„Moment mal ... hat Adam falsch verstanden, was Gott ihm gesagt hat?!“**

Oder vielleicht **FÜHLTE** sie sich rebellisch.
**„Wenn Gott so ist, dann *will* ich seinen Regeln nicht folgen!“**

Oder vielleicht **FÜHLTE** sie sich verängstigt.
**„O nein! Was ist, wenn Gott gar nicht so gut ist, wie wir denken?“**

Wir wissen nicht, was Eva dachte oder fühlte, aber wir können sehen, dass sie zuließ, dass ihre Gefühle sie kontrollierten. Dann passierte etwas wirklich Schlimmes: **Eva fing an, die Lüge zu glauben.** Sie stellte Gottes Wahrheit infrage!

## Die Frau glaubt die Lüge

Die Lüge zu glauben führte dazu, die Frucht zu essen, von der Gott Adam gesagt hatte, sie sollten nicht davon essen. Die Folgen dieser Sünde haben Folgen ohne Ende. Hier sind einige der alarmierenden Arten, wie sie sich als Gefahren für unsere Töchter zeigen:

- *Jugenddepressionsraten steigen, wobei Mädchen besonders gefährdet sind.*[3]

- *Eine Zunahme von Berichten über Angst, Schlaflosigkeit, Einsamkeit, Sorge und Abhängigkeit fällt zusammen mit der Auslieferung der ersten Smartphones.*[4] *In Amerika gibt es 23,5 Millionen Benutzer von Snapchat, die noch keine elf Jahre alt sind.*[5]

- *Die Raten von Fällen in der Notaufnahme wegen Ritzung, Verbrennung und Einnahme von Giften ist zwischen 2009 und 2015 bei Mädchen zwischen zehn und vierzehn Jahren um 19 % gestiegen.*[6]

- *Das Durchschnittsalter für das Einsetzen von Essstörungen ist von dreizehn bis siebzehn auf neun bis zwölf Jahre gefallen und wurde bereits bei Siebenjährigen diagnostiziert. Sechzig Prozent der Grund- und Mittelschullehrer melden Essstörungen bei ihren Schülerinnen.*[7]

Während viele Mädchen in den obigen traurigen Statistiken nicht erscheinen, kämpfen die meisten mit Körperbildproblemen, mit bösem Verhalten, Jungs-Verrücktheit, Materialismus, Leistungsdruck und einem Haufen mehr allgemeiner Probleme.

Wir müssen also etwas unternehmen.

## Wie wir ihnen helfen können

### Es gibt etwas, was mächtiger ist als Satans Lügen – und zwar Gottes Wahrheit.

Seit mehr als zwei Jahrzehnten begleite ich Teenager und erwachsene Frauen auf ihrem Weg, von allen möglichen Traumata und von Süchten und sündigen Verhaltensmustern freizukommen. Ich habe ihnen geholfen, zu verstehen, welche Lügen sie geglaubt haben, und wie man dramatische Wahrheitsbegegnungen mit Gottes Geist erfahren kann. Es ist immer wieder atemberaubend, ihn am Werk zu sehen.
Dieser Prozess ist auch bei jüngeren Mädchen wirksam. Und es ist an der Zeit, das zu nutzen. Die von den Mädchen geglaubten Lügen müssen ausgerissen und durch die göttliche Wahrheit ersetzt werden. Das ist die

Vorgehensweise, die ich Deiner Tochter auf den Seiten von *Lügen, die Mädchen glauben* beibringen möchte.
Dabei rede ich nicht von mystischen Formeln, durch die das gesamte Mädchen-Drama verschwindet. Es gibt keine Abkürzungen vorbei an fiesen Mädchen, Schulstress oder Familientragödien. Das Leben ist hart. Aber gemeinsam können Du und ich Deine Tochter befähigen, durch alle Lebenswirklichkeiten – durch Schulstress, Gruppendruck, Probleme durch soziale Medien, Ausschlüsse von einem Team und sogar aus familiärer Zerbrochenheit – zu Freiheit und wahrer Freude zu gelangen.
Aber bevor wir zu der Wahrheit kommen, die Deine Tochter nötig hat, wäre es gut, wenn wir über einige Wahrheiten sprechen, die Du und ich nötig haben.
Lass uns 1. Mose 3 ansehen, den gleichen Abschnitt, den Deine Tochter in *Lügen, die Mädchen glauben* studiert. Leider ist es ja nicht so, dass wir, nur weil wir Mütter sind, niemals „klebrige Gefühle" haben, oder gegen Lügen immun sind.

*In den ersten drei Kapiteln dieses Buches würde ich gern drei der größten Lügen auspacken, die Mütter glauben.*

**Stürzen wir uns gleich in die erste von ihnen.**

Es ist eine, die ich selbst gut kenne.
Es gab Zeiten in der Erziehung meiner beiden Töchter, in der ich das starke *Gefühl* von Unfähigkeit verspürte, fast als läge ich im Koma, und ich wusste einfach nicht, was ich sagen oder tun sollte. Wenn sie zum Beispiel mit Freundschaftsproblemen ankamen, war ich manchmal völlig ratlos, wie ich damit umgehen sollte. Oder wenn sie so einen hübschen, aber viel zu kurzen Minirock kaufen wollten, dann kämpfte ich mit mir, wie ich Nein sagen sollte, ohne selbstgerecht zu erscheinen, oder damit anzudeuten, dass man an der Kleidung die Geistlichkeit einer Frau messen könnte. Die Verwirrung überwältigte mich. Manchmal dachte ich, es gäbe keine Möglichkeit, zu kontrollieren, was meine Töchter glaubten.
Dann waren da wiederum diese euphorischen Zeiten, in denen ich das *Gefühl* hatte, den Orden der „christlichsten Mutter des Jahres" verdient zu haben. Ich fühlte mich anderen Müttern überlegen und glaubte, ich wüsste über den Glauben meiner Töchter Bescheid. Verurteile mich nicht! Du kennst solche Gedanken sicher auch.

Beachte die Hervorhebung meiner Gefühle. Genau wie Eva – und unsere Töchter – neigen Du und ich dazu, unseren Gefühlen zu erlauben, uns zu kontrollieren. Diese Emotionen, die ich in Bezug auf das sich entwickelnde Glaubenssystem meiner Töchter und gegenüber meinen Erziehungsfähigkeiten hatte, waren ein Beweis dafür, dass ich mit einer typischen Mutterlüge meine Not hatte.

Mutterlüge Nr. 1

**„Ich kann (nicht) kontrollieren, was meine Tocher glaubt."**

Diese Lüge – eigentlich sind es zwei Variationen derselben Lüge – ist mächtig und vorherrschend, und wird deshalb in *Lügen, die wir Frauen glauben* angesprochen. Die erste Version sagt uns, wir hätten keine Kontrolle, und die zweite sagt, wir hätten die oberste Kontrolle.

Der Teufel benutzt diese polaren Gegensätze, um uns als Mütter in Fesseln zu legen. Das Eine veranlasst uns zur Nachlässigkeit, weil wir fürchten, dass all unser Eingreifen sowieso nichts nützen würde. Das Andere macht uns stolz, als hätten wir alles unter Kontrolle, und bringt uns dazu, wichtige Hinweise zu missachten, wenn unsere Töchter Kummer haben.

Ich hatte da eine besonders verwunderliche Begegnung mit einer Mutter, die nie an meinen Gesprächsgruppen teilnahm. Sie ist eine sprachgewandte, intelligente Frau, deren Ansichten ich gern für meine Untersuchungen gehört hätte. Als ich sie bei einem öffentlichen Ereignis traf, sprach ich mit ihr darüber. Sie erklärte mir freundlich, dass sie meine Gesprächsgruppen nicht besuchen würde. Als ich sie fragte, warum nicht, sagte sie: *„Meine Tochter wird zu Hause unterrichtet. Ich steuere die Einflüsse auf ihr Leben; sie glaubt keine Lügen."*

Ich starrte sie nur verdutzt an und wusste nicht, was ich sagen sollte. Ich musste sie missverstanden haben, oder sie hatte sich falsch ausgedrückt. Ich bat sie um eine Erklärung. Und sie gab mir eine. Sie war sehr zuversichtlich, dass ihre Tochter außer jeder Gefahr war.

Hast Du es wirklich in der Hand, was aus Deiner Tochter wird? Lies Nancys Gedanken in Kapitel 8 von *Lügen, die wir Frauen glauben*. Überlege: *Was ist der Unterschied zwischen dem Verantwortlichsein für die Erziehung Deiner Tochter in der Wahrheit und der Kontrolle über ihr Verhalten?*

Wenn das auch ein extremes Beispiel ist, habe ich doch viele Mütter getroffen, die die Lüge glauben, dass sie nichts kontrollieren können, oder dass sie sehr wohl alles im Griff haben, was ihre Tochter glaubt.

Die Wahrheit ist, dass Gott von uns fordert, alles zu tun, was wir können, damit der Same der Wahrheit in Deiner Tochter gesät wird. Egal, wie überwältigt Du Dich durch ihr Verhalten oder durch die Umstände fühlst, sind wir mit der Aufgabe betraut, treu die Wahrheit zu präsentieren. In einer Schlüsselpassage des Alten Testaments betont die Bibel, wie intensiv und sorgfältig wir mit der Arbeit umzugehen haben, unseren Kindern die Wahrheit beizubringen:

**„Du sollst sie deinen Kindern einschärfen und davon reden, wenn du in deinem Haus sitzt und wenn du auf dem Weg gehst und wenn du dich niederlegst und wenn du aufstehst. Und du sollst sie zum Zeichen auf deine Hand binden, und sie sollen zu Stirnbändern sein zwischen deinen Augen; und du sollst sie auf die Pfosten deines Hauses und an deine Tore schreiben.“**

(5. Mose 6,7-9)

Wahrheitsperle

Das mag Dir nicht leichtfallen. Wie auch ich wirst Du Tage haben, an denen Du Dich für die anstehenden Pflichten schlecht gerüstet vorkommst. Selbst unter den besten Voraussetzungen könntest Du Dich herausgefordert fühlen.

Aber manche Mütter haben besondere Schwierigkeiten. In den Gesprächsgruppen, die wir wegen dieses Buches eingerichtet hatten, kamen zum Beispiel manchen Frauen die Tränen, wenn sie davon berichteten, dass ihre Töchter ungläubige Väter hatten. Eine Stiefmutter erzählte mir, ihre elfjährige Tochter würde die Hälfte der Zeit bei ihr zu Hause verbringen, und die andere Hälfte bei ihrer biologischen Mutter, die Atheistin ist. Dem Mädchen wird oft gesagt, das Christentum sei eine „Krücke“ für schwache Menschen. Lassen Sie Dich nicht von Deinen Gefühlen dazu veranlassen, aus Furcht zu erziehen! Ja, die Wahrheit wird immer auf Feinde und Widerstand stoßen, aber das darf Dich nicht davon abhalten, Wahrheit in Dein Mädchen zu pflanzen.

Gott nahm sich die Zeit, um sicherzustellen, dass Adam und Eva die Wahrheit über den Baum der Erkenntnis kannten, weil er wusste, dass Satan sie belügen würde. Er sagte ihnen sogar, welche Konsequenzen es nach sich zöge, wenn sie ungehorsam sein würden.

„Von jedem Baum des Gartens darfst du nach Belieben essen; aber von dem Baum der Erkenntnis des Guten und Bösen, davon sollst du nicht essen; denn an dem Tag, da du davon isst, musst du sterben."

(1. Mose 2,16-17)

Wahrheitsperle

Gott pflanzte Wahrheit in seinen ersten Sohn und in seine erste Tochter. Ich weiß, dass Du manchmal mit Deinen Gefühlen in Konflikt gerätst, wenn Du das Gleiche tun musst. Hast Du einmal darüber nachgedacht, wie sich der Herr des Universums fühlen musste, als er diese Worte seinen Kindern sagte? Gott hat durchaus Gefühle, aber sie äußern sich niemals in einer sündigen oder verdrehten Art und immer im Einklang mit seiner Heiligkeit. Ob er wohl Trauer empfunden hat, als er diese Worte sprach, weil er ja wusste, dass Satan mit seinen Lügen kommen würde? Trotz allem sprach er diese Wahrheit aus.

Für uns ist es von äußerster Wichtigkeit, diesem Beispiel zu folgen und mit unseren Kindern von den Versuchungen zu reden, von denen wir wissen, dass sie kommen werden. Auf den Seiten von *Lügen, die Mädchen glauben* habe ich versucht, einige dieser Themen in einer sicheren Umgebung anzusprechen, in der Du am Steuer sitzt, während Du Deiner Tochter die Wahrheit unterbreitest. Im ersten Kapitel begegnet Deine Tochter einem fiktiven Mädchen namens Zoey.

Zoey gerät in Versuchung, sich hinter dem Rücken ihrer Eltern in Sozialen Medien anzumelden. Sie hat ihre eigene Art vom Baum der Erkenntnis des Guten und Bösen. Ihre Eltern haben ihr eine Vielzahl an Möglichkeiten erlaubt, mit ihren Freundinnen zusammen zu sein, aber die Sozialen Medien sind für sie eine Art der Verbindung, für die sie ihre Tochter noch nicht reif genug halten.

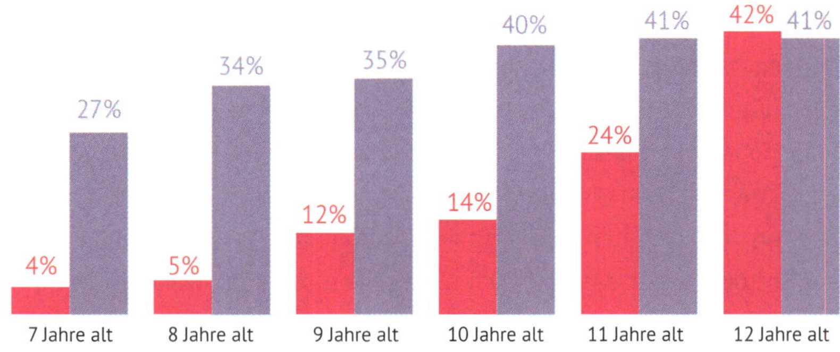


Mädchen, die berichten, über ein Smartphone mit Internet zu verfügen

Mädchen, die berichten, ihr eigenes persönliches iPad oder Tablet zu haben

Die Grafik basiert auf der Umfrage für *Lügen, die Mädchen glauben*, bei der 1531 Mädchen zwischen 7 und 12 Jahren befragt wurden, von denen 69 % behaupteten, Christinnen zu sein. Dabei wird davon ausgegangen, dass sie vornehmlich aus aktiven evangelikal-christlichen Familien kommen.

Ich muss ehrlich zugeben, dass es lange Diskussionen mit dem Verlegerteam gab, ob wir die Sozialen Medien als prominenten Handlungsstrang am Anfang unseres Tochterbuches einführen sollten. Das war eine schwierige Entscheidung, weil wir alle darin übereinstimmten, dass, wenn Deine Tochter unter 13 Jahren ist, sie nicht über die entwicklungs- und gefühlsmäßige Reife verfügt, mit den Sozialen Medien umgehen zu können. (Und manchmal ist es selbst dann noch zu früh.) Sogar die Erfinder der Apps geben Empfehlungen für Altersgrenzen, wobei sie für gewöhnlich bestätigen, dass ein Kind nicht vor dem dreizehnten Lebensjahr einen Account erstellen sollte. Diese Einschränkungen haben ihre Gründe. Wenn Du eine Mutter bist, die die empfohlene Altersgrenze ernst genommen hat, gratuliere ich Dir. Das ist nicht leicht. Du schwimmst gegen den Strom. Eine Mutter sagte: „Die meisten der elfjährigen Freundinnen meiner Tochter haben Instagram-Konten, aber ich halte durch. Allerdings komme ich mir völlig einsam vor."

Hi, ich bin Zoey!

Das mag sich so anfühlen, aber Du bist nicht allein. Es gibt viele Mütter, die die vorgeschlagenen Einschränkungen akzeptieren. Das sollten alle Mütter tun. Wenn Deine Tochter Zugang zu den Sozialen Medien hat, flehe ich Dich an, den Einfluss, den sie auf sie haben könnten, ernsthaft zu bedenken. Seit deren Eintritt in die Pop-Kultur haben sich die Probleme, denen die Mädchen vorher schon ausgesetzt waren, erheblich verschärft. Dazu gehören (nicht ausschließlich) körperliche Probleme. Die bedeutendste Klinik gegen Essstörungen in den USA gab folgende Information in einer Erklärung darüber ab, wie die Medien das Risiko erhöhen, dass Mädchen Essstörungen bekommen:

*Anfang 2016 berichteten Wissenschaftler von Beweisen, dass ein Zusammenhang zwischen dem Umgang mit Sozialen Medien und Körperwahrnehmungsproblemen bei jungen Leuten bestehe. Dies schlösse Diäten, Körperüberwachung, ein starkes Begehren, dünn zu sein und Selbstvergegenständlichung ein. Obwohl die Seiten der Sozialen Medien nicht die Ursache der Essstörungen sind, bilden sie einen Faktor bei der Entwicklung der Körperwahrnehmungsprobleme.*[8]

## Eine Fallstudie: CANDACE

Candace wollte Snapchat haben. Sie hörte nicht auf, es bei ihren Eltern zur Sprache zu bringen und erklärte auch, warum es vernünftig sei, es zu haben. Aber ihre Eltern sagten Nein. Sie blieben entschlossen, weil sie ihre Tochter für zu jung hielten. Schließlich hörte das Betteln auf, und Candace' Eltern waren erleichtert, dass ihre Tochter endlich dieses Thema fallen ließ. Doch eines Tages ließ sie ihr Smartphone auf dem Küchentisch liegen. Als ihre Mutter daran vorbeiging, leuchtete es auf und vibrierte. Die Mutter warf einen flüchtigen Blick darauf und las plötzlich: „Jason akzeptiert deine Einladung zu Snapchat." Ihre Mutter sagte: „Sie hat uns komplett hintergangen. Sie log sogar, als ich sie darüber zur Rede stellte. Das will einfach nicht in meinen Kopf hinein!"

Die beiden beliebtesten Apps unter Mädchen sind im Augenblick Instagram und Snapchat Sie bereiten viele „klebrige Gefühle", durch die die Mädchen sich deprimiert, hässlich und gereizt fühlen. Es gibt sogar ein neues Wort im Wörterbuch: FOMO („Fear Of Missing Out"). Das beschreibt die Angst, etwas zu verpassen, wenn man merkt, dass die Freunde etwas machen, wovon man ausgeschlossen ist.

Wenn ich es nicht für richtig halte, dass Deine Tochter in Sozialen Netzwerken unterwegs ist, warum sollte ich dann so eine Geschichte aussuchen? Die Wahrheit ist: Ich hörte eine Geschichte nach der anderen, in der die Mütter mich baten, Alarm zu schlagen. Eine von ihnen erzählte mir den Bericht zu der ersten Fallstudie hier links.

Es ist die Grundlage für die Zoey-Geschichte. Schließlich geriet das Thema über die Sozialen Medien deshalb in das Buch, weil ich glaube, dass Du und ich im Voraus mit unseren Töchtern über die Versuchungen reden müssen, von deren Existenz wir wissen. Genauso wie Gott mit Adam und Eva über die Versuchung sprach, die sie im Paradies erwarteten, und über das, was passieren würde, wenn sie das Gebot missachteten, so müssen wir mit unseren Mädchen über Wahrheiten sprechen und darüber, was bei Ungehorsam passiert. Das Thema der Sozialen Medien ist nur eines der vielen wichtigen Dinge, über die wir mit unseren Töchtern ins Gespräch kommen müssen, wenn wir die Wahrheit tief in sie säen wollen.

Während wir dafür verantwortlich sind, Samen der Wahrheit zu pflanzen, bleibt die Tatsache, dass wir das Glaubenssystem unserer Tochter nicht im Griff haben. Eines Tages wird sie selbst vor Gott stehen und ihm Rechenschaft über ihren persönlichen Glauben ablegen (vgl. 5. Mose 24,16; Jeremia 31,29-30).

Wenn uns die Geschichte von Adam und Eva irgendetwas zeigt, dann das: Gott will uns nicht einengen. Er hätte eine Mauer bauen können, um Adam und Eva vor dem Baum zu bewahren. Er hätte einen Abgrund oder Wassergraben darum bauen können. Er hätte machen können, dass der Baum nicht blühte und keine Frucht brachte. Es gab viele Möglichkeiten, durch die er den Ausgang der Geschichte hätte kontrollieren können. Er ist Gott und er ist souverän. Doch er gab seinen Kindern die Freiheit, zwischen richtig und falsch zu wählen. Warum? Weil er wollte, dass herauskam, was wirklich im Inneren war. Er wollte, dass ihr Handeln ein authentisches Spiegelbild ihrer Herzen war, um zu zeigen, wie die Wurzeln unter der Frucht ihres Verhaltens aussahen.

Das Benehmen Deiner Tochter – alles, was Du zu sehen bekommst – ist das Ergebnis unsichtbarer Dinge. Unter der Oberfläche sind ihre Emotionen am Werk, die versuchen, ihr Leben zu steuern. Aber wie ich auf den letzten Seiten von *Lügen, die Mädchen glauben* erklären werde, sind ihre Gedanken „der Herr ihrer Gefühle". Und genau unter ihren Gedanken und Glaubensvorstellungen liegen die Wurzeln, die alles verursachen. Der Wahrheit zu glauben heißt nicht nur, ihr zuzustimmen. Die Bibel sagt, dass selbst die Dämonen glauben und zittern (vgl. Jakobus 2,19). Und einfach unser Verhalten der Wahrheit anzupassen, reicht nicht aus. Die Pharisäer gehorchten den Geboten genau, aber Jesus nannte sie „getünchte Gräber" (Matthäus 23,37). Äußerlich sahen sie gut aus, aber von innen nicht.

Damit sage ich nicht, dass Du das Verhalten Deiner Tochter nicht kontrollieren und lenken solltest. Es gehört zu Deiner Verantwortung, ihr gesunde Grenzen zu setzen. Nichts besorgt mich mehr, als wenn Eltern ihrer Tochter alles erlauben, was ihr durch den Sinn schießt, etwa wenn sie mit einem

Jungen ausgehen will, oder auf welche Sozialen Medien sie Zugriff haben darf, welche Filme oder Fernsehsendungen sie anschauen darf, oder gar, welche Schule für sie die beste ist. In diesem Alter hat sie immer noch Hilfe nötig, die richtigen Entscheidungen zu treffen. Nur auf diese Weise kann sie langsam und beständig lernen, es selbst zu tun, während sie auf das Erwachsenenalter zugeht.

## Ist das Verhalten Deiner Tochter echt?

In seiner Doktorarbeit mit dem Namen: *Das Wesen wahrer Tugend*[9] erklärt Jonathan Edwards, dass es zwei Arten von Tugenden gibt. Das heißt, es gibt zwei Verhaltensweisen, die beide hohe Maßstäbe demonstrieren.

**Allgemeine Tugend** tut, was recht ist, aber unter falscher Motivation. Man tut das Richtige aus Angst, Selbstsucht oder Stolz. So ist zum Beispiel Deine Tochter ehrlich, weil sie keinen Ärger haben möchte. Wenn wir älter werden, sind wir manchmal ehrlich, weil uns der Stolz dazu treibt.

Wir wollen nicht „solche Leute" sein, die als Lügner bekannt sind. Diese Art Tugend ist nicht tief in Wahrheit gegründet und sucht die eigene Ehre. Die meisten Leute haben eine allgemeine Tugend.

**Wahre Tugend** tut das Richtige, denn Gott ist Gott. Wir sind ehrlich, weil Gott das von uns fordert. Punkt. Sie ist in göttlicher Wahrheit gegründet und dient seiner Ehre. Die meisten Leute wollen es bei der ersten Art von Tugend bewenden lassen, und nur wenige streben nach der *wahren Tugend.* Aber sie sollte es sein, die wir in unseren Töchtern zu pflanzen versuchen.

Aber Du solltest Deine Tochter nicht *nur* kontrollieren und lenken. Das wäre ein Rezept für dauernden Kummer. Deine Tochter muss begreifen, *warum* Du ihr Grenzen setzt, und das geschieht, wenn Du Wahrheit pflanzt. Es ist ein großer Unterschied zwischen der einfachen Kontrolle ihres Verhaltens und dem Setzen von Grenzen, während Du sie sorgfältig in der Wahrheit erziehst.

Viele von uns gehen das Risiko ein, das Benehmen unserer Töchter aus Angst zu zügeln. Wir geben uns große Mühe, ihr Verhalten unter Kontrolle zu halten, sodass nur wenig Raum für ein Versagen übrigbleibt. Wir versuchen, Sünden und Versuchungen von unseren Familien möglichst fernzuhalten. Und manchmal behüten wir unsere Tochter so effektiv, dass sie praktisch eine Nonne wird. Einfach äußerliches Benehmen zu unterdrücken, mag manchmal und für kurze Zeit erfolgreich sein. Aber längerfristig gesehen ist das Ergebnis zweifelhaft, weil wir keine Liebe zur Wahrheit in ihr kultiviert haben. In Wirklichkeit haben wir effektiv die Chancen vermindert, dass sie gute Verhaltens-Entscheidungen trifft, wenn wir nicht anwesend sind.

## Eine entscheidende Zutat, um Deine Tochter in der Wahrheit zu erziehen, ist Gnade.

In diesem Beispiel behandeln wir Deine Tochter, wie Gott Eva behandelt hat. Du pflanzt Wahrheit und erwartest gleichzeitig einen harten Kampf. Du weißt, Deine Tochter wird sündigen, und Du bereitest Dich darauf vor, mit der gleichen Gnade zu reagieren, die wir von Christus empfangen haben. Du redest offen über Sünde und Versuchung und ermutigst Deine Tochter, sich an der Entscheidungsfindung zu beteiligen.

Ein Kind in der Wahrheit zu erziehen, ist zeitraubend und manchmal frustrierend, aber längerfristig gesehen ist das Ergebnis eine junge Frau, bei der die Wurzeln der Wahrheit tief gegründet wurden, sodass sie selbst Gott wohlgefällige Entscheidungen treffen kann, wenn Du nicht dabei bist.

Willst Du eine Mutter sein, die nur das äußerliche Verhalten ihrer Tochter einengt, sodass es aussieht, als sei es die Wahrheit?

oder

Willst Du sie in der Wahrheit erziehen, sodass das äußerliche Verhalten eine Frucht dessen ist, was Du tief in ihr Herz gepflanzt hast?

Für was wirst Du Dich entscheiden?

Die von mir am Anfang dieses Kapitels erwähnte Freundin stand vor dieser Entscheidung, als sie entdeckte, dass ihre Tochter hinter ihrem Rücken an Soziale Medien gekommen war und ein Bild von ihrer Selbstverletzung gepostet hatte. Obwohl alles in ihr mit ängstlicher Kontrolle reagieren wollte, entschied sie sich für die mühsamere Verfahrensweise, die Tochter in der Wahrheit zu erziehen.

Sie begann damit, ihre Tochter zu fragen, welche Gedanken sie dazu gebracht hatten, sich an den Handgelenken zu ritzen. Da begann ihre Tochter mit Tränen in den Augen zu erzählen, was einige Jungen in der Schule zu ihr gesagt hatten, um sie zu verletzen. Es waren schreckliche Worte, die kein Mädchen jemals hören sollte, aber die kleine Tochter meiner Freundin hatte angefangen, zu glauben, sie seien wahr.

Dann sagten meine Freundin und ihr Mann ihrer Tochter, dass sie als Familie Hilfe benötigten. Schon nach ein paar Stunden kam der Pastor die Familie besuchen, um mit ihr zu beten und zu sprechen. Sie behandelten alles als eine Familienkrise, anstatt mit dem Finger auf ihre Tochter zu zeigen. Danach begannen die langen, manchmal anstrengenden Unterhaltungen, um die Lügen samt deren Wurzeln auszureißen und dafür heilende Wahrheit zu pflanzen. Natürlich mussten auch einige praktische Konsequenzen gezogen werden und Privilegien gingen verloren; aber es ging immer um das Herz der kleinen Tochter, nicht um ihr Verhalten.
Während ich dies schreibe, ist seitdem fast ein Jahr vergangen, und die beiden bereden sich noch immer sehr ernsthaft, wenn meine Freundin ihre Tochter in der Wahrheit erzieht.

## Mit Gott reden:

**Nutze 5. Mose 6,6-9 als Inspiration, um ein Gebet zu formulieren.** Prüf Dein eigenes Herz und überleg, ob Du Wahrheit in Deine Tochter – und in jedes andere Kind in Deinem Zuhause – pflanzen, und zwar so sorgfältig, wie diese Verse es fordern. Schreib Deine ehrlichen Bitten auf die Zeilen unten:

*Du sollst sie deinen Kindern einschärfen und davon reden, wenn du in deinem Haus sitzt und wenn du auf dem Weg gehst und wenn du dich niederlegst und wenn du aufstehst. Und du sollst sie zum Zeichen auf deine Hand binden, und sie sollen zu Stirnbändern sein zwischen deinen Augen; und du sollst sie auf die Pfosten deines Hauses und an deine Tore schreiben.* (5. Mose 6,6-9)

## Mit Deiner Tochter reden:

**Nachdem Deine Tochter das 1. Kapitel in *Lügen, die Mädchen glauben* gelesen hat,** schlag die Seiten 20-21 auf und rede mit ihr über ihr Studium von 1. Mose 3,1-7. Lobe sie für ihren Fleiß. Hilf ihr, wenn sie Hilfe braucht. Dann schlag Seite 25 auf, wo sie aufgeschrieben hat, welchen Rat sie Zoey geben würde, wegen der Versuchung, ihren Eltern ungehorsam zu sein. Besprecht ihre Ideen.

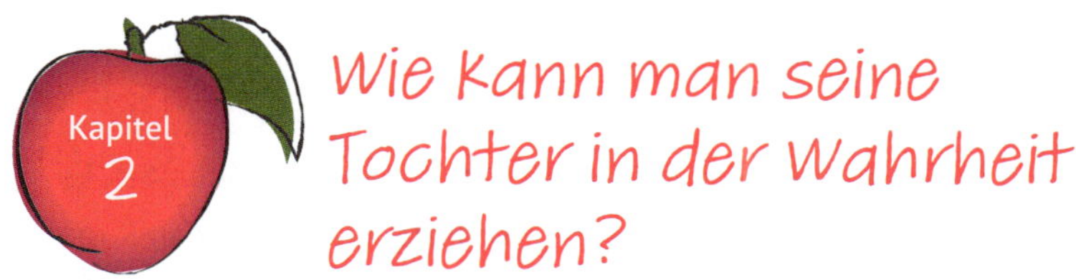

# Kapitel 2 – Wie kann man seine Tochter in der Wahrheit erziehen?

Ich habe Chloe kennengelernt, als sie Collegestudentin war. Sie hatte Oralsex mit ihrem Freund, obwohl sie wusste, dass das falsch war. Sie sagte mir, sie hätte Probleme mit Grenzen in Bezug auf Jungs, seit sie auf die High School ging.

Viele gutmeinende christliche Leiter würden, nachdem sie Chloes Geständnis gehört haben, mit ihr beten, um ihr dann guten Rat zu geben, wie man damit aufhört. Einige würden sie drängen, die Beziehung zu dem Jungen abzubrechen, zumindest für den Augenblick. Andere würden Rechenschaft fordern: „Ich werde dich das nächste Mal fragen, wenn ich dich sehe, ob du wieder versagt hast."

Obwohl solche Vorgehensweisen manchmal hilfreich sind, fange ich normalerweise nicht damit an. Ich habe nie erlebt, dass die Sünde dadurch erfolgreich am erneuten Ausbrechen gehindert wurde. Es ist, wie wenn man eine Pusteblume oben abschneidet, ohne auch die Wurzeln auszureißen. Sie wird wieder nachwachsen. Wenn Frauen wie Chloe zu mir kommen, versuche ich also immer, an die Wurzeln zu gelangen.

Manchmal gründet sich eine Sünde, mit der ein Mädchen kämpft, in einer mit dem Verhalten scheinbar unzusammenhängenden Sache. Aus diesem Grund verbringe ich erst einmal viel Zeit mit ihr, bevor ich herauszufinden versuche, welche Lügen sie glauben könnte. Chloe kennenzulernen, war eine wahre Freude. Sie war intelligent, lustig und ungekünstelt. Sie war in jeder Beziehung das Muster einer christlichen Collegestudentin. Sie hatte nur die besten Zensuren, war eine erfolgreiche Athletin und diente aktiv in der Campus-Gemeinde.

Ich konnte die Teile des Puzzles nicht verbinden, aber Gott gelang es bald. Während einer Gebetszeit baten wir ihn um Hilfe, um zu erkennen, warum Chloe vor denselben Kämpfen stand, über die der Apostel Paulus in Römer 7 schrieb, dass er täte, was er nicht wollte, anstatt zu tun, was er tun wollte. Schon bald blickte meine Freundin unter Tränen auf und erzählte mir, dass sie seit dem achten Lebensjahr eine Lüge glaubte.

*„Ich muss mich so verhalten, dass man mich mag."*

Das Wichtigste an unserem Glaubenssystem ist nicht unser Verhalten. Es sind die Wurzeln. Die Bibel benutzt das Wort „Herz" und meint damit die Wurzeln unseres Glaubenssystems. Wenn man wirklich Gedanken, Gefühle und Verhaltensweisen beeinflussen möchte, muss man seine stärksten Bemühungen nicht darauf richten, dies alles in Schranken zu halten. Man muss auf das Herz oder den Glauben einer Person einwirken. Die Bibel teilt uns diese Wahrheit sehr deutlich mit:

*„Denn wie er in seiner Seele berechnend denkt, so ist er."*
(Sprüche 23,7 – Schlachter 2000)

Als Eva von der Frucht aß, bewies sie, was sie tief in ihrem Herzen glaubte. Als Chloe Oralsex mit ihrem Freund hatte, bewies sie, was sie wirklich glaubte. Das hatte weniger damit zu tun, was sie von Sex hielt, sondern viel mehr mit dem, was sie glaubte, der Beziehung wegen tun zu müssen. Ich half ihr, die Lüge zu erkennen. Danach gab ich ihr einige biblische Wahrheiten, mit denen sie die Lüge ersetzen konnte. Ich versuchte nicht an erster Stelle, eine Vertreterin der Verbote oder des Verantwortungsbewusstseins zu sein; vielmehr versuchte ich, die Wurzeln der Lüge auszureißen und stattdessen Wahrheit in ihr Herz zu pflanzen.

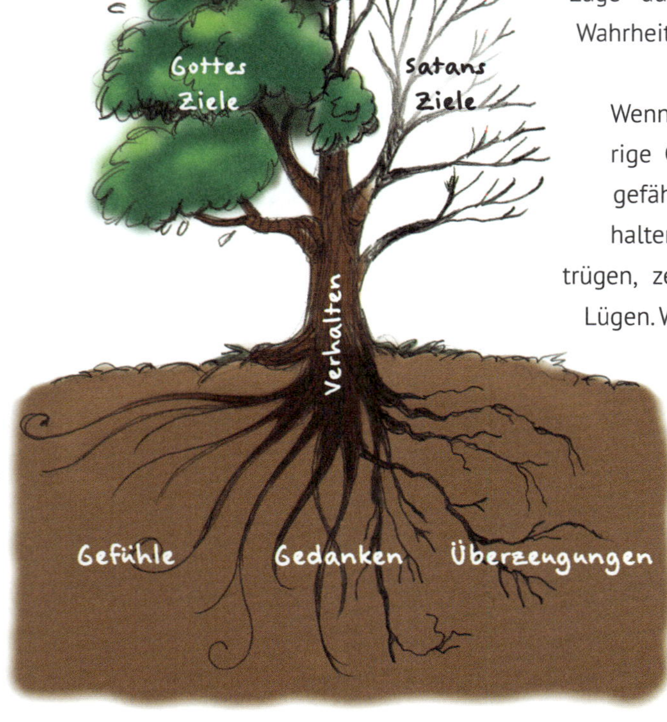


Wenn unsere Töchter in „klebrige Gefühle" verstrickt sind und gefährliches und sündiges Verhalten offenbaren oder uns betrügen, zeigen sie die Wurzeln von Lügen. Wenn Du beabsichtigst, Deine Tochter in der Wahrheit zu erziehen und nicht nur ihr äußerliches Verhalten eindämmen willst, betätigst Du ein wichtiges Werkzeug. Dadurch kannst Du feststellen, wo die bösen Wurzeln wachsen.

Dadurch kannst Du Deiner Tochter helfen, sie auszureißen und Wahrheit dafür zu pflanzen. Ich habe festgestellt, dass dieser komplexe Prozess eine Mutter fast in den Wahnsinn treiben kann! Etwas zu verbieten ist viel einfacher. Da braucht man keine Lügen zu identifizieren, von denen man wünscht, es gäbe sie nicht. Aus diesem Grund geben manche Mütter vor, es gebe keine Beweise für solche Lügen.

Tun sie das aus *Angst*?

Wenn Du in Barmherzigkeit erziehen willst und mit der Absicht, Wahrheit zu nähren, musst Du zunächst die Angst überwinden. Angst kann uns zu restriktivem, gesetzlichem, heimlichem und oberflächlichem Behüten veranlassen.

Dabei ist klar, dass Angst auch gesund sein kann. Wenn man von einem Grizzlybären gejagt wird, ist Angst etwas Gutes. Aber sie kann gefährlich und kontraproduktiv sein, wenn es um Erziehung geht. Angst hat einen Lieblingsgegenstand, den sie in den Köpfen von Müttern herumrollen lässt: deren Vergangenheit. Sie bringt oft noch einen Helfer mit: die Unwürdigkeit. Diese Gefühle liefern eine gewaltige Show ab, wenn Du über gewisse Themen diskutieren sollst, bei denen Du Lügen geglaubt hast oder immer noch glaubst. (Denken Sie an Sex, Gender, Essstörungen und Depressionen.)

## Eine Fallstudie: ANGEL

Evonnes Tochter Angel ging in die vierte Klasse. Evonne kam nach Hause und fand ihr kleines Mädchen mit ihrem Vater auf dem Sofa sitzend. Er ermutigte Angel, ihrer Mutter zu erzählen, was geschehen war. „Eine Freundin hatte das Wort ‚Sex' in der Schule benutzt", erinnerte sich Evonne. „Angel war neugierig, googelte das Wort und sah schreckliche Sachen. Sie hat Sex auf scheußliche Weise kennengelernt." Angel ist kein Einzelfall. Das Wort „Sex" steht an elfter Stelle aller von Kindern zwischen acht und elf Jahren gegoogelten Wörter.[10] Evonne bedauerte, nicht früher ein Gespräch über Sex begonnen zu haben. „Vielleicht hätte sie uns gefragt, wenn sie etwas mehr darüber gewusst hätte!", so klagte die Mutter unter Tränen. „Wenn wir nicht darüber reden, tut es die Welt. *Dadurch* verlieren sie ihre Unschuld."

Einige der Frauen in meinen Gesprächsgruppen gaben vor, keine Angst vor diesen Themen zu haben, äußerten aber Bedenken, ihren Töchtern mit etwas zu kommen, dem sie entwicklungsmäßig noch nicht gewachsen waren. Das überraschte mich nicht; was mich aber überraschte, war die Tatsache, dass sie auch Theologie und geistliche Ausbildung auf die Liste der verbotenen Themen setzten. Diese Mütter glaubten, dass, wenn man den Töchtern zu früh erlaubte, geistliche Entscheidungen zu treffen, man das Risiko einginge, dass diese Entscheidungen nicht wirklich verwurzelt wären. (Das klingt doch sehr nach Angst, oder?)

Während sich diese Gespräche entwickelten, traten einige Mütter für eine andere Vorgehensweise ein. Auch sie hatten einige Ängste und einige Geschichten. Schau Dir die Fallstudie oben an! Aber wer hat nun recht? Die Mütter, die sich zurückhielten, oder diejenigen, die meinten, man solle alles diskutieren? *Nun, Du allein kannst sicher wissen, wann Deine Tochter in der Lage ist, mit den Dingen umzugehen.*

Aber ...

Ich will ehrlich sein und Dich vielleicht aus Deiner Komfortzone schubsen. Ich glaube, dass viele Mütter, die Furcht empfinden, diese Lüge glauben:

Als wir darüber redeten, verteidigten einige Mütter die Tatsache, dass ihre Töchter noch nicht an Lügen über diese Tabuthemen glaubten.

Eine Mutter erklärte die scheinbare Widerstandskraft ihrer Tochter Lügen gegenüber so: *„Wenn ich mit meiner Tochter nicht über ____ rede, hat eine Lüge keine Möglichkeit, aufzutauchen."*

Wirklich? Wie kann man das wissen? Wenn man nicht mit ihr über irgendetwas geredet hat, wie kann man dann wirklich wissen, was sie glaubt und was nicht?

Ich glaube, dass unsere Töchter für gewöhnlich in der Lage sind, mit abschreckenden Themen besser als wir umzugehen. Junge Mädchen sind entwicklungsmäßig genau in dem Alter, in dem sie unterscheiden können, was sie glauben und was nicht, und sind meistens gerne bereit, angeleitet zu werden. Ich möchte Dir zeigen, was ich meine.

## Stufen moralischer Entwicklung bei Kindern

Vor über zwei Jahrzehnten habe ich die moralische Entwicklung von Kindern studiert. Ich tat das als Mutter und Bücherwurm. Ohne einen Doktortitel vor meinem Namen kam mir die Sprache unnötig kompliziert vor, und so entwickelte ich meine eigenen Formulierungen für die drei Stufen der moralischen Entwicklung. (Gern geschehen!)

## Die Nachahmer-Phase (2-5 Jahre)

**Glaubensgrundsätze kopieren**

Kinder beginnen sehr früh, ihr moralisches Handeln zu entwickeln. Zwischen zwei und fünf Jahren ist die Nachahmung die vorrangige Art und Weise, Überzeugungen zu entwickeln. Sie beobachten und kopieren Dich den ganzen Tag über. Aus diesem Grund möchte Deine Tochter alles haben, was Du hast, zum Beispiel ein Telefon oder eine kleine Plastikküche. Ihr kleines Herz sagt: *„Mama macht das. Ich will wie Mama sein, weil ich sie lieb habe. Also mache ich es genauso!"* Also kocht sie und arbeitet am Computer, weil sie sieht, dass Du es tust. Sie sagt auch Danke und ist hilfsbereit und mitfühlend, weil sie Dich kopiert. Sogar der Gehorsam fällt ihr ein wenig leichter, wenn sie sieht, wie ihre Mutter Respekt und Aufgeschlossenheit anderen gegenüber vorlebt. (O weh! Ich weiß. Das schmerzt ein wenig, oder? Aber nur, damit Du's weißt: Ich habe mir damit vor allem auf meine eigenen, nicht nur auf Deine Zehen getreten.)

Kleinigkeiten sind da bedeutungsvoll. Wenn man dem Ehemann vor ihren Blicken Liebe zeigt, fängt man an, ihr die Schönheit der Ehe beizubringen. Wechselgeld zurückzubringen, wenn die Kassiererin sich vertan hat, lehrt sie, ehrlich zu sein. Wenn man etwas sagt wie: „Es ist toll, ein Mädchen zu sein", beginnt man, den Wert des Frauseins in das zarte, kleine System ihrer Wahrheitswurzeln zu pflanzen.

Diese Phase moralischer Entwicklung hat nur einführenden Charakter. Nichts ist bis jetzt fest zementiert, und doch können überraschende Dinge passieren, wenn Mütter danach streben, nährende Wahrheit zu pflanzen. Natürlich ist ein sich gerade erst entwickelndes Glaubenssystem noch schrecklich unvollkommen. Der Beweis für die gepflanzten Wurzeln

### Eine Fallstudie: CHIOSOKA

Als Dayos Tochter Chiosoka vier Jahre alt war, versuchte Dayo, sie zum Gehorsam zu ermutigen. Aber die Reaktion des kleinen Mädchens offenbarte gerade, wie schwierig es sein kann, das zu tun, was von einem gefordert wird. „Willst du mir gehorchen, wenn ich etwas sage, oder brauchst du mehr Hilfe, um gehorsam sein zu wollen?", fragte Dayo. „Ich glaub, du musst mich strafen", antwortete Chiosoka ehrlich. Dayo nahm an, dass Chiosokas Antwort der Beweis war, dass sie richtig von falsch unterscheiden konnte, aber gleichzeitig erkannte sie die Tendenz, das Falsche tun zu wollen. „Die Erkenntnis ihrer Schwäche, das Rechte zu wählen, beweist mir eine wachsende Weltanschauung, die die Wahrheit liebt", sagte die Mutter.

zeigt sich manchmal auf höchst ungewöhnliche Weise. Eine Mutter, die an einer unserer Gesprächsgruppen teilnahm, erzählte uns eine aufschlussreiche Geschichte über ihre Vorschultochter. Lies Dir die Fallstudie auf der vorherigen Seite durch.

## Die Beratungsphase (6-11 Jahre)

**Glaubensgrundsätze überdenken**

Zwischen sechs und elf Jahren lernt unser Kind die Wahrheit kennen, indem es Dich fragt, *warum* Du das glaubst, was Du glaubst, und tun, was Du tust. Das ist eine interaktive Phase moralischer Entwicklung und durch eine Menge von Fragen gekennzeichnet. Der Mund Deiner Tochter kann überhaupt nicht mit den Fragen aufhören, die ihr durchs Gehirn schießen. *Warum macht Mama das? Ich glaube, ich will es wie Mama machen, aber macht sie das wirklich gern? Fühlt es sich gut an? Was ist, wenn es mir keinen Spaß macht? Vielleicht will ich es auch machen, wenn sie mir sagt, warum sie es macht.*

Wenn etwas für sie Sinn ergibt, will sie es auch gern tun und glauben. Wenn nicht, wird sie weitere Fragen stellen. Ich nenne dies die Beratungsphase, weil es da eine Menge Dialoge gibt. Du als Mutter wirst zu ihrer Beraterin, während sie herausfindet, wie sie über das Leben denkt.

Diese Phase moralischer Entwicklung kann eine Mutter richtig zur Verzweiflung bringen! Man ist versucht, die Fragen schnell abzutun, weil man sie für unbedeutend hält. (Habe ich schon erwähnt, dass das Pflanzen von Wahrheit zeitaufwendig ist?)

Mir half es, daran zu denken, dass es sich jedes Mal, wenn die Frage *„Warum“* auftauchte, um eine geistliche Frage handelte. Das war besonders dann hilfreich, wenn man um alles in der Welt nicht den Zusammenhang der Frage mit einer geistlichen Wahrheit erkennen konnte. So erinnere ich mich zum Beispiel an die Antwort auf die Frage, warum das Gras so intensiv roch, wenn mein Mann Bob gemäht hatte. Meine Tochter fragte sich, ob das Gras Schmerzen empfand. (Übrigens, die Antwort ist: „Nun, der Geruch ist ein Hilfe- und Schutzmechanismus, aber Pflanzen haben natürlich keine Schmerzrezeptoren wie wir Menschen.“ Dieser herrliche Grasgeruch, der durch Euren Garten wabert, wenn frisch gemäht wurde, ist ein vegetatives Leidsignal.)

Darum solltest Du Folgendes nicht vergessen: Diese Fragen sind entscheidend dafür, Deine Kinder in der Wahrheit zu verwurzeln und zu erziehen. Also beantworte sie! Jede Frage! Auch die wegen des Grasgeruchs.

Und möge Gott Dich währenddessen in seiner Geduld wachsen lassen. Während Du im Ausharren wächst, wird Deine Tochter all Deine Antworten und Deine Lebensweise erwägen, um zu entscheiden, was sie wirklich glauben will.

Ich hatte einmal eine kurze Unterhaltung mit einem Mädchen namens Ruby. Das zeigte mir die komplexe Sortierung der Gedanken, die einem Kind helfen, eine Wahrheit anzunehmen oder zu verwerfen. Lies die Fallstudie auf dieser Seite. Während die Kinder uns weiterhin beobachten und kopieren, geschieht das mit mehr Urteilsvermögen als zuvor. Am Ende ihres elften oder zwölften Lebensjahres haben sie eine ziemlich umfangreiche Grundlage für ihr Glaubenssystem. Die Wurzeln haben sich gegründet, obwohl sie noch etwas wachsen müssen. Am Ende der Mädchenjahre Deiner Tochter ist für gewöhnlich die Basis für ihr Glaubenssystem gelegt. Noch ist nicht alles genau an Ort und Stelle, aber deswegen ist auch die letzte Phase der moralischen Entwicklung von Bedeutung.

## Eine Fallstudie: RUBY

Ruby ist ein lebhaftes Bündel von kindlicher Energie mit einem niedlichen, ansteckenden Kichern, das zu ihrem strahlenden Lächeln passt. Wir beide sprachen über die Zehn Gebote, besonders über Gottes Anweisung, am Sabbat zu ruhen. Sie überschüttete mich mit einer Menge an Fragen:

Welcher Tag ist der Sabbat – der Sonntag oder der Samstag? Was bedeutet „ruhen"? Wer soll ruhen? Heißt das, man darf weder kochen noch das Bett machen? Darf man denn die Zähne putzen?

Ich beantwortete eine Frage nach der anderen. Schließlich hielt Ruby inne und saß still da; doch konnte ich sehen, dass ihr Gehirn die Gedanken verarbeitete.

„Meine Eltern glauben nicht an einen Sabbat", platzte sie plötzlich heraus. „Sie sagen vielleicht, sie glauben daran, aber sie ruhen nicht am Sabbat. Papa arbeitet an seinen Papieren und Mama macht überall sauber."

## Die Anleitungsphase (ab 12 Jahre)

### Glaubensgrundsätze berichtigen

Ab dem Alter von zwölf Jahren lebt Deine Tochter aktiv eine Reihe moralischer Werte aus. Zu dieser Phase gehört in höherem Maß das Nachdenken, weil sie ihren Glaubensvorstellungen erlaubt, *ihr* Verhalten zu beeinflussen. In dieser Zeit ist es nicht mehr Deine Tochter, die Dich beobachtet, sondern umgekehrt. Die Fragen in ihrem Kopf drehen sich jetzt weniger um ihre Mutter als vielmehr um sie selbst. *Wie möchte ich das jetzt tun? Gibt es etwas, was ich glaube, das mir bei der Entscheidung hilft? Vielleicht werde ich es machen, wenn es zu dem passt, was ich glaube.*

Ich nenne dies die Anleitungs- oder Coaching-Phase, weil es so ähnlich ist, wie wenn Du Deine Tochter bei einer Sportart beobachtest. Sie bestimmt die Spielzüge und macht die Schüsse, aber Du sitzt an der Seitenlinie und wartest, bis sie eine Pause macht und sich neben Dich auf die Bank setzt. Da wirst Du dann die Möglichkeit haben, das zu beeinflussen, was sie glaubt, indem Du fragst, warum sie dieses oder jenes Verhalten oder Gefühl äußerte. Ich möchte Dir von einer Mutter berichten, die ein fantastisches Coaching zeigte, als ihre Tochter, die gerade auf die Mittelschule ging, sich sehr stark in sich zurückzog. Laura hatte plötzlich keine Lust mehr, neue Dinge zu tun. Chelsea, ihre Mutter, wollte unbedingt herausfinden, ob das eine normale, entwicklungsbedingte Angst und Unsicherheit war, oder ob es sich um irgendwelche „klebrigen Gefühle" handelte, auf die man reagieren musste.

Bei einem Schnellimbiss nach der Schule begannen die Puzzleteile zusammenzupassen. Laura wurde in der Schule gemobbt und glaubte nun alle Unfreundlichkeiten, die ihr gesagt wurden. Böse Wurzeln wurden gepflanzt und veränderten die emotionalen und verhaltensmäßigen Muster dieses einst lebensprühenden und furchtlosen kleinen Mädchens. Als Laura ihrer Mutter den Namen des so unfreundlichen Mädchens nannte, wusste Chelsea etwas, was ihre Tochter nicht wusste. Dieses Mädchen kämpfte mit viel Leid, weil ihre Eltern mitten in einer üblen Scheidungsangelegenheit standen.

„Ich wollte ihr beibringen, sich zu verteidigen, allerdings auf eine gute Art und Weise", berichtete Chelsea, die ihre Tochter anleiteten wollte. Laura ging mit dem schlichten Vorsatz zur Schule, die Mobberin freundlich, aber bestimmt zu konfrontieren. Es kostete nicht wenig Überredung und Gebet, den Mut dazu aufzubringen, aber Chelsea wusste, dass das Zurückgewinnen des aufgeweckten Wesens und der seelische Zustand ihrer Tochter von diesem mutigen Konfrontieren mit der Wahrheit abhing. „Ich weiß, dass du gerade eine schwere Zeit durchmachst. Gibt es irgendetwas, was ich tun kann, um dir zu helfen? Ich würde alles tun, aber du musst freundlich zu mir sein." Das veränderte alles. Die Mobberin war gar nicht so ein gemeines Mädchen, sondern eins, das tiefes Leid und Einsamkeit erlebte. Heute sind die Mädchen gute Freunde und Lauras ansteckende Lebensfreude ist zurückgekehrt.

Nicht alle unsere Bemühungen für unsere Kinder funktionieren so drastisch und schnell. Manchmal wollen sie unsere Anleitungen nicht verinnerlichen, und zu anderen Zeiten fehlt ihnen der Mut, sie zu befolgen. Es ist einfach so, dass es nicht immer gelingt, etwas in Ordnung zu bringen. Kinder – und auch junge Teens sind gute Beobachter, aber schlechte Ausleger. Sie benötigen unsere Hilfe, um ihre Glaubensvorstellungen zu justieren, damit sie auf die Lebensumstände mit Wahrheit reagieren können! Das sind schlichte, aber wahre Tatsachen darüber, wie unsere Kinder ein Glaubenssystem entwickeln. Ich möchte Dir jetzt gerne erklären, worum es mir in diesem Kapitel geht:

Jetzt – in den Mädchenjahren Deiner Tochter – ist die wichtigste Zeit, um die Samen der Wahrheit in ihr Herz zu pflanzen.

George Barna, ein Freund von mir, der mehrere Jahre seines Lebens mit der Erforschung der religiösen Überzeugungen und Verhaltensweisen der Amerikaner zubrachte, sagt es so:

**„Was du an deinem vierzehnten Geburtstag glaubst, ist für gewöhnlich der Glaube, mit dem du einst stirbst.“**[11]

Als ich das verstanden hatte, war mir klar, wie entscheidend es für mich ist, grundlegende Wahrheit in meine Kinder zu pflanzen, während sie noch jung sind. Es gab mir auch den Mut, die Angst fortzujagen. Ich hoffe, es wird dasselbe bei Dir bewirken. Ich weiß aus erster Hand, wie schwer es ist, der Angst resolut die Tür zu weisen, aber hier ist ein Bibelvers, den ich bei der Erziehung meiner Kinder ständig mit mir herumtrug.

Wir können nicht aus einem Geist der Furchtsamkeit heraus erziehen. Der ist nicht von Gott.

**„Gott hat uns nicht einen Geist der Furchtsamkeit gegeben, sondern der Kraft und der Liebe und der Besonnenheit“**

(2. Timotheus 1,7)

Wahrheitsperle

Obwohl ich der Meinung bin, dass es viele Mütter gibt, die gottgefällige Selbstdisziplin anwenden, um den rechten Zeitpunkt und die richtigen Worte für komplizierte Gespräche zu finden, bin ich ebenso davon überzeugt, dass einige aus Furcht handeln, wenn sie wesentliche, der Entwicklung angemessene Gespräche vermeiden. Sie fürchten, nicht zu wissen, was sie sagen sollen, oder dass sie zu früh damit kommen, oder dass sie ihre Tochter verwirren, oder dass ihre Tochter durch Lügen in Versuchung gerät. Bei der Angst hängen zu bleiben, bringt uns oft dazu, weit über jede Vernunft hinaus bestimmte Unterhaltungen zu unterlassen. Eine Mutter sagte tatsächlich in unserer Gesprächsrunde: *„Die beste Zeit, mit der Tochter über Sex zu reden, ist dann, wenn sie bereit ist, es zu tun. Ich glaube also, man sollte mit ihr am Abend vor ihrer Hochzeitsnacht darüber sprechen."*

Ich hingegen meine, jetzt, wo ihr Herz noch von Fragen brennt, ist die richtige Zeit, Wahrheit zu pflanzen. Ich sage nicht, man solle alle Vorsicht über Bord werfen. Nur die Angst. Man braucht immer noch Weisheit, um schwierige Themen mit altersgemäßer Vorsicht zu behandeln. Es ist gut, wenn man nicht möchte, dass seine Tochter das Gute *und* das Böse kennenlernt. Darum genau ging es Gott bei Adam und Eva. Er verbot ihnen, von der Frucht des Baumes zu essen, um sie zu schützen. Er wollte nicht, dass die Erfahrungen aus erster Hand sie ihrer Unschuld beraubten und schreckliche Konsequenzen über sie brächten.

Wie ich bereits erwähnte, kannst nur Du wissen, wann Du Deiner Tochter ein bestimmtes Thema eröffnen solltest. Wenn Du zu dem Ergebnis kommst, dass Deine Tochter entwicklungsmäßig noch nicht mit einer Thematik klarkommt, oder wenn sie spezielle Nöte hat, die es ihr unmöglich machen, mental mit einer Sache umzugehen, dann entscheidet man sich – aus Weisheit, nicht aus Angst – die Unterhaltung aufzuschieben. Doch wenn Dir einfach vor einem Thema bange ist, oder Du nicht weißt, wie Du es ansprechen sollst, ohne ihr ihre Unschuld zu rauben, dann sind das keine guten Gründe, Gespräche zu vermeiden.

Wenn wir aus Angst heraus erziehen, bringen wir unsere Tochter dahin, ebenfalls auf diese Lüge zu hören. Leider haben Adam und Eva auf die einzige Stimme im Paradies gehört, die ihnen etwas vorlügen konnte. Satan hatte sich eine Schlange für diesen Job ausgesucht. Heutzutage hat er viele Mäuler, die seine Lügen verbreiten. Es kann tatsächlich schwer für Dich werden, ihnen zu entgehen.

Werbung, Filme, Freunde, politische Systeme, ja sogar Leiter, denen man eigentlich vertraut, können die Quellen von Lügen sein. Wenn wir nicht aufpassen, wird unser durch Angst bestimmtes Schweigen zu einem Lautsprecher für solche Stimmen, die Lügen in unsere Kinder pflanzen.

Hast Du als Mutter mit Angst zu kämpfen? Reiß die Lügen aus, die Du über Deine Gefühle glaubst, indem Du Kapitel 9 in *Lügen, die wir Frauen glauben* liest. Bedenke: Wenn Deine Tochter Dir noch nachahmt, oder wenn sie in der Phase moralischer Entwicklung ist, in der sie Fragen stellt – auf welche Art und Weise könnte es einen Einfluss auf *ihr* Glaubensleben haben, wenn Du lernst, auf Deine Gefühle mit Wahrheit zu reagieren?

In diesem Kapitel von *Lügen, die Mädchen glauben* lernt Deine Tochter, dass Eva auf vier Arten mit dem Teufel zusammenarbeitete.

## Wie Eva mit dem Satan zusammenarbeitete:

1. Sie **hörte** sich Satans Lügen an.
2. Sie **verweilte** gedanklich bei Satans Lügen.
3. Sie **glaubte** Satans Lügen.
4. Sie **handelte** aufgrund von Satans Lügen.

Bist Du sicher, dass es zu früh ist, um über manche Themen mit Deiner Tochter zu reden? Oder wurdest Du verführt, zu denken, es sei zu früh? Diese Unterscheidung ist überaus bedeutsam, denn wenn Du und ich Lügen glauben, arbeiten wir mit dem Satan zusammen. Und ihm dabei zu helfen, Lügen in meine Töchter zu pflanzen, ist etwas, was ich vermeiden möchte.

Wir müssen dem Heiligen Geist gegenüber wach und aufmerksam sein, um erkennen zu können, wann es nötig (und die Zeit reif) ist, mutig die schwierigen Diskussionen anzupacken. Wenn wir es dann tun, ist es oft einfacher, als wir gedacht haben. Immerhin hat Gott Adam und Eva nur die Wahrheit über den Baum gesagt. Er erwähnte nicht die Lügen, die die Schlange aussprechen würde. Ich habe festgestellt, dass man mit Töchtern über beinahe alles reden kann, ohne Lügen zu nennen, die schlecht für ihr Herz und ihren Geist sind. Wir wollen nicht die Lügen betonen. Wir möchten die Mädchen auf den Weg der Wahrheit führen.

Aber wenn Deine Tochter nicht richtig Gottes Wahrheit zu hören bekommt, kann sie nicht darauf achten, darüber nachdenken, oder danach handeln. Wenn ihr die Wahrheit nie gesagt wurde, kann sie die Lüge nicht einmal erkennen, wenn sie ihr etwas ins Ohr flüstert.

## Mit Gott reden:

**Nutze Sprüche 23,7 als Inspiration, um ein Gebet zu formulieren.** Bitte Gott, Dir Klarheit darüber zu geben, was im Herzen Deiner Tochter vor sich geht. Lass Dir von ihm helfen, zu erkennen, welche Teile ihres Verhaltens in Dingen verwurzelt sind, die nicht in ihrem Herzen sein sollten. Schreib ehrliche Bitten an Gott auf die Zeilen hier drunter:

*„Denn wie er in seiner Seele berechnend denkt, so ist er."*
(Sprüche 23,7 – Schlachter 2000)

## Mit Deiner Tochter reden:

**Nachdem Deine Tochter das Kapitel 2 in *Lügen, die Mädchen glauben* gelesen hat**, schlag Seite 29 auf und bitte Deine Tochter, Dir die vier Arten zu erklären, wie Eva mit der Schlange zusammengearbeitet hat. Frag sie, ob sie schon einmal in dieser Weise mit Lügen kooperiert hat. Dann schlag Seite 25 auf, wo sie aufgeschrieben hat, welchen Rat sie Zoey wegen der Versuchung geben würde, ihren Eltern nicht zu gehorchen. Sprecht über diese Gedanken.

Kapitel 3

# Was hat die Gnade damit zu tun?

Eine Sache, die ich gelernt habe, während ich die Gesprächsgruppen leitete, ist diese: Wir sind nicht allzu objektiv, wenn es um unsere eigenen Töchter geht. Das ist zweifellos etwas, worüber mein Mann sich sehr freuen wird, wenn ich das in diesem Buch zugebe. Ich habe jetzt nämlich endlich verstanden, was er mir seit beinahe einem Vierteljahrhundert beizubringen versucht hat. Am Anfang jeder Diskussion fragte ich die Mütter, ob sie der Meinung seien, die Mädchen würden heute vor größeren Problemen stehen, als sie im selben Alter, und ob sie denken würden, die heutigen Mädchen seien anfälliger für die Fesseln geistlicher Lügen.

- *80 % der Mütter glaubten, Mädchen seien heutzutage anfälliger für Lügen.* Aber dazu gehöre ihre Tochter nicht notwendigerweise.
- *80 % der Mütter machten sich um ihre eigenen Töchter weniger Sorgen als um andere Mädchen.*

Dieses Ungleichgewicht erschien mir merkwürdig, also bohrte ich ein wenig nach. Ich fragte die Mütter, wie ihre Töchter reagierten, wenn sie gehorchen oder sich den Regeln unterordnen sollten. Anfangs stellten alle ihre Töchter in ein so vortreffliches Licht, dass ich glaubte, diese sei die erste Mädchengeneration, die alle Rebellion überwunden hat und den Frieden in die Welt bringen würde. Aber dann ... In jeder Gruppe von Müttern gab es für gewöhnlich eine tapfere Mutter, die aufstand, um einen überraschend komplexen Fall von Ungehorsam zu teilen. Meistens folgen schon bald andere der Führung der tapferen Mutter, und werden offen über die Kämpfe, die sie ausfechten müssen, um ihre Töchter dazu zu bringen, Autoritäten zu respektieren und zu gehorchen. Dann sagen sie Dinge wie:

- *Sie gehorcht wohl, aber nicht von Herzen, sondern aus Furcht vor den Konsequenzen, und oft mit großer Verzögerung.*
- *Sie zeigt sich trotzig, aber nur bei Kleinigkeiten, wie die Benutzung von Deodorants, oder dass sie ihr Bett nicht macht.*
- *Meine Tochter behandelt ihren Vater wie einen Bruder, nicht wie ihren Vater.*
- *Ich bin einfach nur fix und fertig.*

Nachdem sie ihre Herzen geöffnet hatten, um ehrlich zu sein, unternahm ich den nächsten Schritt. Ich wollte sie nicht bloß über die Überzeugungen ausfragen, die ihre Mädchen hier und jetzt anwenden müssten, sondern auch über die, die sie für die Zukunft brauchten. So fragte ich die Frauen, was ihre Töchter vom Wert der Ehe und Mutterschaft hielten. Während die meisten Mütter sagten, ihre Mädchen wollten gern Ehefrau und Mutter werden, hatten 33 % das Gefühl, ihre Töchter würden wohl eher glauben, eine Karriere oder bessere Ausbildung sei wichtiger. Das machte sie traurig. Sie lieben es wie ich, Mutter zu sein, und können sich keine bessere Karriere vorstellen. Nach unserer Diskussion über Gehorsam, Unterordnung, Ehe und Muttersein versuchte ich es erneut. Ich wiederholte meine Frage, ob *ihre* Töchter in der Lage wären, Lügen zum Opfer zu fallen oder nicht. Die Ergebnisse waren nun andere.

## Mütter und Töchter im Vergleich

**Ich wollte sehen, ob die Mütter die Überzeugungen ihrer Töchter bezüglich Unterordnung, Gehorsam, Ehe und Muttersein richtig einschätzten.** Als Gegenprobe stellte ich 31 ihrer Töchter also auch ein paar Fragen. Die Ergebnisse zeigten einige alarmierenden Unterschiede in den Ansichten. Diese Unterschiede können auf innere Kämpfe in den Mädchen hinweisen, die ihren Müttern vielleicht gar nicht richtig bewusst sind.

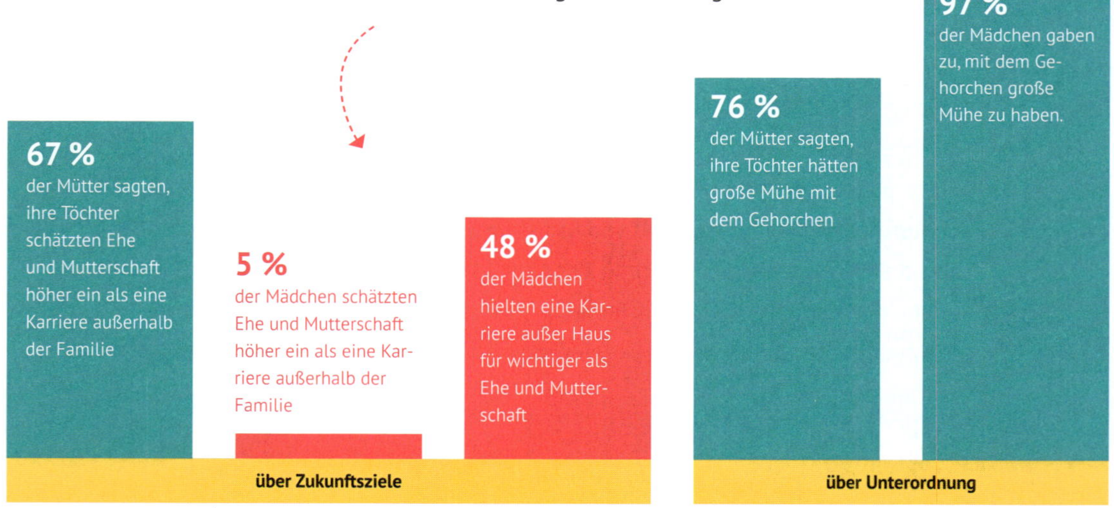


*Nur noch 56 % der Mütter waren wegen ihrer Töchter weniger besorgt als für andere Mädchen, nachdem wir über Unterordnung, Gehorsam, Ehe und Mutterschaft diskutiert hatten.* Während dieses Ergebnis eher zu stimmen schien, war ich immer noch beunruhigt. Denk mit mir darüber nach, dass

## Eine Fallstudie: MOLLY

„Der Grad an Täuschung, zu dem sich meine Tochter verleiten ließ, um Unterordnung zu vermeiden, hat meinen Mann und mich einfach umgehauen", berichtete Janet. Ihre Tochter Molly ist höchst intelligent und bekommt in allen Tests und Prüfungen immer nur die besten Noten. Sie erreichte 97 % bei den Standardtests, aber Hausaufgaben macht sie nicht gern. Und in der zweiten Klasse entschied sie, sie einfach nicht mehr zu machen. „Natürlich hielt ihre Lehrerin das für keine gute Idee und schrieb uns Briefe wegen Mollys Mangel an Gehorsam und Unterordnung. Die kamen nie bei uns an." Jetzt ist Molly in der fünften Klasse und Janet und ihr Mann haben alles versucht, was ihnen einfiel, um mit ihrer Tochter darüber zu reden und zum Herzen ihrer Tochter vorzudringen. Bisher ohne Erfolg.

Daher trifft sich Janet am Anfang jeden Schuljahrs mit den Lehrern und erklärt ihnen das Problem mit ihrer Tochter und ihrer mangelnden Unterordnung. Sie gibt den Lehrern ihre Telefonnummer, damit sie sofort anrufen können, wenn Molly keine Hausaufgaben abliefert.

vielleicht doch viele von uns an manchen Punkten unserer Erziehungsreise diese Lüge glauben:

Ich verstehe das. Es war eine große Versuchung, meine Mädchen anzuschauen, als sie Teenager waren und zu glauben, sie könnten unmöglich den gleichen Versuchungen und Herausforderungen ausgesetzt sein, denen ich begegnete, als ich in ihrem Alter war. (Da ist irgendetwas in mir, was die Vorstellung von meinen Kindern als unschuldige Krabbelkinder in Pyjamas eingefroren hat!) Was es auch immer sein mochte, in mein Heim würde so etwas niemals kommen!

Einige Mütter benutzten stolz das Wort *„behütet"*, um ihre Mädchen zu beschreiben.

Sie mögen sie behütet und beschützt haben, sie mit Wahrheit erfüllt und intensiv für sie gebetet haben. All das bewahrt die Mädchen aber nicht davor, Lügen ausgesetzt zu werden und zu sündigen. Würde das funktionieren, wäre Eva ihnen nicht zum Opfer gefallen.

Die erste Frau lebte in einer von Sünde unberührten Welt. Keine Frau hat jemals ein behüteteres Leben geführt. Im Paradies gab es kein Netflix, keine Sozialen Medien, keine Musik, keine Cliquen, keine Werbung und keine Sünde. Eva wandelte und sprach mit einem vollkommenen Vater, der nur Wahrheit redete. Und doch hörte sie auf die erste lügende Stimme. Und sie glaubte die katastrophalste Lüge, die jemals ausgesprochen wurde. *Wie können wir da sagen, wir glauben, dass unsere eigenen Töchter nicht gefährdet seien?*

Die Wahrheit ist, dass Deine Tochter sündigen wird. Wir alle tun das (vgl. Römer 3,23). Sie ist gefährdet, weil die Menschheit gefährdet ist. Aus diesem Grund müssen wir vorbereitet sein, nicht nur Wahrheit in sie zu pflanzen, sondern auch, ihr mit Gnade zu begegnen, wenn sie sündigt. Die Paradiesgeschichte zeigt uns Gottes Bereitschaft, gnädig zu bleiben. Er rechnete damit, dass seine Kinder sündigen würden, und er war mit zwei Dingen auf ihr Versagen vorbereitet: Mit tröstlichem Zuspruch und deutlicher Klarstellung.

Als Erstes sprach er tröstlich mit ihnen. Er suchte sie und rief Adam mit der Frage: „Wo bist du?" Er wusste natürlich die Antwort. Er ist Gott. Daher offenbart diese Frage das verbindende, interaktive Wesen göttlicher Disziplinierung. Natürlich war Adam und Eva klar, wie sehr sie Gott ausgeliefert waren, und sie schämten sich außerordentlich. Und Gott wusste, was und warum sie es getan hatten, und wie ihnen jetzt zumute war. Aber er gab ihnen die Chance, es auszusprechen, bevor er anfing, die rauen Tatsachen zu nennen, die als Konsequenz auf ihr Handeln folgten. Er führte ein Gespräch mit ihnen, um ihnen verstehen zu helfen, warum sie so reagierten und sich schämten. Etwas ganz Wichtiges in Bezug auf das Verhalten Deiner Tochter ist nicht nur, was sie getan hat, sondern warum sie es tat. Das Warum ist die Wurzel ihres Glaubenssystems.

Vielleicht weißt Du, warum Deine Tochter heute gemein zu ihren Geschwistern war: Sie war neidisch, weil sie es nicht mehr ertragen konnte, wie viel Aufmerksamkeit ihr kleiner Bruder an seinem Geburtstag erhielt. Vielleicht verstehst Du, warum sie bei einem Test gespickt hat: Sie fühlte sich dumm und schämte sich, da man ihr kürzlich eine Lese-Rechtschreib-Schwäche diagnostiziert hatte. Du kannst Dir denken, warum sie gelogen und in der Schule erzählt hat, sie hätte ein Pferd: Weil sie sich unsicher fühlte, als sie mit neuen Leuten sprach. Vielleicht weißt Du das alles. Aber Deine Tochter weiß es möglicherweise nicht. Das wäre eine gute Gelegenheit, sie daran zu erinnern, dass Jesus jederzeit bereit ist, ihr zu helfen. Und er wird Euch beiden helfen, herauszufinden, warum sie etwas Schlechtes getan hat. Auf den Seiten von *Lügen, die Mädchen glauben* lernt sie die Definition von Wahrheit kennen.

## Wahrheit: „das Übereinstimmen mit einem Standard oder Original"[12]

Jesus ist der Standard und das Original. Er ist die Quelle der Wahrheit über uns und darüber, wie wir handeln sollen. Er hat gesagt:

„Ich bin der Weg und die Wahrheit und das Leben."

(Johannes 14,6)

Wahrheitsperle

Er ist die Definition von Wahrheit. Wenn Du ihn fragst, wird er Dir die Wahrheit enthüllen. Das macht er meistens durch das geschriebene Wort Gottes – die Bibel! Einer von Jesus' Namen ist sogar „das Wort" (Johannes 1,14). In der Bibel finden wir Verse, die beschreiben, **WER DU BIST und WIE DU DICH VERHALTEN SOLLTEST!**

Wenn es Deiner Tochter schwerfällt, sich selbst zu verstehen, kann sie Jesus um Hilfe bitten. Das ist ein wesentlicher Bestandteil des Wandelns in der Wahrheit. Das ist für Dich zeitraubender, als sie einfach auf ihr Zimmer zu schicken und ihr ihre TV-Privilegien wegzunehmen, aber es hält auch länger an. Es stimmt, sie könnte auch dabei ihre TV-Privilegien verlieren, aber vergiss nicht, dass Konsequenzen nicht die einzige Reaktion auf Sünde im Leben sein dürfen. Jedes böse Verhalten ist eine Möglichkeit, ihr Verständnis von Recht und Unrecht wachsen zu lassen. Ihr Verhalten mag sündig gewesen sein, aber sei nicht zu schnell mit den Konsequenzen. Versuche viel mehr, ihr verlorenes Herz zu erreichen, und hilf ihr, es zu verstehen.

 *„Wir sollten darüber sprechen, warum du heute unfreundlich zu deinem Bruder warst."*

 *„Wie hast du dich beim Schummeln in dem Test gefühlt?"*

 *„Warum hast du es für nötig gehalten, zu lügen?"*

Gnade zögert die Konsequenzen ein wenig hinaus, um das Herz zu erreichen. Gnade ist ein unverdientes Geschenk. Gott gewährte sie Adam und Eva. Ich möchte Dich bitten, dieses Geschenk einzupacken und es Deiner Tochter dann und wann in Form eines Gesprächs zu schenken. (Selbst wenn das Geschirr gespült werden muss, oder Dein Sohn deswegen zu spät zum Fußballtraining kommt, oder Du heute noch ein dringendes Paket abschicken musst.) Dein Kind durch Dein Verständnis zu ermutigen, ist ein lebenswichtiger Bestandteil davon, es in der Wahrheit zu erziehen.

Später in der Geschichte schenkte Gott noch weiteren Trost, indem er Adam und Eva Alternativen zu ihrer selbstgemachten Feigenblatt-Bekleidung anbot und ihnen Kleidung aus Fell machte. Das ist keine Kleinigkeit! Wir wissen nicht, welche von Gottes schönen und vollkommenen Geschöpfen an jenem Tag starben, aber sterben mussten welche (vgl. 1. Mose 3,21). Wir können kaum begreifen, was für ein kostbares Geschenk das war, weil wir in einer Welt groß geworden sind, die mit Blut und Tod vertraut ist, aber es war auf jeden Fall etwas, was Gott niemals für seine Erde gewollt hat. Doch um der Liebe zu seinen Kindern willen kam der Tod. Blut wurde vergossen und wies auf Christus hin, das Lamm Gottes, das eines Tages sein Blut vergoss, damit wir mit seiner Gerechtigkeit bekleidet werden könnten.

Mir fällt eine Situation ein, in der eine meiner Töchter im Beisein anderer respektlos mit mir geredet hatte. Das konnte mein Mann absolut nicht dulden, und er bestrafte sie damit, das gesamte Buch der Sprüche aus der Bibel in einen Collegeblock abzuschreiben. Bob erklärte ihr, dass es respektlos ist, Autoritäten freche Antworten zu geben, und die Verse, die sie abschreiben sollte, würden ihr viele Hilfen geben, Weisheit zu erlangen. Ganz ehrlich: Es war schmerzhaft zu sehen, wie mein kleines Mädchen unzählige Abende in ihrem Zimmer verbrachte und viele Tintenpatronen leerschrieb, um 9921 Worte der Wahrheit zu schreiben. (Denn so viele enthält das Buch der Sprüche. Ich hab nachgeschaut.*) Der Haufen tränennasser Taschentücher wurde im Laufe ihrer Arbeit immer größer. An einem bestimmten Punkt hatte Bob den Eindruck, sie hätte ihre Lektion gelernt. Das schloss er daraus, dass sie fleißig daran arbeitete und nicht mehr an unsere Gefühle appellierte und offensichtlich ein besseres Verhalten an den Tag legte. So schritt er mit seinem Trost ein.

Ich sah zu, wie Vater und Tochter die Sprüche gemeinsam fertig schrieben. Er schrieb einen Vers, dann schrieb sie den nächsten, und so weiter. Er trug gemeinsam mit ihr die Konsequenzen und tröstete sie auf diese Weise.
Wenn man die Tochter tröstet, die eine Lüge geglaubt und entsprechend gehandelt hat, heißt das nicht gleich, dass man sie verhätschelt. Man will

*Anmerkung des Herausgebers: Das Buch der Sprüche hat in der Elberfelder Übersetzung 13.688 Wörter und 915 Verse.

zu den Wurzeln durchdringen, wegen denen sie gesündigt hat und sie davor bewahren, das Gleiche noch mal zu tun. Aber man verwöhnt sie, wenn man nicht wie Gott zum zweiten Gnadenakt, der Konfrontation, kommt. Das ist es nämlich, was Gott als Nächstes tat: Er konfrontierte Adam und Eva. Konfrontation ist keine Form von Bestrafung, sondern eine Möglichkeit, das Kind in der Wahrheit zu erziehen. Erziehung mag Konsequenzen einschließen, ist aber nicht darauf beschränkt, das heißt, sie endet nicht damit. Als Gott das Werk der Konfrontation mit Adam und Eva begann, fing er nicht mit der traurigen Liste von Schmerzen bei der Geburt, Beziehungsstörungen, harter Arbeit und so weiter an. Er begann mit einer weiteren Frage:

## Was hast du getan?

So wichtig es ist für Deine Tochter auch ist, darüber nachzudenken, warum sie das getan hat, so wichtig ist auch, dass sie erkennt, dass sie gesündigt hat. Es ist gut, wenn sie es als das bezeichnet, was es ist: lügen, betrügen, quälen, stehlen, heimlich Soziale Medien nutzen oder verbotene TV-Sendungen anschauen. Frag daher, was sie getan hat.

Die Sprache der Gnade schließt das Zur-Sprache-Bringen von Sünde nicht aus. Das ist natürlich in unserer postchristlichen Gesellschaft höchst unpopulär und wird auch in vielen modernen Erziehungsbüchern nicht angesprochen. Aber ich glaube, Deiner Tochter zu helfen, Sünde zu verstehen ist unerlässlich, wenn Du ihr helfen willst, in der Wahrheit zu wandeln.
Vor einigen Jahren schon verlangte der berühmte Psychiater Karl Menninger, der sich (soviel ich weiß) nie als Christ bezeichnete, „eine Neubelebung der Sünde". Er schrieb:

*Wenn ein Dutzend Menschen in einem Rettungsboot sitzen und einer von ihnen ein Leck da feststellt, wo er sitzt, gibt es dann irgendwelche Zweifel daran, dass es nun in seiner Verantwortung steht, wenigstens zu versuchen, das Loch zu reparieren? Nicht, weil er das Loch gebohrt hätte, oder weil er es gefunden hat. Aber den Schaden zu ignorieren oder zu verschweigen ist beinahe genauso schlimm, wie ihn verursacht zu haben!*

*Genauso besteht in einer Gruppensituation oder bei Gruppenhandlungen eine gewisse persönliche Verantwortlichkeit, entweder etwas zu tun oder nicht zu tun oder zumindest eine Stellungnahme dazu abzugeben. Das Wort*

*„Sünde" beinhaltet diese Gedanken, und deshalb behaupte ich, dass es sinnvoll wäre, dieses Konzept von Sünde (wenn auch nicht das Wort „Sünde") wiederaufleben zu lassen.*[13]

Die Geschichte der Sünde im Garten Eden ist eine *hoffnungsvolle* Geschichte. Die Ansicht, es gebe Sünde – also so etwas wie richtig und falsch – beinhaltet unter anderem, dass Entscheidungen gefällt werden können. Aus diesem Grund ist „Sünde" ein nützliches Konzept, weil Deine Tochter erfahren kann, dass sie beim nächsten Mal die Wahl hat, wenn sie wieder ein „klebriges Gefühl", eine Lüge oder die Versuchung zum Sündigen hat.

Ich denke, unsere Mädchen stehen vielleicht vor viel verwirrenderen Problemen als Adam und Eva, obwohl ich es nicht sicher weiß. Zumindest wussten Adam und Eva, was richtig und falsch war (denn Gott hatte es ihnen deutlich gesagt), deshalb wussten sie, dass sie gesündigt hatten. Da gab es keine Unsicherheit. Für manche Menschen ist es nicht leicht, Sünde in einer Welt zu erkennen, die von Toleranz, Akzeptanz und Genusssucht regiert wird. Das Konzept der Sünde anzusprechen wirkt verwirrend auf unsere Kinder. Aber ohne einen starken Kompass für richtig und falsch könnte Deine Tochter unsicher sein, was sie das nächste Mal tun soll, wenn sie eine Entscheidung treffen muss. Doch Du kannst ihr in liebevoller Weise das Geschenk der Konfrontation mit der Sünde geben.

Von Natur aus bin ich kein konfrontativer Mensch, aber ich habe gelernt, dass Konfrontation (wenn sie selbstbeherrscht und liebevoll kommt) ein Beweis von Zusammengehörigkeit ist. Dadurch zeigt man: „Ich liebe dich. Ich möchte mit dir in Beziehung stehen, und gerade das setzt du aufs Spiel!" (Denk daran, wenn Du Dich das nächste Mal mit Deinem Ehemann oder mit Deiner besten Freundin streitest oder Deinem Kind dessen Sünde vorhalten musst.) Außerdem wurde mir letztens etwas aus dem Leben des Priesters Eli deutlich. Seine Söhne waren böse und hemmungslos. Die Bibel sagt, Eli sei nicht bestraft worden, weil sie böse waren, sondern weil er sie nicht mit ihrer Sünde konfrontiert hatte (vgl. 1. Samuel 3,13).

Ich flehe Dich an: Weise die Lüge, Deine Tochter stehe weniger in Gefahr als andere Mädchen, entschieden zurück! Diese Lüge ist tödlich für unsere Töchter, weil sie unser elterliches Alarmsystem ausschaltet. Sie macht uns blind für die zahlreichen Gefahrenhinweise. Anstatt herauszufinden, welche Lügen den „klebrigen Gefühlen" zugrunde liegen, läuft es darauf hinaus, sie zu entschuldigen oder sie einfach als normale entwicklungsbedingte Veränderungen wegzudiskutieren, die alle pubertierenden Kinder durchmachen. Tu das nicht! Rüste Dich mit der Wahrheit aus, dass Deine Tochter sündigen wird und sei bereit, mit Barmherzigkeit einzugreifen, um sie in der Wahrheit zu erziehen, indem Du Dich tröstend mit ihr unterhältst, aber ihr auch unbeirrt entgegentrittst.

## Mit Gott reden:

**Nutze Johannes 14,6 als Inspiration, um ein Gebet aufzuschreiben.** Bitte Gott, Dir Weisheit und Zuversicht zu geben, um richtig und falsch unterscheiden zu können, damit Du Deine Tochter unterweisen kannst. Bring alle Gebiete, in denen Du keine Klarheit hast, vor Gott. Schreib Deine ehrlichen Bitten auf die Zeilen hier drunter.

*„Ich bin der Weg und die Wahrheit und das Leben.“* (Johannes 14,6)

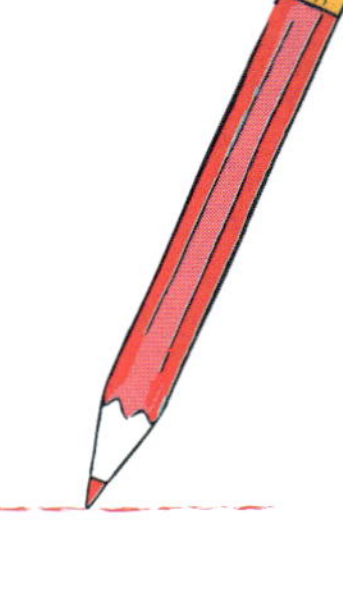

## Mit Deiner Tochter reden:

**Nachdem Deine Tochter das Kapitel 3 in *Lügen, die Mädchen glauben* gelesen hat**, schlag Seite 38 auf und sprich über die Definition von Wahrheit. Stell sicher, dass sie begreift, dass Jesus und sein geschriebenes Wort „der Standard und das Original“ sind, an denen wir unser Verhalten und unsere moralischen Entscheidungen zu messen haben.

Dann schlag Seite 40 auf, wo sie aufgeschrieben hat, welchen Rat sie Zoey geben würde, wenn diese sich wie „der schlimmste Mensch auf diesem Planeten“ fühlt und sich deshalb schämt. Besprecht ihre Gedanken.

Teil 2

# Lügen, die Mädchen glauben, und die Wahrheit, die sie frei macht.

(Samen der Wahrheit ins Leben Deiner Tochter pflanzen)

Dannah

Jetzt ist es an der Zeit, die Lügen auszureißen, die Mädchen glauben, und sie durch Gottes Wahrheit zu ersetzen. Viele der Beobachtungen auf diesem Gebiet über das, was Mädchen glauben, wirst Du gut nachvollziehen können. Anderes mag Dich überraschen. Aber alles wurde sorgfältig untersucht und durch höchst zuverlässige Beweise bestätigt: Es handelt sich nämlich um die Gedanken von

## 1531 Mädchen, die an unseren Befragungen teilnahmen!

Diese Mädchen zwischen sieben und zwölf Jahren beantworteten achtzehn Fragen darüber, wie sie denken, sich fühlen und was sie glauben. Die große Mehrheit betrachtete sich selbst als Christen.

 *51 % besuchten eine öffentliche Schule,*

 *30 % wurden zu Hause unterrichtet*

 *und 16 % besuchten eine private christliche Schule.*[*]

Die Antworten dieser Mädchen halfen uns, zwanzig der verbreitetsten Lügen zu erkennen, die Mädchen glauben – Lügen, die durch Wahrheit ersetzt werden müssen. Deine Tochter wird diesen Abschnitt ihres Buches als das „Wahrheits-Labor" kennenlernen. Hier siehst Du, was sie als Einführung zu diesem Abschnitt lesen wird:

Manchmal, wenn ein Problem gelöst werden muss, beschäftigen sich schlaue Leute damit, in einem Labor Informationen zu erforschen. Sie versuchen dann, über etwas die Wahrheit herauszufinden: Wie unsere Körper heilen, zum Beispiel. Das Rätsel, wie man in einem Raumschiff zum Mond fliegen kann. Oder wie Tiere auf Training reagieren. Diese Leute entdecken Wahrheiten und bewahren sie für uns und für die Menschen in der Zukunft auf. Wir müssen Wahrheiten entdecken und bewahren, die uns mit unseren Problemen helfen! Und es gibt so viele Lügen, die uns verwirren, dass wir einen Ort brauchen, um die Wahrheit zu ordnen und festzuhalten. Sonst könnte sie für immer verloren gehen. Deshalb: Willkommen im Wahrheits-Labor!

Wahrheit

[*] 3 % der Mädchen berichteten von anderen Ausbildungsarten, wie etwa private, nicht-religiöse Schulen.

Während Deine Tochter lernt, Wahrheit zu erkennen, zu bewahren und zu schützen, würde ich mich freuen, wenn Du das „Labor“ als etwas ansiehst, wo Du Wahrheitssamen für ihr Leben pflanzen kannst. Wenn Du feststellst, dass diese Samen zu sprießen beginnen, kannst Du diese jungen, zarten Wurzeln nähren, die entstehen werden. Du und ich werden zusammen daran arbeiten, dass diese gepflanzten Samen fruchtbar werden und schließlich die Wurzeln ihres Glaubenssystems stärken. Jedes dieser Kapitel wird in drei Abschnitte gegliedert sein.

## Vorbereitung der Gespräche:

**Zu Beginn eines jeden Kapitels werde ich Kernergebnisse aus den Gesprächsgruppen und aus den Umfragen vorstellen.** Die Gesprächsgruppen mit den Müttern und die Umfragen bei den Mädchen waren meine Art und Weise, Dir und Deiner Tochter zuzuhören. Dieses Buch ist meine Chance, darauf zu antworten. Ich hoffe, dass mein Umgang mit der Bibel, um Informationen herauszufiltern, Dir Mut machen wird, bei jedem Thema Wahrheit in Deine Tochter zu pflanzen.

## Mit Gott reden:

**Als Nächstes möchte ich Dich zum Beten anregen.** Das wird so ähnlich aussehen, wie Du es bereits in diesem Buch anwendest, nur dass es mitten im Kapitel auftaucht und nicht am Ende. Auf diese Weise kannst Du für Dein Mädchen beten, bevor sie beginnt, sich mit dem jeweiligen Thema zu befassen.

## Mit Deiner Tochter reden:

**Dieser Abschnitt in jedem Kapitel enthält den Text aus dem Buch Deiner Tochter, damit Du ihn vor Dir hast.** Da kannst Du lesen, was sie gerade liest, damit Du vorbereitet bist, ihr beim Nachdenken darüber zu helfen. Außerdem enthält er Bonusinhalte am Rand, nur für Dich.

# Kapitel 4 Wahrheit und Lügen über Gott

Im ersten Thema, das Deine Tochter im Wahrheits-Labor in Angriff nehmen wird, geht es um das, was sie über Gott glaubt. Diese Glaubensvorstellungen sind die Grundlage für alles, was sie über alles andere denkt. So schrieb Nancy in *Lügen, die wir Frauen glauben*:

*Wenn wir falsch von Gott denken,*
*haben wir auch ein falsches Bild von allem anderen.*
*Was wir über Gott glauben, bestimmt auch unsere Lebensweise.*
*Wenn wir Ansichten über Gott haben, die nicht wahr sind,*
*werden wir irgendwann auf diese Lügen hin handeln*
*und in Abhängigkeit geraten.*[14]

Natürlich gilt das auch für uns Mütter. Ich wurde früher von einer Lüge, die ich geglaubt habe, daran gehindert, meinen Töchtern die Wahrheit über Gott zu zeigen. Bevor ich sie Dir mitteile, möchte ich Dir etwas verraten, was die Mütter in meinen Gesprächsgruppen mir sagten. Ich stellte den Müttern folgende Frage: *„Welche Art von Lügen im Leben Ihrer Tochter macht Ihnen am meisten zu schaffen?"* Hier sind die Ergebnisse:

| | |
|---|---|
| Selbstwertgefühl | 32 % |
| Glaube/Gott: | 23 % |
| Jungs/Sex | 15 % |
| Freundschaften/Akzeptanz | 11 % |
| Gruppenzwang | 7 % |
| Soziale Medien | 5 % |
| Anderes | 7 % |

Jedes dieser Themen ist wichtig, und wir werden sie alle in den nächsten Kapiteln behandeln. Aber als ich die Resultate sah, war mein erster Gedanke: *Wie ist es möglich, dass die Lügen über Gott und den Glauben nicht die größten Sorgen einer christlichen Mutter sind?*

Um zu erklären, warum das mich so mitgenommen hat, muss ich zehn Jahre zurückgehen. Mein Mann Bob und ich wurden zu einer Reihe von Diskussionen am Runden Tisch eingeladen. Da ging es um Strategien und Gebete, um Teenager zu erreichen und zu Jüngern zu machen. Leiter von Organisationen wie *Awana, die Billy Graham Evangelistic Association, iShine* und *Focus on the Family** nahmen daran teil. Bob und ich waren eingeladen, weil wir ein großes Interesse daran haben, Teenager durch Events und Einsatzmittel zu erreichen. Wir alle teilten kollektiv die Meinung, dass die Massenaustritte von Collegestudenten aus den Kirchen das Ergebnis des Mangels an biblischer Erziehung während der entscheidenden wertebildenden Teenagerjahre waren.

Der Meinungsforscher George Barna, der zu der Gruppe gehörte, warnte uns, dass nur noch ungefähr ein Drittel der Kinder in den Vereinigten Staaten sich als Christen bezeichneten, was eine weit größere Austrittwelle in den kommenden Jahren andeutete.[15] Er fuhr dann fort, spezifische Lügen aufzudecken, die diese jungen Menschen glauben. Dazu gehörten:

- *80 % glaubten, dass die Bibel, das Buch Mormon und der Koran das Gleiche seien.*
- *68 % meinten, man könne sich die Errettung verdienen.*
- *56 % glaubten, Jesus könnte gesündigt haben, als er auf der Erde war.*
- *Nur 36 % glaubten, dass die Bibel fehlerfrei ist.*
- *Nur 32 % glaubten, dass Jesus von den Toten auferstanden ist.*[16]

Dann sagte Barna jene Worte, die mich wirklich aufrüttelten:

**„Ich flehe Sie an … investieren Sie den Hauptteil Ihrer Ressourcen – Zeit, Geld, Gebete – in Kinder.“[17]**
**GEORGE BARNA**

Ich war überführt; Tränen der Buße füllten meine Augen. Weißt Du, ich investierte meine Zeit, mein Geld und meine Gebete in Kinder, und ich tat es wirklich gerne. Trotzdem kann das, was ich oft empfand, wenn ich über meine Arbeit sprach, am besten mit Scham beschrieben werden. (Hast Du eben auch ein „klebriges Gefühl“ in meiner Geschichte bemerkt?) Das war mir bis zu jenem Tag nicht klar. Vielmehr dachte ich, meine Arbeit sei nicht so wertvoll wie die der Autoren und Sprecher, die erwachsenen Frauen dienten. Ich glaubte die Lüge, die Investition in den Glauben von Kindern sei nicht ganz so wert-

*Anmerkung des deutschen Herausgebers: Gemeinnützige US-amerikanische Organisationen mit dem Fokus auf Kindererziehung, Jüngerschaft und Familie.

voll. Diesen Glauben lebte ich auch als Mutter aus. Schließlich beweisen wir, was wir glauben, durch unsere Taten. Damals arbeitete ich daran, biblische Wahrheit in meine Kinder zu pflanzen. Aber ich hatte das *Gefühl*, dass die Stunden, die ich in ihre Bildung, Hobbys, Gesundheit und Freundschaften investierte, bedeutend nützlicher waren als die, die ich in ihren Glauben investierte. Ich muss ehrlich sagen: Die christliche Welt nährt diese Lüge. Die Bücher, die ich für Frauen und Teenager herausgebe, kommen oft gut an, aber Radio-Interviews, Marketing-Budget und Blogger-Rezensionen für die Bücher, die ich für *jüngere* Mädchen schreibe, sind Mangelware. Vielleicht hast Du etwas Ähnliches in Deiner Gemeinde bemerkt. Das Budget für die Sonntagsschule und der Aufwand an Zeit, die den Kindern im Allgemeinen gewidmet werden, sind oft sehr gering. Das ergibt doch keinen Sinn! Nach einer Untersuchung der *International Bible Society* entscheiden sich 83 % der Amerikaner zwischen dem vierten und vierzehnten Lebensjahr, Christus nachzufolgen.[18] Allein aufgrund dieser Statistik sollten wir gehaltvolle geistliche Nahrung für Kinder bieten.

Aber gerade jetzt haben wir eine viel bedrohlichere Motivation: Bedauerlicherweise haben sich Barnas Vorhersagen von vor zehn Jahren als wahr herausgestellt. Wir sind Zeugen davon, dass mehr Kinder als je zuvor aufwachsen, um die Gemeinden zu verlassen. Während ich dies schreibe, ist der Prozentsatz der Jugendlichen, die sich als Atheisten betrachten, doppelt so hoch wie bei dem Rest der US-amerikanischen Erwachsenen.[19]

**Atheisten pro Generation**[20]

**13 %**
Gen Z

**7 %**
Millennials

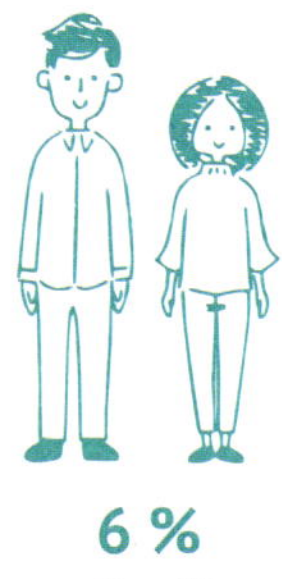

**6 %**
Gen X

**5 %**
Babyboomer

**6 %**
Ältere

Der Glaube der Generation Z – das sind ungefähr die zwischen 1999 und 2011 Geborenen – stehen in einer Krise. Sie sind die erste „postchristliche" Generation, die „in einer Zeit zunehmender geistlicher Gleichgültigkeit"[21] geboren ist. Eine Untersuchung der *Biola Universität* zeigte kürzlich, dass 70 % dieser Altersgruppe „anhaltende, beachtliche Zweifel daran äußern, dass das, was die Bibel über Jesus sagt, wahr ist. Und dabei wurde nur das ›Beste vom Besten‹ dieser Jugendgruppe untersucht."[22]

Uns Müttern sollten die Lügen über den Glauben die allergrößten Sorgen machen. Bei mir war das so, aber meine Arbeit wurde durch eine Unwahrheit, die tief in meinem Geist hauste, behindert. Ich musste die Lüge überwinden, dass der Dienst an Kindern – einschließlich meiner eigenen – nicht so wichtig war wie andere Arbeit in Gottes Reich. Wie überwand ich sie? Ich entdeckte folgende Wahrheit, die ich meinen Gefühlen und den Stimmen rings um mich her entgegenhalten konnte:

**„Jesus aber sprach: Lasst die Kinder und wehrt ihnen nicht, zu mir zu kommen, denn solcher ist das Reich der Himmel."**

(Matthäus 19,14)

Wahrheitsperle

Jesus sagte das für Leute wie mich, also für solche, die die Lüge glauben, das geistliche Leben der Kinder sei weniger bedeutsam als das der Erwachsenen. Alles, was Jesus sagt, übertönt die anderen Stimmen in meinem Kopf. Ich habe mich entschlossen, mich selbst dieser Wahrheit anzuvertrauen und alles zu tun, was ich kann, um die Herzen der Kinder so nah wie möglich zu Christus zu bringen, wobei ich mit meinen drei Kindern Robby, Lexi und Autumn anfange.

Als ich anfänglich wahrnahm, dass die Mütter in unseren Gesprächsgruppen die „Lügen über das Selbstwertgefühl" für bedenklicher hielten als die „Lügen über Gott", schmerzte mich das zutiefst. Dann aber erinnerte ich mich an meinen eigenen Kampf um diese Wahrheit und wie Gott mir geholfen hat, ihn zu gewinnen. Die Erinnerung an diesen Sieg ließ mich hoffen. Sei ehrlich mit Dir selbst, wenn Du darüber nachdenkst, wie erfolgreich Du die Wahrheit über Gott in Deine Tochter pflanzt. Hab keine Angst davor, die Lügen anzugreifen, die Dich behindern. Klammere Dich an die Hoffnung.

## Mit Gott reden:

**Nutze den Vers aus Matthäus 19, um ein Gebet zu formulieren.**

Erinnere Dich daran, dass das Säen von Wahrheit in Deine Tochter eine der wichtigsten Arbeiten im Reich Gottes ist, die Du jemals tun wirst. Bitte

Gott darum, Dein Herz auf jegliche Abwehr oder Gleichgültigkeit zu prüfen, die Dich davon abhalten könnte, mit Deiner Tochter über Gott zu sprechen. Schreib Deine ehrlichen Bitten an Gott in die Zeilen hier drunter.

*„Jesus aber sprach: Lasst die Kinder und wehrt ihnen nicht, zu mir zu kommen, denn solcher ist das Reich der Himmel."*
(Matthäus 19,14)

## Mit Deiner Tochter reden:

**Nun, nachdem Du gebetet habst, bitte Deine Tochter, das 4. Kapitel zu lesen** und schau Dir den gleichen Text direkt hier in Deinem Buch an. Ich habe einige Notizen für Dich an den Rand geschrieben. Während Du liest, kannst Du Deine eigenen Notizen hinzufügen, damit Du im Gespräch mit Deiner Tochter eine kleine Gedächtnisstütze habst.

# Wahrheiten und Lügen über Gott

Ich bin froh, dass der ganze **Kram** mit der App vorbei ist. Seitdem ihr mir geholfen habt, über die Wahrheit nachzudenken, fühle ich mich auch besser. Aber ich habe eine Frage: Ist Gott wütend auf mich? **Ich weiß, dass er mich liebt ...** aber es fühlt sich so an als wäre er weit weg, wegen dem, was ich gemacht habe. Hat er mich **auch** lieb, wenn ich etwas Böses tue?

**An dieser Stelle** können wir weiter in der Bibel nach der Wahrheit graben, die uns Mädchen frei macht. Zoey fragt sich, ob Gott sie liebt, selbst nachdem sie sündigt. Hast Du Dich das auch schon mal gefragt? Diese erste Wahrheit ist für uns alle eine gute Nachricht.

**Notizen für Mama:**
In den nächsten Kapiteln füge ich den gesamten Text des Buches Deiner Tochter hier für Dich zum Mitlesen ein. Die Randnotizen können interessante Schnipsel aus den Gesprächsgruppen und Umfragen enthalten. Ich hoffe, diese werden Dich bestärken und führen, während Du Deine Tochter auf die Wahrheit hinlenkst.

Nicht vergessen: Hier ist Platz für Deine eigenen Notizen!

**Notizen für Mama:**
**Über Wahrheit Nr. 1:**
Nach jeder Frage in unserer Studie gaben wir den Mädchen die Gelegenheit, sich zu dem Thema zu äußern. Die Kommentare offenbarten eine alarmierende Zusammenhanglosigkeit. Die Mehrheit der Mädchen wusste, dass Gott sie liebt, doch ihre Antworten offenbarten einen Mangel an Vertrauen in seine Liebe, wenn sie gesündigt hatten. Sie sagten Dinge wie:

- *Ich denke manchmal, dass Gott mich nicht liebt, wenn ich mich meinen Eltern oder Freunden gegenüber schlecht benehme.*
- *Manchmal, wenn ich ungehorsam bin, kann ich kaum an seine Liebe glauben.*
- *Gott denkt sicher anders über mich, wenn ich mich in bestimmter Weise benehme, unterhalte oder kleide.*
- *Ich habe das Gefühl, dass er gar nicht da ist, wenn ich nicht brav genug bin.*

Jedes Mal, wenn wir eine Sache sagen, aber eine andere Sache *fühlen*, ist eine Lüge im Spiel, an der wir arbeiten müssen.

**92% aller Mädchen sind sich sicher, dass Gott sie liebt.**

**Es ist toll, dass so viele Mädchen glauben, dass Gott sie liebt. Aber die Wahrheit ist noch besser.** Ganz egal, was geschieht: Gott liebt 100% der Menschen *immer, zu jeder Zeit*. Das schließt Dich mit ein! Gott liebt Dich! Sogar sehr!
Die Bibel sagt uns diese Wahrheit immer und immer wieder. Einer meiner Lieblingsverse ist *Jesaja 43,4*, in dem auch die einfachen Worte „Ich hab dich lieb" stehen. Trotzdem ist mir aufgefallen, dass viele Mädchen diese Wahrheit nur schwer glauben können, wenn sie etwas Böses getan haben und zum Beispiel ihren Eltern ungehorsam sind oder in einer Klassenarbeit schummeln.

**Manchmal erzählen ihre Gefühle ihnen eine Lüge über Gottes Liebe.**

Lüge — **„Gott liebt mich nur, wenn ich brav bin."**

Hast Du diese Lüge schon einmal geglaubt? Ich glaube, das haben die meisten von uns irgendwann im Leben schon mal. Sünde macht es uns schwer, Gottes Liebe zu **fühlen,** obwohl sie immer noch da ist. Sich Gott nah zu fühlen, nachdem man gesündigt hat, ist wie wenn man versucht, bei schlechtem WLAN eine Folge *5 Geschwister* übers Internet zu hören. Die Verbindung ist da, aber irgendetwas stört sie.[23] Die Sünde macht es uns schwer, eine klare Verbindung zu Gott zu haben. (Das erkläre ich in einem anderen Kapitel noch genauer.) **Aber Gott ist immer noch da. Und er liebt Dich immer noch!** Ja, er ist traurig, wenn Du sündigst, und Sünde hat immer Konsequenzen. Das bedeutet aber nicht, dass Gott Dich nicht liebt. Lass uns mal schauen, was unser Wahrheits-Labor aus Gottes Wort parat hält.

Gott ist von Deiner Sünde nicht überrascht. Er weiß **ALLES.** Ganz egal, was Du getan hast oder wie sehr Du etwas vermasselt hast, Gott liebt Dich immer noch und wird Dir vergeben.

Ich habe das besser verstehen können, als ich Mutter geworden bin. Einmal, als mein Sohn noch klein war, hat er mich um ein Glas Wasser gebeten. Dann hat er mir versichert, **nicht** mit der Kerze im Nebenraum gespielt zu haben. **Das hörte sich irgendwie komisch an!** (Und dann konnte ich auch schon Rauch riechen.)

Zum Glück hatte nur der Rand einer Decke Feuer gefangen und ich konnte es schnell löschen. Weißt Du was? Selbst als ich ihn von seinem eigenen Fehler rettete, liebte ich ihn genauso wie vorher und nicht weniger. Ich habe das Feuer sogar ausgemacht, **weil ich ihn liebe**. Ich wollte ihn beschützen. Wie viel mehr liebt Gott Dich, in all seiner Perfektion? Er liebt Dich, wenn Du Dich gut benimmst **und** wenn Du Dich schlecht benimmst.

„Wir können nichts tun,
damit Gott uns mehr liebt …
wir können nichts tun,
damit Gott uns weniger liebt."

Philip Yancey[24]

**Notizen für Mama:**
**Gesprächstipp für Wahrheit Nr. 1:**
Je offener Deine Tochter Dir gegenüber ist, umso mehr kannst Du ihr helfen.
Verletzlichkeit bringt Verletzlichkeit hervor. Denk darüber nach, wie Du Deiner Tochter von Deinen eigenen Erfahrungen erzählen kannst. Berichte ihr von einer Sünde, bei der Du dann Gottes Liebe infrage stelltest. Mach dann aber auch klar, dass Du schließlich gemerkt habst, dass Gott Dich *die ganze Zeit* geliebt hat, egal was passiert war.

Außerdem: Mach es Dir zum Anliegen, diese bedingungslose Liebe vorzuleben. Spürt Deine Tochter, dass Du sie *ganz unabhängig* von ihrem Verhalten liebhabst? Solche Liebe auszuleben, kann diese Wahrheit tief in ihr Herz senken.

**Notizen für Mama:**
**Über Wahrheit Nr. 2:**
Nancy hat diese Wahrheit bereits in *Lügen, die wir Frauen glauben* angesprochen. Wenn diese Wahrheit noch für erwachsene Frauen wichtig ist, dann wird Deine Tochter wahrscheinlich nicht automatisch da hineinwachsen. Heute mag es ihr um gute Noten oder um eine beste Freundin gehen, aber morgen wird es ein Ehemann oder ein größeres Haus sein. Solche Dinge sind wunderbare Geschenke Gottes, aber sie dürfen nicht unsere größten Wünsche sein. Darum wollen wir die Lüge, dass uns irgendetwas anderes als Gott wirklich zufriedenstellen könnte, mit ihren Wurzeln ausreißen.

Mach Dir hier am Rand Notizen darüber, womit Deine Tochter versuchen könnte, ihre Wünsche zu befriedigen. Ergänze den Satz:

Gott ist alles, was Du brauchst, weil er Dich liebt und Dich mit allem anderen versorgt, was Du wirklich brauchst. Eva hat dieser wunderbaren Wahrheit nicht geglaubt. Stattdessen glaubte sie: **„Mein Leben wäre besser, wenn ich nur einen Bissen von dieser Frucht hätte!“**

**Damals begegnete sie einer Lüge, die heute immer noch einige Mädchen glauben.**

## Heute sagen Mädchen Dinge wie:

- **„Mein Leben wäre besser, wenn ich NUR EINSEN in der Schule hätte!“**
- **„Mein Leben wäre besser, wenn ich ein HAUSTIER hätte!“**
- **„Mein Leben wäre besser, wenn ich eine FREUNDIN hätte!“**

Fast jedes Mädchen hat die letzte Lüge schon mal geglaubt. Mädchen, mit denen ich gesprochen habe, sagten mir Dinge wie: **„Das Wichtigste an einer Gemeinde sind gute Freundinnen.“** Oder: **„Wir haben uns diese Gemeinde ausgesucht, weil ich da Freunde habe.“** Was sie eigentlich damit sagen, ist: **„Gott allein reicht nicht aus. Ich brauche auch eine Freundin.“**

Meine Freundinnen helfen mir, näher zu Gott hinzuwachsen und gute Entscheidungen zu treffen. Ich hoffe, Deine tun das auch. Aber unsere Freundinnen sollten nicht wichtiger sein als Gott. Sieh Dir diesen Bibelvers aus unserem Wahrheits-Labor an:

**„Mein Gott aber wird euch alles Nötige geben nach seinem Reichtum in Herrlichkeit …“**
(Philipper 4,19)

Wahrheitsperle

Es ist nicht falsch, Freundinnen zu haben, oder einen schönen Urlaub mit der Familie, oder eine schicke Hose. Manchmal **sind** das tolle Ergänzungen in unserem Leben. Aber keins von diesen Dingen ist so gut oder nützlich wie Gott. Er ist derjenige, der uns alles gibt – unsere Freundschaften, unsere Intelligenz, die Haustiere, die wir so gernhaben, das Geld für Klamotten, und noch mehr.

Meine Freundin Jenna Jones ist 10 Jahre alt. Sie kommt aus Amerika, ist aber in Berlin aufgewachsen, wo ihre Eltern Missionare sind. Sie hat diese wichtige Wahrheit so erfahren:

**Jenna Jones, Berlin, Deutschland**

*„Zum allerersten Mal kam ich nach Amerika, um für ein Jahr dort zu leben. Ich hatte richtig Angst. Ich dachte mir: ‚Ich will gar nicht gehen. Ich werde gar keine Freunde haben.'"*

Ihre Familie kam in den Sommerferien nach Amerika und Jenna **entschied** sich, zu versuchen, auch ohne Freundinnen glücklich zu sein. Als die Wochen vergingen, erlebte sie eine bessere Freundschaft mit Jesus. Sie wusste gar nicht, was für ein guter Freund er sein konnte. Sie fing an zu glauben, dass sie alles schaffen könnte, wenn Gott nur an ihrer Seite wäre. Und dazu zählte auch, ohne Freunde auf eine neue Schule zu gehen.

Der erste Schultag kam. Der Vormittag war schwer. Freunde begrüßten sich und erzählten sich Geschichten aus den Ferien. Den ganzen Morgen über versuchte Jenna, sich auf die Schularbeit zu konzentrieren und bat Gott immer wieder still um Hilfe. Sie konnte es gar nicht glauben, aber sie fühlte sich okay. Was sie da noch nicht wusste, war, dass Gott ein Geschenk für sie bereithielt. *„In der Mittagspause habe ich mich mit vielen angefreundet und Fußball gespielt."*

**Sie glaubt, dass Gott ihr diese Freunde gegeben hat.** Er kann manchmal auf Arten und Weisen Freundschaften möglich machen, die wir uns nie erträumt hätten. Gott will die wichtigste Person in Deinem Leben sein. Und – pass jetzt gut auf – er will auch, dass Du weißt, dass Du zufrieden und sogar glücklich seinsein kannst, wenn er Dir etwas nicht gibt, was Du gerne

Sie glaubt, ihr Leben wäre besser, wenn ...

**Notizen für Mama:**

**Gesprächstipp für Wahrheit Nr. 2**

Freundschaften sind wertvoll. Sie sind sogar sehr wichtig. Die Bibel sagt, dass wenn wir mit weisen Freunden Umgang haben, wir ebenfalls weise werden. Darum liegt das Problem nicht darin, dass Deine Tochter sich Freundschaften wünscht, eher wenn sie vielleicht einen Mangel an dem Bedürfnis hat, die Beziehung zu dem wichtigsten Freund, nämlich Jesus, zu suchen.

Beginne das Gespräch, indem Du erklärst, dass auch die besten Freunde uns manchmal im Stich lassen. (Realistische Erwartungen helfen Mädchen, auf Freundschaftsdrama besser zu reagieren.) Dann erzähl Deiner Tochter, wie Du eine authentische Beziehung zu Christus erlebt habst, und ermutige sie, zu glauben, dass es keinen besseren Freund als ihn gibt, weil er uns nie im Stich lässt.

**Notizen für Mama:**
**Über Wahrheit Nr. 3:**
Ein Mädchen, das an unserer Befragung teilnahm, war sich nicht sicher, ob sie ein Christ war oder nicht. Als sie gebeten wurde, zu erklären, was mit Christsein gemeint ist, war sie ganz verwirrt. Die gute Nachricht ist, dass sie sofort zu ihrer Mutter ging, um sie um Rat zu fragen. Gleich an Ort und Stelle betete sie und wurde in die Familie Gottes aufgenommen!

Hat Deine Tochter die richtige Vorstellung davon, was es heißt, ein Christ zu werden?

Ich bete intensiv dafür und kann es gar nicht abwarten, zu erfahren, wie Gott Euer Gespräch gebraucht.

**Ganz ernste Frage:**
Wenn Dich jemand wegen der Beziehung Deiner Tochter zu Christus fragen würde, wüsstest Du dann genug darüber, um eine ausreichende Antwort geben zu können?

hättest. Jenna war den ganzen Sommer über und sogar am ersten Schultag zufrieden, obwohl sie noch keine Freunde hatte. Gott möchte, dass Du die Wahrheit kennst, dass er allein **genug** ist.

**Du bist ein Christ, wenn Du an Jesus glaubst und ihn als Deinen Retter angenommen hast.**

**Mir ist etwas Trauriges aufgefallen, als ich die 1531 Antworten auf meine Fragen über Wahrheiten und Lügen durchgesehen habe.** 22% der Mädchen, die sagen, dass sie Christen sind, verstehen nicht, wie man einer wird.

Diese Mädchen sagen Dinge wie:

- **Ich bin ein Christ, weil ich in eine Gemeinde gehe.**
- **Ich bin ein Christ, weil Mama und Papa Christen sind.**
- **Ich bin ein Christ, weil ich schon immer einer war.**

**Oh, oh! Wir haben ein großes Problem. Hier lauert eine Lüge, und sie versteckt sich hinter vielen verschiedenen Dingen.**

Lüge

**„Ich bin Christ, weil**
______________________
______________________“

In die Gemeinde zu gehen kann toll sein, aber es macht Dich nicht zu einem Christen. Gläubige Eltern zu haben ist großartig, aber das macht Dich auch nicht zu einem Christen. Und nein, niemand „war schon immer einer".

## Wie wird man denn ein Christ?

Ich bin froh, dass Du fragst. Gott liebt uns so sehr, dass er seinen Sohn Jesus geschickt hat, damit er am Kreuz für uns stirbt. So drückt die Bibel es aus:

**„Denn so hat Gott die Welt geliebt, dass er seinen eingeborenen Sohn gab, damit jeder, der an ihn glaubt, nicht verloren gehe, sondern ewiges Leben habe."**
(Johannes 3,16)

Wahrheitsperle

Warum starb Jesus für uns?
Er starb wegen unserer Sünden.

Wir haben schon über Sünde gesprochen, aber lass es uns kurz wiederholen. Wenn wir Gott ungehorsam sind oder uns entscheiden, das Falsche zu tun, sündigen wir. Wenn wir gemein sind, lügen oder schummeln, sind das alles Beispiele von Sünde. Die Bibel sagt, dass jeder Mensch, der je auf der Erde gelebt hat, ein Sünder ist. Das schließt auch Dich und mich mit ein.

Sünde trennt uns von Gott. Und die Bibel sagt, dass die Strafe für Sünde der Tod ist. **ABER GOTT LIEBT UNS**, deswegen sandte er seinen Sohn Jesus, um am Kreuz zu sterben. Die frohe Botschaft ist, dass Jesus nicht tot geblieben ist. Er ist wiederauferstanden, mit der Macht, unsere Sünden zu vergeben. Und er bietet uns dieses Geschenk seiner Errettung an. Sünde trennt Dich von Gott.

**Notizen für Mama:**
**Gesprächstipp für Wahrheit Nr. 3:**
Das Buch Deiner Tochter enthält alles Nötige, um ihr verstehen zu helfen, was es bedeutet, Jesus nachzufolgen. Lies es reflektierend durch und stell Dir Fragen wie folgende:

- *Warum starb Jesus für uns?*
- *Was richtet die Sünde bei uns an?*
- *Glaubst du an Jesus?*
- *Bist du bereit, Jesus als deinen Erlöser anzunehmen?*

Wenn Du merkst, dass Deine Tochter überführt wurde und verstanden hat, was Du sagen möchtest, bitte Gott, Dir durch seinen Geist die Erkenntnis zu schenken, ob Deine Tochter bereit ist, ihr Leben Christus zu übergeben. Das in ihrem Buch abgedruckte Gebet könnte eine wegweisende Hilfe sein. Vergiss aber nicht, dass es nicht darum geht, „ein Gebet zu sprechen", sondern in Buße und Glauben wahrhaftig auf das Werk des Heiligen Geistes in ihrem Leben zu reagieren.

Wenn Deine Tochter bereits auf Christus als ihren Retter vertraut, nutz diese Zeit, um das mit ihr zu feiern, und sprich darüber, was es bedeutet, fest in der Beziehung zu ihm zu bleiben und darin zu wachsen.

**Notizen für Mama:**

Notiere Dir hier ein paar Gedächtnisstützen für das Gespräch mit Deiner Tochter.

Ich weiß nicht, ob es Dir anders geht, aber ich habe noch nie ein Geschenk bekommen, für das ich nicht die Hand ausstrecken musste, um es anzunehmen. Man nimmt Gottes Geschenk der Errettung an, indem man an Jesus **glaubt** und ihn als seinen Retter **annimmt**.

An Jesus glauben bedeutet:

- **Jesus zu vertrauen,**
- **zu wissen, dass Jesus Gottes Sohn ist,**
- **zu wissen, dass Jesus Dich von Deinen Sünden rettet,**
- **Jesus die Kontrolle über Dein Leben geben zu wollen.**

## Glaubst Du an Jesus?

Wenn ja, bist Du bereit, Jesus als Deinen Retter **anzunehmen**. Das bedeutet, dass Du Jesus bittest, in Dir zu leben und die Kontrolle über Dein Leben zu haben. In *Römer 10,9* steht, „dass, wenn du mit deinem Mund Jesus als Herrn bekennst und in deinem Herzen glaubst, dass Gott ihn aus den Toten auferweckt hat, du errettet werden wirst.“ Hast Du Jesus schon angenommen, indem Du ihn gebeten hast, Deine Sünden zu vergeben? Wenn nicht, würdest Du jetzt dieses Gebet sprechen?

Lieber Herr, ich bekenne dir, dass ich ein Sünder bin. Ich danke dir, dass du Jesus geschickt hast, damit er am Kreuz für meine Sünden stirbt. Ich bitte dich, dass du mir meine Sünden vergibst. Ich lade dich ein, in mein Leben zu kommen und mein Herr zu sein. Danke, dass du mich errettet hast. In Jesu Namen, Amen.

**Hast Du so ein Gebet gerade zum ersten Mal gebetet? Wenn ja, schreib unten das Datum auf.**

Der Tag, an dem ich Christ wurde:

Herzlichen Glückwunsch! Erzähl es am besten Deiner Mama oder Deinem Gemeindeleiter. Sie werden sich sehr freuen!

Ich hoffe, die Person, der Du es erzählst, ist auch ein Christ und kann Dir helfen, im Glauben zu wachsen. Denk dran: Du hast gerade Jesus die Kontrolle für Dein Leben übergeben. Das heißt, dass man ihm gehorcht und tut, worum er bittet. Das Gebet zu beten ist nur der erste Schritt, ein Christ zu sein. Jetzt soll Dein Leben so gelebt werden, dass andere sehen, dass Du Dich verändert hast. Bitte diese Person um Hilfe, damit Du weißt, wie man im Glauben wächst.

Am Ende von jedem Kapitel werde ich Dich an die Themen erinnern, die wir uns im Wahrheits-Labor angeschaut haben. Dann bekommst Du die Gelegenheit, Zoey zu helfen, indem Du ihr einen Rat gibst. Zum Schluss kannst Du ein paar Fragen beantworten, die Dir helfen, die Wahrheit zu **Dir** selbst zu sagen.

**Notizen für Mama:**
**Mit Deiner Tochter reden:**

**Nachdem Deine Tochter das Kapitel 4 in *Lügen, die Mädchen glauben* gelesen hat,** bitte sie, Seite 56 aufzuschlagen. Dann könnt Ihr gemeinsam über ihre Laborarbeit sprechen. Diese Seiten sind wichtig und sollten mit Vorsicht und Weisheit angegangen werden. Da pflanzt Du Wahrheit, entdeckst, wo Lügen versteckt sein könnten und ausgerissen werden müssen, und wo Du bereits bestehende Wurzeln der Wahrheit begießen darfst.

**Notizen für Mama:**
**Über die Laborarbeit Deiner Tochter:**

Am Ende von jedem Kapitel in ihrem Buch wird Deine Tochter ein bisschen Laborarbeit zu verrichten haben. Das gibt Euch beiden die Möglichkeit, weitere von ihr geglaubte Lügen zu identifizieren und darüber zu reden. Frag sie, ob sie neben irgendeine Lüge ein X gemacht hat, um zu zeigen, dass sie diese vielleicht glaubt. Erforsche das Herz Deiner Tochter durch Fragen wie:

*„Warum hast du ein X bei dieser Lüge gesetzt?“*

*„Kannst du dich erinnern, wann du angefangen hast, daran zu glauben?“*

*„Gab es irgendetwas in diesem Kapitel, das dir gezeigt hat, dass du eine bestimmte Lüge aus deinem Leben ausräumen willst?“*

Als Nächstes frag sie, ob sie um irgendwelche Wahrheiten einen Kreis gemalt hat. Ermutige sie durch folgende Fragen zum Reden!

*„Das ist eine tolle Wahrheit zum Einkreisen. Warum hast du sie ausgesucht?“*

*„Hast du eine Idee, wie ich dir dabei helfen könnte, diese Wahrheit zu glauben?“*

Wenn Deine Tochter noch nicht darüber reden möchte, ist das völlig in Ordnung. Hab Geduld mit ihr und lass sie wissen, dass Du immer offen für Gespräche bist!

## Zieh Deinen Laborkittel an

Nimm Deine Stifte zur Hand.
Nun bist Du an der Reihe,
in unserem Wahrheits-Labor zu arbeiten.

| Die Lüge | Die Wahrheit |
|---|---|
| Gott liebt mich nur, wenn ich brav bin. | • Gott liebt Dich die ganze Zeit, jeden Tag. *(Jesaja 43,4)*<br>• Gott liebt Dich, obwohl Du sündigst. *(Römer 5,8)* |
| Gott allein reicht nicht aus. | • Gott ist alles, was Du brauchst. *(Psalm 23,1)*<br>• Gott versorgt Dich mit allem, was Du brauchst. *(Philipper 4,19)*<br>• Jesus will Dein bester Freund sein. *(Johannes 15,15)* |
| Ich bin ein Christ, weil<br>__________<br>__________<br>__________ | • Du wirst ein Christ, wenn Du glaubst, dass Jesus Gottes Sohn ist, der für Deine Sünden gestorben ist … *(Johannes 3,16)*<br>• … und ihn bittest, in Dir zu leben und die Kontrolle über Dein Leben zu haben. *(Römer 10,9)* |

## Mir selbst die Wahrheit sagen

**Du bist an der Reihe, die Autorin zu sein!**

- Hast Du irgendeine dieser Lügen über Gott geglaubt? Setz ein X über jede **der LÜGEN** in diesem Kapitel, die Du geglaubt hast.
- Über welche Wahrheit solltest Du dann **die ganze Zeit, JEDEN TAG** nachdenken? Schau Dir **DIE WAHRHEIT** an, die wir zusammen entdeckt haben. Kreise ein, was Dir persönlich wichtig erscheint und wobei Du verweilen willst.
- Fang an, **die ganze Zeit, JEDEN TAG** über die Wahrheit nachzudenken. Du kannst anfangen, indem Du unten ein Gebet an Gott aufschreibst, oder einen hilfreichen Vers aus der Bibel oder Ideen, die Du nicht vergessen willst.

## Zoey helfen, die Wahrheit zu glauben

**Es ist Zeit, Zoey einen Rat zu geben!**

Zoey fühlt sich ganz weit weg von Gott, weil sie ihre Eltern angelogen hat. Nach dem, was Du in diesem Kapitel gelernt hast – ist Gott wirklich so weit weg, wie Zoey denkt? Was kann sie tun, um sich ihren Eltern näher zu fühlen?

**Notizen für Mama:**
Beende die Unterhaltung, indem Du sie ihr Gebet, den Bibelvers oder die praktische Idee vorlesen lässt. Wenn sie diesen Teil der Laborarbeit noch nicht fertig hat, biete ihr Hilfe an. Ihr Alter und ihr Entwicklungsstand haben viel damit zu tun, wie viel Hilfe sie braucht, oder ob sie es allein schafft.

**Wie man Zoey helfen kann:**
Mit dieser Laborarbeit soll Deiner Tochter geholfen werden, für Geist, Herz und Mund die Fähigkeit zu entwickeln, mit einer Freundin über die Wahrheit sprechen zu können. Zeig Dich nicht gleich unzufrieden, wenn sie schlechte Ratschläge oder auch gar keine gibt. Stell stattdessen Fragen, um bessere Antworten zu erzielen.

*„Wie kommst du darauf, Zoey diesen Rat zu geben?"*

*„Fällt dir ein Bibelvers ein, mit dem du diesen Gedanken stützen kannst?"*

*„Mir kam gerade dieser Bibelvers in den Sinn: __________.*
*Wie könnten wir diese Wahrheit auf Zoeys Situation anwenden?"*

Dies ist eine komplizierte Aufgabe. Stell Dich auf höchstens kurze und vielleicht sogar unbefriedigende Antworten ein. Bedenke aber, dass sie jetzt dabei ist, die wesentliche Fähigkeit zu lernen, eine die Wahrheit sprechende Freundin zu werden.

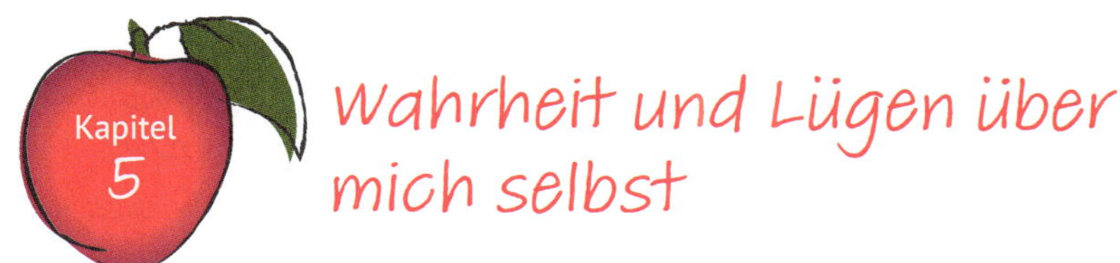

# Kapitel 5 Wahrheit und Lügen über mich selbst

Gestern Abend saß eines meiner jetzt erwachsenen „kleinen Mädchen" – für mich werden sie immer meine „kleinen Mädchen" bleiben – auf meiner Bettkante und wir versuchten, ein Problem zu lösen. Sie erzählte mir, was ihr Kummer machte und fragte dann: „Was soll ich tun?"

Da erwischte es mich! Wieder überkam mich dieses besinnungsraubende Gefühl des Komazustandes – von dem ich in Kapitel 1 gesprochen habe – und ich bekam den Mund nicht auf. Meine gerade erwachsen gewordene Tochter schenkte mir die Einladung, ihre weise Ratgeberin zu sein, und ich konnte nichts antworten.

Ich betete und bat Gott, meine Zunge zu lösen, und er war so treu, mir die richtigen Worte zu geben. Was für eine wunderbare Zeit hatte ich mit meiner Tochter! Diesmal war der Kampf leicht, weil ich ihn schon oft ausgefochten hatte und wusste, wie ich Wahrheit und Gebet gebrauchen musste, um die Stummheit zu überwinden.

Viele Mütter erfahren das gleiche behindernde Gefühl, wenn ihre Tochter Rat oder Erziehung nötig hat. In den Gesprächsgruppen benutzten mehrere Mütter den Ausdruck *komatös,* um das eigenartige Gefühl zu beschreiben, das uns überfällt. Ich bat sie, herauszufinden, wie es dazu kommen konnte.

- *„Ich glaube, einige von uns fürchten sich, für gesetzlich gehalten zu werden ... also geben wir nach, wo wir es nicht tun sollten."*
- *„Rebellion. Manchmal scheint alles nur noch ein Krieg zu sein, und ich habe Angst vor Rebellion. Wenn sie sich nicht überzeugt fühlt, könnte sie meinen Rat verwerfen."*
- *„Man weiß, wie man die Wahrheit formulieren soll. Aber man fühlt sich unsicher, wie man erziehen soll."*
- *„Es beruht auf Angst. Ich möchte sie mir nicht entfremden, nicht unsere Beziehung ruinieren, oder ihr Selbstbewusstsein zerstören."*

Erkennst Du den gemeinsamen Nenner? Es ist Angst. (Haben wir dieses Gefühl nicht bereits in Kapitel 2 in die Wüste geschickt?) Aber diese Angst war mit etwas sehr Spezifischem verbunden. Obwohl sich die Furcht der Frauen unterschiedlich äußerte, so war sie doch in dem Gedanken begründet, die Mutter könne das Vertrauen oder das Selbstwertgefühl ihrer Tochter zerstören.

Als ich das zum ersten Mal erlebte, dauerte es nicht lange, bis mir klar wurde, dass ich Angst hatte, meine Mädchen zu beschämen oder mit meinen Worten ihre Gefühle zu verletzen. Selbst wenn ich wusste, was ich sagen sollte, wusste ich nicht wie, ohne vielleicht in ihrem Selbstvertrauen einen Knick zu verpassen. Immerhin gab es haufenweise andere Mächte, die versuchten, Gewalt über sie zu gewinnen, und ich wollte nicht noch eine sein. Von „bösen Mädchen" bis zur Werbung von Schönheitsmitteln schien es, als bestehe das Leben aus einer großen Selbstwert-Tretmine nach der anderen.

Ich nahm meine Furcht und brachte sie zu Gott und bat ihn, mir Klarheit zu verschaffen. Dabei entdeckte ich eine Lüge in meinem Glaubenssystem: *Das Wichtigste in der Erziehung meiner Mädchen ist der Schutz ihres Selbstwertgefühls.*
Nach einigem Suchen und weisem Rat kam ich dazu, diese Wahrheit anzunehmen:

Das Wichtigste bei der Erziehung von Mädchen ist nicht, was sie von sich selbst halten, sondern was Gott sagt.

Damals sagte ich mich von dem Selbstwert-Trend los. Möglicherweise hast Du nie dieses betäubende Gefühl gehabt, aber höchstwahrscheinlich hast Du auch geglaubt, das Selbstwertgefühl Deiner Tochter sei das Allerwichtigste. Jedenfalls kam es den Müttern in meinen Gesprächsgruppen als das Allerwichtigste vor. Aber stimmt das denn wirklich?
Im Gegensatz zu dieser Mentalität warnt uns Gottes Wort davor, zu hoch von uns selbst zu denken (vgl. Römer 12,3). Da wird nicht erwartet, dass wir etwas Gutes für uns suchen sollen, sondern das Gute für andere (vgl. 1. Korinther 10,24). Wenn wir uns rühmen, sollen wir uns unserer Schwachheit rühmen, damit die Kraft Christi in uns sichtbar werde (vgl. 2. Korinther 12,9). Wir sollen uns anderen unterordnen (vgl. Hebräer 13,17), anderen gegenüber demütig sein (vgl. 1. Petrus 5,5-7) und uns mit Sanftmut und Demut umgeben (vgl. Kolosser 3,12). Und das sind nur ganz wenige von den vielen Versen, die uns Mut machen, im Vergleich zu anderen und Christus gegenüber niedrig von uns selbst zu denken. Was hast Du in letzter Zeit getan, um Deiner Tochter diese Wahrheiten nahezubringen?

Damit sage ich nicht, Du solltest ungesund geringes Selbstwertwertgefühl übersehen, das sich bei Deiner Tochter zeigt. Manchmal braucht ein Kind tatsächlich dabei Hilfe, seinen Wert zu erkennen und Schäden zu reparieren, die ihm von der Welt zugefügt wurden. Die Bibel sagt, wir sollten unseren Nächsten lieben wie uns selbst (vgl. Matthäus 22,39). Das setzt ein gewisses Gefühl für Selbstfürsorge, Anerkennung und Liebe voraus. Ich glaube einfach, dass wir es darin zu weit getrieben haben. 2. Timotheus 3 warnt uns, dass Selbstliebe eine Wurzel der Sünde ist (eine Wurzel, die Du nicht gern im Herzen Deiner Tochter wachsen sehen möchtest). Der gleiche Abschnitt warnt uns, dass Selbstliebe ein Zeichen der Endzeit sei, und schreckliche Sünden mit sich zieht.

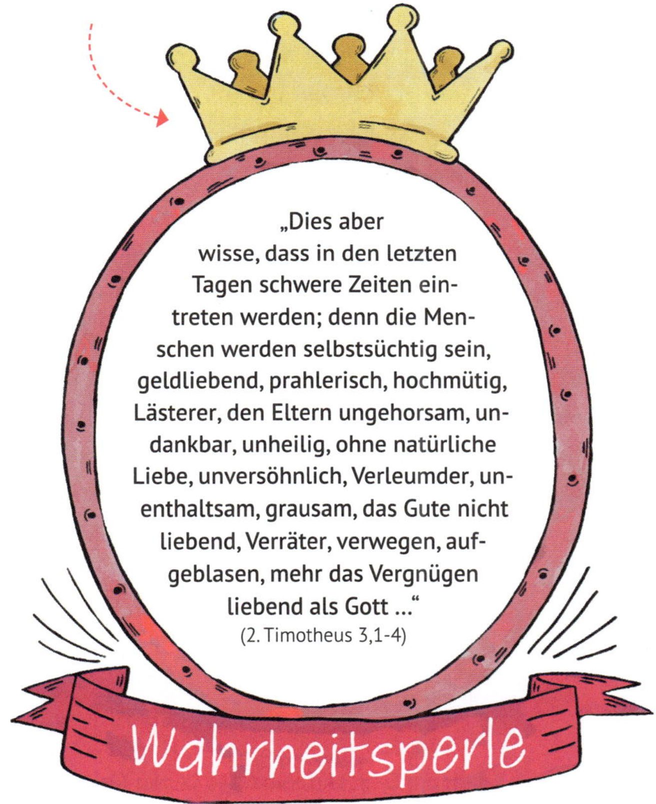


Jetzt kommt etwas, was ich besonders alarmierend finde: Viele Mütter, die behaupteten, das Selbstwertgefühl sei das Wichtigste, worum es ihnen bei ihren Töchtern ging, wurden Zeugen einer ironischen Wendung. Die Mädchen, die mit niedrigem Selbstwertgefühl kämpften, zeigten oft ein hohes Anspruchsdenken.

Diese Mütter waren frustriert wegen des Mangels an Unterordnung, der Unfreundlichkeit anderen gegenüber, der Missachtung von Autoritäten und der Gier nach materiellen Dingen. Siehst Du all das in dem oben genannten Bibelvers dargestellt? Dieser Vers scheint uns zu warnen, dass wenn die Selbstliebe das Wichtigste für uns wird, Dinge wie Ungehorsam, Undankbarkeit, Vergnügungssucht und Vertrauensbrüche Freunden gegenüber ein solches Leben kennzeichnen werden. Das heißt nicht, dass es Gott egal wäre, wie sich Deine Tochter fühlt. Wenn die Bibel etwas reichlich enthält, dann ist es die Wahrheit, dass wir in Gottes Augen unsagbar kostbar sind.

Epheser 1 ist eine meiner Lieblingsstellen, die mich daran erinnert, wie Gott über mich und meine Mädchen denkt, wenn wir zu Christus gehören. Er erklärt dann, dass wir auserwählt sind, gesegnet mit jeder geistlichen Segnung, geliebt, geheiligt, als Kinder angenommen, Christi Erben und noch vieles mehr. Und das ist, was wir aus nur einem der 1189 Kapitel der Bibel zusammentragen können. Was Deine Tochter von sich selbst hält, muss in dem gegründet sein, was Gott gesagt hat, nicht in dem, was sie fühlt. Ermutige sie immer wieder, dem Wort Gotts zu glauben, und zu Gottes Zeit wird sie sich geliebt und angenommen fühlen und verstehen, dass ihr vergeben ist. Das Gefühl, nichts wert zu sein, kann nicht in ein Herz kommen, dass sich dessen sicher ist, was es bedeutet, ein Christ zu sein. Deine Tochter braucht kein größeres Selbstwertgefühl. Sie muss Gott höher schätzen lernen. Wenn sie begreift, wer Gott ist, wird sie sich auch ihres Wertes bewusst und gleichzeitig wird sie sich nicht so viel aus sich selbst machen.

## Mit Gott reden:

**Nutze 2. Timotheus 3,1-4, um Dein Herz und das Leben Deiner Tochter zu überprüfen.** Schafft die Selbstliebe in Euch beiden sündige Tendenzen? Kreise in Deiner Liste alles ein, was sich in Deinem oder dem Leben Deiner Tochter zeigt. Frag Gott, was Du dagegen tun sollst. Schreib Dein Bekenntnis und Deine Bitten an Gott auf die nächste Seite!

*„Dies aber wisse, dass in den letzten Tagen schwere Zeiten eintreten werden; denn die Menschen werden selbstsüchtig sein, geldliebend, prahlerisch, hochmütig, Lästerer, den Eltern ungehorsam, undankbar, unheilig, ohne natürliche Liebe, unversöhnlich, Verleumder, unenthaltsam, grausam, das Gute nicht liebend, Verräter, verwegen, aufgeblasen, mehr das Vergnügen liebend als Gott“* (2. Timotheus 3,1-4).

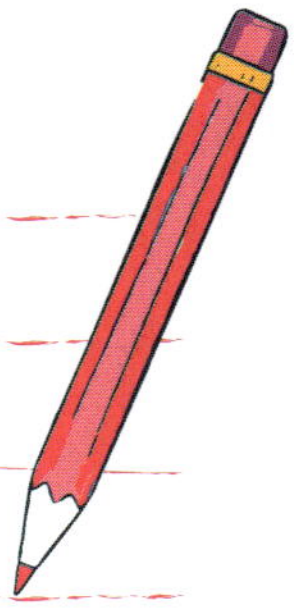

## Mit Deiner Tochter reden:

**Jetzt, nachdem Du gebetet hast, bitte Deine Tochter, das Kapitel 5 in ihrem Buch zu lesen**, während Du den gleichen Inhalt hier in Deinem Buch nachliest. Ich habe für Dich noch einige Randnotizen geschrieben. Du kannst wieder Deine eigenen Notizen hinzufügen, damit Du im Gespräch mit Deiner Tochter später eine kleine Gedächtnisstütze hast.

# Lügen über mich selbst

Diese Woche ist ein neues Mädchen in unsere Nachbarschaft gezogen. Sie heißt Isabella. Sie hat lange Beine und kann total schnell rennen. Natürlich wurde sie heute in Sport als Erste für Kickball gewählt. Wer wurde als Letzte gewählt? ICH! Die mit den **KURZEN** Beinen. **Schon wieder!!!**

**Zoey ist nicht allein!** Ich kann mich gut erinnern, im Kickball auch als Letzte gewählt zu werden. Immer und immer wieder. Es fühlte sich richtig schlecht an. Aber als ich die Wahrheit entdeckte, hat mir das sehr geholfen. Ich glaube, sie wird Dir auch helfen.

**Gott hat Dich auserwählt!**

**Du bist das Werk von DEM Kunstmeister: Gott.** Die Bibel sagt, dass er Dich **zusammengewoben** hat, und das heißt, dass er Dich sorgfältig geplant und erschaffen hat. Hast **Du** schon mal etwas gestrickt? Dafür braucht man **Mathe**! Man muss sehr sorgsam und genau dabei sein. Wenn man sich verzählt, ergibt das Ganze ein Durcheinander. Die Fäden müssen präzise gezogen werden,

**Notizen für Mama:**

Schreib einfach hin, was Du Deiner Tochter noch in Bezug auf Lügen, die sie über sich selbst glaubt, sagen möchtest.

**Notizen für Mama:**
**Über Wahrheit Nr. 4:**
Ein Merkmal, an dem wir eine Lüge erkennen können, ist was die Bibel „Wankelmut" nennt. Eine Person mit diesen Eigenschaften zeigt Gedanken und Handlungen, die hin und her schwanken. Eine solche Person ist unbeständig oder „unstet", wie Jakobus sagt (Jakobus 1,8).

Das gilt zum Beispiel für ein Mädchen, das den Lehrern gegenüber respektlos ist, aber kein Selbstvertrauen zeigt, wenn sie mit anderen Schülerinnen zusammenarbeiten soll. Sie ist in ihrem Verhalten unzuverlässig.

**Notizen für Mama:**
Wankelmut wurde für mich bei den Müttern sichtbar, wenn sie das Selbstwertgefühl ihrer Töchter für das wichtigste Ziel erklärten und gleichzeitig deren Anspruchsdenken für äußerst bedenklich hielten. Sie berichteten zum Beispiel:

- *Mädchen haben heute das Recht, Autoritäten infrage zu stellen, aber sie haben nicht den Mut, ihren Freundinnen gegenüber ihre Meinung zu vertreten.*

- *Es gibt immer mehr zielgerichtete Werbung. Medienriesen zielen schon auf die jungen Mädchen. Jetzt denken unsere Mädchen, sie seien nicht schön genug und fordern darum Make-up, Essen und Kleidung, die sie für unbedingt notwendig halten.*

- *Meine Tochter hat nicht das Selbstvertrauen, in der Klasse die Hand zu heben, um eine Frage zu beantworten. Gleichzeitig behandelt sie ihren Vater wie einen Bruder und respektiert ihn nicht.*

Was ist es nun? Fühlt sich Deine Tochter schlecht wegen sich selbst? Oder meint sie, Ansprüche stellen zu dürfen?

Anstatt Deine Tochter wegen ihres Anspruchsdenkens zu konfrontieren, habe ich beschlossen, ihr zunächst die Wahrheit klarzumachen, dass sie selbst einen großen Wert hat.

sonst sieht es hinterher total unordentlich aus! Was ich damit meine, ist: Gott hat nicht einfach zufällig einen Haufen Zeug zusammengewürfelt und gesagt: „Oh, sieh Dir das mal an! Ich glaube, ich habe eine Emma gemacht!“ (Oder eine Chloe oder eine Lena.) Nein! Er hat Dich sorgfältig geplant und gemacht. Alles, was Du kannst, wurde von Gott so geplant.

**Trotzdem** kann es Tage geben, an denen Du Dich nicht so gut über Dich selbst fühlst. Das passiert schon mal.

**Manchmal haben Mädchen Gedanken wie:**

- **Ich bin nicht schlau genug.**
- **Ich bin nicht schnell genug.**
- **Ich bin nicht stark genug.**
- **Ich bin nicht lustig genug.**
- **Oder trag irgendetwas anderes in die Lücke ein: Ich bin nicht ______________________ genug.**

Diese Gedanken kommen, wenn wir uns mit anderen Leuten vergleichen und auf die Meinung anderer Leute hören. Eine Möglichkeit, die Meinung anderer Leute zu erkennen, ist, wenn sie uns auswählen … oder eben nicht. Es **tut weh**, nicht ausgewählt zu werden. Ich erinnere mich, wie ich mich dabei gefühlt habe: abgelehnt, beschämt und verurteilt.

NICHT GUT GENUG

**Meine Gedanken darüber wuchsen zu einer dicken, fetten Lüge heran.**

Diese Lüge kommt mit „klebrigen" Gefühlen, die halten wie Sekundenkleber. Wenn wir anfangen, diese Lüge zu glauben, geht es um mehr als das, was wir in Sport oder Mathe können. Es fühlt sich an, als würden wir ein hässliches Schild an der Stirn tragen, das uns definiert.

Stell Dir vor: Jesus versteht das! Er wurde auch von Leuten verurteilt, übersehen, abgewiesen und „nicht ausgewählt"! Die Bibel sagt, dass Jesus die Schwächen versteht, denen Menschen begegnen, und dass er sogar die gleichen Versuchungen erlebt hat wie Du und ich. Da wir versucht sind, zu glauben, dass wir nicht gut genug sind, war er wahrscheinlich genauso versucht. In Jesaja 53,3 lesen wir, dass Jesus von den Menschen verachtet wurde und er für sie war „wie einer, vor dem man das Angesicht verbirgt".

Ich bin mir ziemlich sicher, dass er das wusste, **ABER** ... Die Bibel sagt uns, dass er nie gesündigt hat. Das bedeutet, dass er nie irgendwelche Lügen geglaubt hat! Aber *warum* hat Jesus nie die Lüge geglaubt, nicht gut genug zu sein?

In *1. Petrus 2,4* steht, dass er „von Menschen ... verworfen, bei Gott aber auserwählt, kostbar" war. **JESUS** wurde von Menschen abgelehnt. Leute haben Sachen über ihn erzählt, die nicht gut waren, **aber er hat nicht auf diese Meinungen gehört. Stattdessen glaubte er, was Gott der Vater über ihn gesagt hatte.** Das war die einzige Meinung, die für ihn zählte und die einzige, von der er sich sagen ließ, was er über sich selbst glauben sollte. Lass uns ansehen, was Gott über **DICH** sagt, damit Du weißt, was Du über Dich selbst glauben sollst.

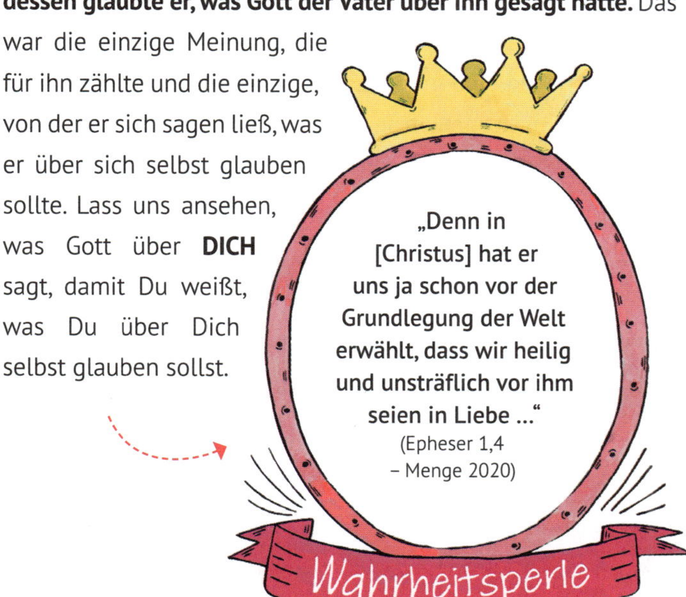


**Notizen für Mama:**

**Gesprächstipp für Wahrheit Nr. 4:**

Die Welt ist voller negativer Gedanken, die sie uns glauben lassen will. Erzähl Deiner Tochter Beispiele, wie jemand Unfreundlichkeiten über Dich erzählt hat, oder wie negative Gedanken Dich einfach nicht losgelassen haben.

Frag Deine Tochter, ob es etwas gibt, was jemand neulich gesagt hat, wodurch sie jetzt schlecht über sich denkt. Untersuchungen lassen vermuten, dass Kinder eher dazu neigen, schmerzliche Begegnungen zu verschweigen, als sie den Eltern zu erzählen, die ihnen helfen könnten, die Wahrheit herauszufinden.

**Ganz ernste Frage:**
Wie kann Deine Tochter sich entscheiden zu glauben, was Gott über sie sagt, wenn sie nicht regelmäßig liest, was er in der Bibel über sie aufgeschrieben hat?

**Notizen für Mama:**
**Über Wahrheit Nr. 5**
Was glaubst Du über Schönheit?

Eine Mutter, die an unserer Gesprächsgruppe in Ohio teilnahm, sagte:

*„Ich habe in den letzten Monaten fünf Pfund zugenommen. Ich werde älter, und darüber ärgere ich mich. Es macht mich traurig, dass mich als erwachsene Frau immer noch plagt, was die Menschen über mich denken. Ich dachte, ich würde da herauswachsen, aber mir wurde bewusst: ICH BIN DIEJENIGE, die das an ihre Tochter weitergegeben hat. Ich will nicht, dass sie sich Sorgen um ihr Gewicht macht, und doch TUE ICH DAS SELBST."*

Sie begann zu weinen, und dann fing auch die Mutter neben ihr damit an, als ihr klar wurde, dass sie ihrer Tochter dasselbe angetan hatte.

Bei jeder Gesprächsgruppe fragten wir die Mütter: „Gibt es im Gesicht oder am Körper Ihrer Tochter einen Teil, der ihr nicht gefällt?" Fünfzig Prozent sagten Ja. Dann fragten wir sie: „Wie denken Sie über genau diesen Teil an Ihrem Körper oder Gesicht?" Achtundzwanzig Prozent sagten, sie würden das auch nicht schön finden. Siebzehn Prozent waren sich nicht sicher.

Dein Selbstbewusstsein wird immer in den Keller gehen, wenn Du Dich mit anderen vergleichst oder auf die Meinung anderer Leute hörst. Hör auf, Dich darüber verrückt zu machen, wer Dich nicht gewählt hat! **Konzentriere Dich stattdessen auf den, der Dich auserwählt hat!**

Fang an, auf Gottes Meinung von Dir zu hören und sie zu glauben.
**Er kennt die Wahrheit.**
Und die Wahrheit ist: Gott hat Dich auserwählt, und er würde Dich jedes Mal wieder auswählen.

**Magst Du es, wie Du aussiehst?** Wenn Deine Antwort direkt „Nein" ist, bist Du nicht allein. Die Lüge, die ich gleich enthülle, hängt ein bisschen mit der letzten zusammen. Viele Mädchen sagen: „Ich bin nicht schön genug!" Aber das Problem mit dem Schönheitsideal ist so groß, dass es Deine ganz eigene Wahrheit verdient. Fast die Hälfte aller Mädchen, mit denen wir gesprochen haben, sind mit ihrem Aussehen nicht zufrieden.[25] Als wir fragten, mit welchem Teil ihres Gesichtes oder Körpers sie nicht zufrieden sind, war die häufigste Antwort ihr Gewicht. Manche dachten, sie wiegen zu viel und manche dachten, sie wiegen zu wenig.

Sie schreiben Sachen wie:

- „Ich glaube, ich bin dick und hässlich."
- „Ich mag meine Sommersprossen, aber ich wünschte, ich wäre größer und würde mehr wiegen."

Das ist auch so, weil wir von superhübschen Mädchen im Fernsehen, auf YouTube, in Filmen und in der Werbung umgeben sind. Diese Mädchen bekommen viel Aufmerksamkeit und werden manchmal berühmt, deshalb ist es leicht, sich mit ihnen zu vergleichen.

**Es ist auch leicht, eine große Lüge zu glauben.**

Lüge

**„Hübsche Mädchen sind mehr wert."**

Lass uns eine wichtige Frage stellen, um diese Lüge zu bekämpfen: **Sind diese „hübschen Mädchen" wirklich so perfekt wie sie aussehen? Die Bibel warnt uns, dass Schönheit uns** manchmal in die Irre führen kann, und dass sie **immer** vergeht. Oft sind Fotos von „hübschen Mädchen" so stark mit Spezialeffekten bearbeitet, dass man diese „hübschen" Mädchen im echten Leben vielleicht gar nicht wiedererkennen würde. Eine von ihnen hat Folgendes über ein Foto gesagt, das sie angeblich ohne Make-up zeigt:

**Sadie Robertson, Louisiana, USA**

*„[...] der Leiter des Fotoshootings sah mich kurz an und sagte: ‚Nein, dieses Mädchen hat kein Gesicht, das wir [...] ohne Make-up fotografieren können!' Dann haben sie zwei Stunden damit verbracht, mich aussehen zu lassen, als würde ich kein Make-up tragen. Ganz ehrlich, so sehe ich* ***nicht*** *aus, wenn ich aufwache."*[26]

Es hat zwei Stunden gedauert, Sadie das Make-up für das „ohne-Make-up"-Foto aufzutragen! Die Bibel sagt uns, dass die äußeren Merkmale, die uns so wichtig sind – wie die Frisur, schöne Kleidung und Schmuck – bei Gott nicht viel Wert haben.

Lass uns die Wahrheit in der Bibel finden, um diese Lüge zu ersetzen.

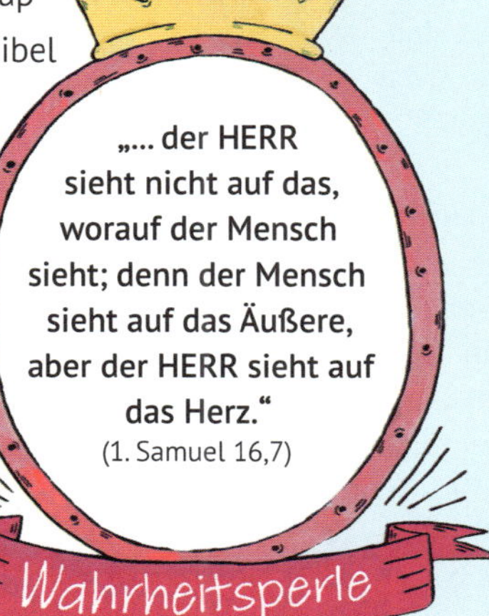


**Notizen für Mama:**

Es könnte sein, dass diese Mütter Lügen über Schönheit vererben. Eine Studie offenbarte, dass bereits 80 % der zehnjährigen Mädchen schon Diäten gemacht hatten, um Gewicht zu verlieren. Essstörungen und Bulimie nehmen zu. Von dieser Untersuchung berichtete ein Artikel des *Wall Street Journals* und verband das Denken der Mütter mit den Nachwirkungen auf die Ansichten erwachsener Töchter. Dreißig bis vierzig Prozent der Frauen denken täglich über das Aussehen ihrer Körper nach, und fast die Hälfte von ihnen sagt, dass es daher käme, weil ihre Mütter es auch so machten. Sie nehmen es ihren Müttern sehr übel.[27]

Ich muss mich fragen, wie viele derselben Frauen genauso besorgt um ihre innere Schönheit sind. Achten sie darauf, demütig, hilfreich, freundlich, vergebungsbereit und fröhlich zu sein? Wenn wir als Mütter unser Augenmerk nicht auf diese Art Schönheit richten, die nie vergeht, wie können wir das dann von unseren Töchtern erwarten?

**Notizen für Mama:**
**Gesprächstipp für Wahrheit Nr. 5:**
Wir sind schnell dabei, unseren Töchtern zu erzählen, wie hübsch sie äußerlich sind, aber oft versagen wir, sie in ihren inneren Qualitäten zu bestätigen. Rede mit Deiner Tochter über die innere Schönheit, die Du bei ihr erkennst. Vielleicht hilft sie in der Küche mit, oder sie liest ihrem kleinen Bruder gern etwas vor, oder sie macht ihre Hausaufgaben sorgfältig. Weise auf die Qualitäten innerer Schönheit hin, und nimm Dir vor, das regelmäßig zu tun.

**Über Wahrheit Nr. 6:**
Wenn Deine Tochter in die Phase eintritt, in der sie sich profiliert und ein selbständiger Mensch wird, könnte sie anfangen, eigene Willenskraft zu entwickeln. Das ist gut, weil ihr das die Kraft verleiht, darauf ihre zunehmenden biblischen Überzeugungen zu bauen. Das hilft ihr auch, Nöte zu erkennen und verantwortungsvoll damit umzugehen, ohne dazu angeleitet werden zu müssen. So könnte sie vom Mittagstisch aufstehen und anfangen, die Geschirrspülmaschine auszuräumen, um dann beim Abräumen des Tisches behilflich zu sein, oder sie könnte ihr Bett machen, ohne zu meckern. (Klingt doch gut, oder?) Das sind Äußerungen eines Mädchens, das erwachsen wird.

Aber viele Mädchen haben keine Lust, erwachsen zu werden und Verantwortung zu übernehmen. Stattdessen möchten sie ihr zunehmendes Alter benutzen, um mehr Zeug zu haben. Dabei zeigt sich die Willenskraft ebenfalls sehr deutlich!

Ich möchte, dass Du Dich auf die Schönheit konzentrierst, die am meisten zählt: Dein Herz. Du wirst für Gott am schönsten, wenn es Dir wichtig ist, Dinge wie Freundlichkeit, Hilfsbereitschaft und Fröhlichkeit zu tragen, anstelle von coolen neuen Schuhen oder einem tollen Lipgloss.

Nirgendwo in der Bibel steht, dass es schlecht ist, schön sein zu wollen, oder andere schön zu finden. Aber es ist falsch, sich wegen äußerer Schönheit verrückt zu machen, wenn uns die Schönheit unseres Herzens nicht wichtig ist. Lerne also, hilfsbereit zu sein. Bitte jemanden, Dir zu helfen, ehrlich zu sein. Oder übe das Geben, indem Du etwas Geld sparst und es an die Gemeinde spendest oder es jemandem gibst, der es dringend braucht. Das sind die Dinge, die Gott schön findet!

Wahrheit Nr. 6

**Du bist bereit für mehr Verantwortung.**

Wusstest Du, dass die Begriffe „Teenager" und „Tweens" (eine Bezeichnung für Kinder zwischen 9 und 12 Jahren) moderne Erfindungen sind? Früher gab es diese Wörter noch gar nicht. Weißt Du, was es stattdessen gab? Verantwortung!

Vor langer Zeit, als Jesus lebte, **wollte** sich ein 12-jähriger Verantwortung verdienen. Man hat von ihm oder ihr erwartet, weise, reif und verantwortungsvoll zu sein. Die Mädchen sind vielleicht jeden Morgen weit gelaufen, um für ihre Familie Wasser zu holen oder für das gemeinsame Abendessen Brot zu besorgen. Sie wussten, dass ihre Familie durstig oder hungrig sein würde, wenn sie das nicht machen. Damals wollten junge Mädchen lernen, Dinge **ZU TUN**.

Es hat fast 2000 Jahre gedauert, um das zu ändern. Kinder verloren das Interesse an Verantwortung, weil sie von neuen Dingen wie Autos, Kinos und Make-up abgelenkt wurden. Als die Leute anfingen, diese Dinge zu produzieren, erfanden sie auch Wörter wie „Teenager" oder „Tweens"[28], damit sie diese Altersgruppen davon überzeugen konnten, das Zeug zu kaufen. Sie erzählten den Mädchen, dass sie **Dinge** brauchen. Das Ergebnis? Heute wollen viele Mädchen einfach Sachen **HABEN**.

Und manchmal sind das Dinge, von denen Erwachsene – Eltern, Lehrer oder Gesetzgeber – denken, dass Mädchen noch nicht bereit dafür sind. **Manche** Mädchen denken, dass es zu viele Regeln in ihrem Leben gibt, wenn sie nicht die Freiheit haben, alles zu haben, was sie wollen.

**Notizen für Mama:**
Wie kannst Du den Unterschied zwischen gesunder Willenskraft und sündigem Anspruchsdenken feststellen?

Mach folgenden Test: Wenn Du Deiner Tochter etwas verbietest – irgendwo anders zu übernachten oder neue Jeans zu kaufen – dann wird das natürlich Traurigkeit und Enttäuschung hervorrufen. Wenn sie aber schmollt oder ärgerlich wird oder gar einen Wutanfall bekommt, sind das unreife, selbstsüchtige und sündige Reaktionen auf Autorität.

Während diese Verhaltensweisen in unserer Gesellschaft für „normal" gehalten werden, sind sie doch nicht in Ordnung und ein Beweis dafür, dass unsere Töchter lieber Dinge und Privilegien als Verantwortlichkeit und Vertrauen haben möchten.

Verantwortung
„Dinge tun, die von Dir erwartet werden und die Ergebnisse Deines Handelns akzeptieren"[29]

**Notizen für Mama:**
**Gesprächstipp für Wahrheit Nr. 6**

Verantwortung zu tragen muss nicht immer Spaß machen, aber es gibt ein inneres Gefühl von Erfüllung. Rede mit Deiner Tochter über Verantwortlichkeiten, die Dir schwerfallen. (Für mich sind es das Einkaufen und das Wäschezusammenfalten. Beides sind so eintönige Tätigkeiten, dass sie mir wie Zeitvergeudung vorkommen. Früher graute es mir vor diesen Aufgaben.)

Als Nächstes erzähl ihr, wie Du es angepackt hast, solche Pflichten gutwillig und frei von Klagen und Diskussionen erledigen zu können. (Ich benutze die Zeit fürs Einkaufen und beim Wäsche waschen, um für meine Familie zu beten. Wenn ich deren Lieblingsessen im Laden besorge oder ein Kleidungsstück zusammenlege, rede ich mit Gott über sie. Das hat mein Herz sehr verändert!) Nimm Dir die Zeit, herauszufinden, welche Verantwortlichkeiten Deiner Tochter Mühe machen. Hilf ihr, kreative Wege zu entdecken, damit umzugehen!

**Und wenn sie anfangen, viel darüber nachzudenken, fangen sie an, eine Lüge zu glauben.**

**37% der Mädchen sagen, dass sie mehr Freiheit brauchen.** Wenn Du eine von ihnen bist, habe ich eine Frage: Was möchtest Du mit Deiner Freiheit anstellen? Kreise eins ein.

Ich will die Freiheit, Dinge zu HABEN wie Make-up, oder ein Handy, oder die Möglichkeit, auf eine Party zu gehen.

Ich will Freiheit, damit ich Dinge für andere TUN kann und mehr Verantwortung bekommen kann.

Ich hoffe, Du hast die zweite Antwort eingekreist, aber ich bin Dir für Deine Ehrlichkeit dankbar, wenn Du die erste eingekreist hast. Wenn ich von meinen Gesprächen mit Mädchen ausgehe, würden die Meisten wohl die erste einkreisen, weil sie laut meckerten, wenn sie Sachen sagten wie:

**„Ich MUSS zu Hause helfen!"**

**„Meine Eltern lassen mich mega viele Arbeiten zu Hause erledigen, aber nie darf ich etwas Cooles haben wie ein Handy oder Make-up!"**

Manche Mädchen klangen so, als würden sie sich darüber beschweren, Verantwortung zu haben. Es wird Zeit, dass wir unsere meckernde Grundhaltung im Wahrheits-Labor untersuchen.

Die Zeit wird kommen, in der Du eigene Entscheidungen treffen kannst, aber zuerst musst Du zeigen, dass Du dafür bereit bist. Suche nach Möglichkeiten, in denen Du üben kannst, Verantwortung zu übernehmen, nicht Freiheit zu suchen.

Statt sich zu beschweren und zu sagen: „Ich **MUSS** zu Hause helfen", sagt ein reifes Mädchen: „Ich **DARF** zu Hause helfen." Es ist gut, denjenigen eine Hilfe zu sein, die Du liebst und mit denen Du zusammenlebst. Ein junges Mädchen zu sein heißt, dass es an der Zeit für Dich ist, erwachsen zu werden. Sogar Jesus musste in Weisheit und Größe **WACHSEN** *(Lukas 2,52)*. Er hat nicht einfach so seine Freiheit bekommen, weil er der Sohn Gottes war!

**Notizen für Mama:**

**Notizen für Mama:**

Weil die Aufgaben für die Laborarbeit Deiner Tochter unabhängig vom Kapitelinhalt dieselben bleiben, habe ich nur am Ende von Kapitel 4 Ideen vorgestellt, wie Du mit Deiner Tochter zusammenarbeiten kannst. Du findest sie bei den „Notizen für Mama" auf den Seiten 86-87, wenn Du sie noch mal nachlesen willst.

## Zieh Deinen Laborkittel an

**Nimm Deine Stifte zur Hand.**
**Nun bist Du an der Reihe, in unserem Wahrheits-Labor zu arbeiten.**

| Die Lüge | Die Wahrheit |
|---|---|
| Ich bin nicht gut genug. | • Gott hat Dich erwählt. *(Epheser 1,4)*<br>• Ohne Gott sind wir nicht „gut genug", aber er ist für uns „genug." *(2. Korinther 3,5)*<br>• Du bist wunderbar gemacht. *(Psalm 139,13-14; Epheser 2,10)* |
| Hübsche Mädchen sind mehr wert. | • Gott schaut Dein Herz an. *(1. Samuel 16,7)* |
| Ich brauche mehr Freiheit. | • Du bist bereit für mehr Verantwortung. *(Lukas 2,52)*<br>• Gott möchte, dass Du Verantwortung übernimmst, ohne Dich zu beschweren oder zu meckern. *(Philipper 2,14)* |

## Mir selbst die Wahrheit sagen

**Du bist an der Reihe, die Autorin zu sein!**

- Hast Du irgendeine dieser Lügen über Dich selbst geglaubt? Setz ein X über jede der **LÜGEN** in diesem Kapitel, die Du geglaubt hast.
- Über welche Wahrheit solltest Du dann **die ganze Zeit, JEDEN TAG** nachdenken? Schau Dir **DIE WAHRHEIT** an, die wir zusammen entdeckt haben. Kreise ein, was Dir persönlich wichtig erscheint und wobei Du verweilen willst.
- Fang an, **die ganze Zeit, JEDEN TAG** über die Wahrheit nachzudenken. Du kannst anfangen, indem Du unten ein Gebet an Gott aufschreibst, oder einen hilfreichen Vers aus der Bibel, oder Ideen, die Du nicht vergessen willst.

## Zoey helfen, die Wahrheit zu glauben

**Es ist Zeit, Zoey einen Rat zu geben!**

Zoey ist im Sport zuletzt gewählt worden und fühlt sich deswegen echt mies. Sie hat sogar angefangen, einige Lügen zu glauben: Sie hat gesagt, dass sie das „verdient" hat. Wenn Du sie ermutigen könntest: Wie würdest Du ihr helfen, die Wahrheit zu glauben?

Kam Dir ein Gedanke? Notiere ihn hier:

# Kapitel 6 Wahrheit und Lügen über die Familie

**Betet *ihr* nun so:**
*Unser Vater, der du bist in den Himmeln,*
*geheiligt werde dein Name;*
*dein Reich komme;*
*dein Wille geschehe, wie im Himmel, so auch auf der Erde.*
*Unser nötiges Brot gib uns heute;*
*und vergib uns unsere Schuld,*
*wie auch wir unseren Schuldigern vergeben;*
*und führe uns nicht in Versuchung,*
*sondern errette uns von dem Bösen.*
(Matthäus 6,9-13)

Was wir oft „das Gebet des Herrn" nennen, war ursprünglich als „unser Gebet" gedacht. Der Herr Jesus selbst hat es uns gegeben, um uns zu lehren, wie wir beten sollen. Wir können das Gebet auch benutzen, um für unsere Familien vor Gott einzutreten. Wenn es darum geht, für das Wohl meiner Familie zu beten, muss mich niemand lange überzeugen.
Als Bob und ich frisch verheiratet waren, hatten wir ein Baby und leere Schränke. Ich erinnere mich, den Herrn buchstäblich um das tägliche Brot gebeten zu haben. Ich betete den ganzen Tag darum. Wie froh war ich dann, nach Hause zu kommen und einen Scheck von einem anonymen Freund vorzufinden, der gehört hatte, dass wir kostenlos Werbung zugunsten einer christlichen High School gemacht hatten.

Ich erinnere mich auch, Gott um Vergebung für meine sexuelle Vergangenheit gebeten zu haben, die ich an mein reines, heiliges Ehebett gebracht hatte. Ein Jahrzehnt lang bat ich Gott schweren Herzens darum, meine Ehe – und auch mich – wiederherzustellen. Was ich erlebte, wurde zu einer herrlichen Entfaltung der Gnade Gottes, indem er mein Leben heilte und mich dann benutzte, anderen Frauen ebenfalls Erneuerung erfahren zu lassen. Manchmal betete ich mit brennenden Tränen in den Augen für meine heranwachsenden Kinder, wenn ich Gott bat, sie nicht in Versuchung geraten zu lassen. In der Welt draußen gibt es so viele Schlingen und Fallen. Dafür ist es leicht zu beten.

Was nicht so leicht auszusprechen ist, sind jene Teile des Gebets, die unsere Unterordnung und unseren Gehorsam fordern. Teile wie: „Dein Reich komme. Dein Wille geschehe." Das Wort „komme" steht in der Befehlsform. Es ist also eine Aufforderung zum Handeln. Während sein Reich nach Psalm 103 schon auf Erden aufgerichtet ist, gab und gibt es noch einen Teil, der noch nicht gekommen ist. John Piper sagt, dieses Gebet sei eine Bitte an Gott, er möge fortfahren, die Welt umzugestalten in einen Ort, wo ihm jeder bedingungslos und freudig gehorcht.[30] Mit anderen Worten: Von uns wird nicht nur erwartet, darum zu bitten, die Erde möge doch ein wenig „himmlischer" aussehen, sondern wir müssen mit Gott zusammenzuarbeiten, damit das geschieht. Bestsellerautor Philip Yancey sagt, wir könnten genauso gut so beten:

**Lass die Menschen doch durch meinen Lebenswandel an die Herrschaft deiner Güte glauben.[31]**
**PHILIP YANCEY**

Es ist nicht leicht, in dieser Welt richtig zu leben. Und niemand sieht mich häufiger nicht richtig leben, als meine Familie. Ich habe sie oft mit meinen Worten, mit meinen Sünden, mit meiner Selbstsucht und meinem Ehrgeiz verletzt. Geht es Dir auch so? Ich denke schon. Ich war nicht überrascht, als ich einige der Kommentare las, die die Mädchen geschrieben hatten, nachdem ich sie über ihre Familien befragt hatte.

- *Mein Bruder schlägt mich und meine Eltern schreien mich an.*
- *Mein Vater wohnt weit weg und kümmert sich nicht um mich.*
- *Wir streiten uns häufiger als mir lieb ist.*
- *Mein Papa ist im Gefängnis, darum leben wir allein mit Mama.*

Das sind zerbrochene Existenzen. Genauso wie mein Leben an manchen Stellen zerbrochen ist. Und bei Dir ist es ähnlich, nehme ich an. Dennoch! Obwohl Gott wusste, dass wir zerbrochen sind, erwählte er die Ehe und Familie dazu, ein Bild seiner Liebe zu sein. Mehrere Male steht in der Bibel, dass ein Mann und seine Frau „ein Fleisch" werden, sodass sie die Liebe Christi zu seiner Braut, der Gemeinde, offenbaren können (vgl.

1. Mose 2,24; Markus 10,8; Epheser 5,31-32). Das ist wahr, auch wenn viele von uns in ihren Ehen (oder in dem Fehlen einer Ehe) Schmerzen erfahren haben. Es stimmt sogar, wenn die Ehe Deiner Eltern oder Deine eigene voller Schmerzen war oder schlimm zu Ende ging. Trotz unserer Zerbrochenheit ist die Ehe eine Beziehung, die Gott zu einem Schaukasten seiner Liebe zu uns geschaffen hat.

Hinzu kommt, dass wir seine Kinder genannt werden (vgl. Johannes 1,12). Er offenbart sich uns als unser Vater. Das Wort *Adoption* beschreibt den Akt der Rettung, durch den wir in die Familie Gottes eingepflanzt wurden (vgl. Epheser 1,5). Eine Familie, die so funktioniert, wie Gott es beabsichtigt, hilft einer verlorenen Welt, Gott und sein Reich zu sehen.

Da ist es kein Wunder, dass der Satan die Familie ununterbrochen angreift. Ich möchte meinen, dass die effektivste Weise zu bitten, dass Gottes Reich auf die Erde komme, nicht die ist, dass Du in Deiner Gemeinde als Leiterin der Sonntagsschule dienst – oder im Lobpreisteam mitmachst – oder Dein Leben dem Dienst auf einem fernen Missionsfeld opferst – oder ein Buch über das schreibst, was Dir auf der Seele brennt. Nein. All das ist natürlich sehr wertvoll, aber es gibt keine kraftvollere Weise, durch die wir das Kommen seines Reiches erbitten können, als wenn wir einer verlorenen Welt die Chance geben, an Gottes gute Herrschaft zu glauben, indem sie seine Güte in Deiner Familie sieht.

Dazu brauchst Du keine vollkommene Familie. Du darfst nur nicht aufhören, Deine Familie zu Jesus und zu seiner Wahrheit zurückzubringen, wenn zerbrochene Teile einer Reparatur bedürfen.

## Mit Gott reden:

**Bete das Gebet aus Matthäus 6,9-13, um Deine Familie vor Gott zu bringen.** Bitte ihn, für Deine täglichen materiellen Bedürfnisse zu sorgen, dass die Sünden vergeben werden mögen und Du vor dem Bösen bewahrt wirst. Dann bitte Gott, sein Reich auf diese Erde zu bringen, indem seine Güte in Deiner Familie sichtbar wird. Schreib Deine spezifischen Gedanken in die dafür vorgesehenen Zeilen.

**Betet *ihr* nun so:**
*Unser Vater, der du bist in den Himmeln,*
*geheiligt werde dein Name;*
*dein Reich komme;*
*dein Wille geschehe, wie im Himmel, so auch auf der Erde.*
*Unser nötiges Brot gib uns heute;*
*und vergib uns unsere Schuld,*
*wie auch wir unseren Schuldigern vergeben;*
*und führe uns nicht in Versuchung,*
*sondern errette uns von dem Bösen.*
(Matthäus 6,9-13)

## Mit Deiner Tochter reden:

**Jetzt, nachdem Du gebetet hast, bitte Deine Tochter, das Kapitel 5 in ihrem Buch zu lesen,** während Du denselben Inhalt hier in Deinem Buch nachliest. Ich habe für Dich noch einige Randnotizen geschrieben. Du kannst wieder Deine eigenen Notizen hinzufügen, damit Du im Gespräch mit Deiner Tochter später eine kleine Gedächtnisstütze hast.

# Lügen über die Familie

Mann! Mein kleiner Bruder und ich haben uns **SCHON WIEDER** gestritten! Ständig zoffen wir uns. Meine Freundin sagt, dass **ALLE** mit ihren kleinen Brüdern streiten, und dass es nicht so schlimm ist. Aber wenn das stimmt, warum fühle ich mich deswegen so schlecht?
**Das war dieselbe Freundin, die mir gesagt hat, dass ich wegen der App meine Eltern anlügen sollte!!! Ich glaube nicht, dass es wirklich okay ist, mit meinem Bruder zu streiten.**

**Vielleicht streitest Du Dich auch mit Deinen Geschwistern, genau wie Zoey. Vielleicht sogar mit Deinen Eltern.** Manchmal wünscht man sich vielleicht, die Familie wäre ein Geschenk, das man umtauschen könnte. Aber es gibt kein Geschäft, in dem man Eltern oder Geschwister umtauschen kann! Deswegen müssen wir uns mit den Lügen über unsere Familien beschäftigen. Hier ist eine wichtige Wahrheit über Deine Familie.

**Deine Familie ist anders, und das ist gut so.**

**Notizen für Mama:**

Denkst Du manchmal, Deine Familie sei gestört? Mach Dir Notizen. Du wirst sie sicher brauchen!

**Über Wahrheit Nr. 7:**

37 % der befragten Mädchen meinten, ihre Familien hätten zu viele Regeln. Sie würden gern wie alle anderen sein – Übernachtungspartys machen, ein Smartphone haben und die Musik hören, die ihnen gefällt. Sie wollten „normal“ sein.

**Notizen für Mama:**
Normalität wird überbewertet! Das ist etwas, was ich hoffentlich Deiner Tochter – und Dir – in den Kopf setzen kann. Allzu oft messen wir unsere Familie und das Verhalten unserer Kinder an den Familien um uns herum und an dem Verhalten anderer Kinder aus unserer Bekanntschaft. Das ist keine gute Idee.

Kulturellen Trends nachzugeben mag normal sein, aber es ist selten das, was Gott für das Beste hält. Du musst Regeln zum Schutz Deiner Tochter aufstellen und solltest diese in Liebe durchsetzen.

Geschwisterrivalitäten sind ein anderes Gebiet, bei dem die Idee von „normal" bei den untersuchten Mädchen aufkam. Sündige, selbstsüchtige Konflikte sind vielleicht „normal", aber sie sind nicht Gottes Vorstellung vom Besten.

Lass uns Gottes Wahrheit benutzen, um das Verständnis dafür zu pflanzen, dass Anders-sein gut ist.

**Denk zurück an die letzte Lüge, „Ich brauche mehr Freiheit."** Einer der Gründe, warum Mädchen denken, sie bräuchten Freiheit, sind die Regeln in ihren Familien. Manche Regeln sind anders als die Regeln, die ihre Freundinnen in ihren Familien haben.

**Deswegen glauben manche Mädchen eine Lüge.**

Aber die Regeln sind nicht der **einzige** Grund, warum sie diese Lüge glauben. Ich habe **171 Gründe** gezählt, wegen denen Mädchen dachten, dass sie eine superverrückte Familie haben.

*Hier sind nur ein paar der Dinge, die die Mädchen sagten.*

- „Wir essen keinen Zucker."
- „Es ist eine Pflegefamilie und wir haben eine Menge Kinder."
- „Ich bin adoptiert."
- „Wir haben unterschiedliche Hautfarben."
- „Mein Papa ist Pastor und unsere Familie ist ungewöhnlich."
- „Wir leben in Indien."
- „Wir züchten ZIEGEN! ZIEGEN!"
- „Wir sind eine RIESIGE Familie. Es leben sieben Leute in diesem Haus!!!"
- „Wir leben auf einer Farm und werden zu Hause unterrichtet."
- „Meine Eltern sind Künstler, also sind wir alle ein bisschen komisch."
- „Ich bin so anders. Meine Familie ist unbeschreiblich."

Viele von diesen Mädchen sagten, dass ihr Leben besser wäre, wenn ihre Familie „nur ein **bisschen**“ wäre wie alle anderen. Sie wollen normal sein, aber ist das wirklich das Beste? Zum Beispiel sagten viele, dass sie mit ihren Geschwistern streiten … und zwar oft!

 **81% der Mädchen streiten mit ihren Geschwistern.**

Wenn wir sie fragten, wie sie sich damit fühlen, gab es diese zwei Antworten am häufigsten.

**47% sagten: „Ich wünschte, wir würden nicht streiten.“**

**34% sagten: „Das ist okay, streiten ist normal!“**

Manche Mädchen denken vielleicht, dass es normal ist, mit den Geschwistern zu streiten, ABER das bedeutet nicht, dass es okay ist. Die Bibel fordert uns auf, so viel zu tun, wie wir können, um mit allen Menschen in Frieden zu leben. Das schließt auch unsere Brüder und Schwestern mit ein. Wenn wir streiten, weil es „normal“ ist und nicht alles daransetzen, Streit zu vermeiden, leben wir nicht so, wie Gott es sich gedacht hat. Normal zu sein ist nicht **das Beste**.

## Normalsein wird überbewertet

Du sagst vielleicht immer noch: „Aber ich darf keinen Zucker essen! Was ist **daran** Sünde?“, oder: „Meine Familie hat ZIEGEN! Muss das so sein?“, oder: „Meine Familie ist zu groß. Warum kriegt Mama noch mehr Kinder?“ Wegen solcher Dinge fühlst Du Dich vielleicht auch komisch. Also haben wir Dein Problem noch nicht gelöst, oder?

Oh, sieh mal! Wir kommen gerade zu einem Bibelvers. Genau zur richtigen Zeit!

**Notizen für Mama:**
**Gesprächstipp für Wahrheit Nr. 7:**
Denk daran: Das Wort *warum* wird für Teenager sehr wichtig, während sie ihr eigenes Wertesystem entwickeln. Nimm Dir Zeit, Deiner Tochter zu erzählen, wie Ihr zu einer bedeutenden Entscheidung für Eure Familie gekommen seid, zum Beispiel *warum* Ihr an einem ungewöhnlichen Ort wohnt, ein begrenztes Budget habt oder weshalb Ihr Pflegekinder aufgenommen habt. Das könnte ihr helfen, die Gedanken ihrer Eltern nachzuvollziehen, und es ihnen womöglich gleichzutun.

Ein anderes Beispiel: Es kann schwierig sein, das einzige leibliche Kind in einem Haus mit mehreren Pflegekindern zu sein. Wenn Deine Tochter begreift, warum Ihr dieser Berufung folgt, ist es gut möglich, dass sie mit solchen Belastungen dann besser fertig wird.

Notizen für Mama:

Die Bibel sagt uns, dass wir NICHT so sein sollen wie alle anderen. Stattdessen sollten wir Gott bestimmen lassen, wie wir denken. Ein Mädchen hat mal gut zusammengefasst, welchen Unterschied man an einer christlichen Familie sehen sollte:

Vielleicht sagst Du jetzt: „Aber was hat das damit zu tun, keinen Zucker zu essen?“ Oder vielleicht willst Du wissen: „Wie hilft mir diese Wahrheit, wenn ich die **GIGANTISCHSTE** Familie in der Gemeinde habe und es sich wie eine Freak-Show anfühlt?“
Nun, es gibt **MANCHE** Dinge, die Deine Eltern machen, weil Gott sie zu einzigartigen Entscheidungen führt. Wenn Du mal darüber nachdenkst, sind manche von den Dingen, die dein Leben besonders machen, richtig cool. Gott führt manche Eltern dazu, Kinder zu adoptieren und andere dazu, Pflegeeltern zu werden. Manche sollen Missionare in Indien sein und andere eine Gemeinde in Ohio leiten.

Und es gibt **MANCHE** Dinge, die Deine Eltern tun, weil sie es mögen oder denken, dass es das Beste für eure Familie ist und es ihnen hilft, sich von anderen zu unterscheiden. Sie ernähren sich vielleicht anders oder sind Künstler oder züchten Ziegen.

Deine Familie ist anders. Das ist eine gute Sache!

Natürlich gibt es manchmal auch Unterschiede in Deiner Familie, die wirklich weh tun. Darüber reden wir als Nächstes.

Manche Mädchen dachten, ihre Familie wäre komisch wegen einer Scheidung, überstrapazierten Eltern, Krankheiten oder Todesfällen. In extremen Fällen fragten sich Mädchen sogar, ob ihre Eltern sie lieben oder nicht. Viele unserer Familien sind kaputt.

- **„Mein Papa ist viel im Krankenhaus. Meine Mama ist immer sauer, aber ich hab meinen Hund – das hilft."**
- **„Papa ist im Gefängnis."**
- **„Meine Schwester ist krank, deshalb sind wir fast immer zu spät."**
- **„Mein Papa ist nie zu Hause, weil er eine extra Schicht arbeitet, und wenn er zu Hause ist, schläft er nur und wird immer sauer."**
- **„Mein Papa hat uns verlassen."**
- **„Meine Eltern sind geschieden."**

Ich verstehe Deinen Schmerz. In meiner Familie sind auch einige traurige Dinge passiert, die uns viele Tränen gekostet haben. Es ist okay, traurig zu sein, wenn sich die Familie kaputt anfühlt. Gott sieht Deinen Schmerz.
Die Bibel sagt:
*„Meines Elends Tage hast du gezählt, meine Tränen in deinem Krüglein gesammelt; ja gewiss, sie stehen in deinem Buche verzeichnet." (Psalm 56,9)* Gott zählt Deine schweren Tage und sammelt Deine Tränen. Das würde er nur tun, wenn Du ihm wirklich wichtig wärst und er Dir helfen wollte.

Gleichzeitig will er nicht, dass wir dem ständigen Traurig-sein **nachgeben.** Es kann verlockend sein, in der Traurigkeit zu ver-

**Notizen für Mama:**
**Über Wahrheit Nr. 8:**
Jesus hat vorhergesagt, dass wir in dieser Welt Kummer haben werden. Er rief die Apostel auf, ihr Kreuz auf sich zu nehmen und mit ihm zu leiden. Der Apostel Paulus lehrte, dass Leiden zu jedem Christenleben gehört, aber wir können mitten im Leiden Freude und Frieden haben. Das ist die Kraft des Evangeliums! Wir können anders als die Ungläubigen leben, auch wenn die Umstände schmerzhaft sind.

Über diese Wahrheit, wie auch über einige andere, schrieb Nancy in Kapitel 10 ihres Buches *Lügen, die wir Frauen glauben*, um Frauen zu helfen, in allen solchen Umständen zufrieden zu sein. Mühsal und Leiden sind Dinge, die Deiner Tochter nicht erspart bleiben werden, aber sie sollen dazu dienen, dass sie lernt, ihr Leben lang Frieden und Freude zu bewahren.

Der beste Weg, ihr das beizubringen, besteht darin, es selbst zu praktizieren. Wenn Du damit zu kämpfen hast, und nicht glauben kannst, dass man in seiner Familie glücklich werden kann, dann empfehle ich *Lügen, die wir Frauen glauben* zu lesen und die Wahrheit aufzunehmen, die Du brauchst.

**Ganz ernste Frage:**
Wenn Deine Tochter Zufriedenheit nur durch Deinen Lebenswandel – nicht durch Deine Worte – lernen könnte, wie gut würde ihr Herz mit Gottes Wahrheit in Übereinstimmung kommen?

weilen. Das bedeutet, **die ganze Zeit, JEDEN TAG** darüber nachzudenken und vielleicht sogar zu glauben, dass es sich nie ändern wird.

**Hier ist das Problem dabei: Du könntest anfangen, eine Lüge zu glauben.**

Wenn Du die Lüge glaubst, dass Du nicht glücklich sein kannst, wenn nicht alles in Deiner Familie und in Deinem Leben okay ist, setzt Du Dein Vertrauen auf die falschen Dinge. Jesus will, dass Du **IHM** vertraust, nicht Deiner Familie. Die Wahrheit ist, dass man Zufriedenheit weder in der Familie noch in irgendeiner anderen menschlichen Beziehung findet. Wahre Freude kann man nur bei Jesus finden. Lass uns noch tiefer gehen und Gottes Wahrheit entdecken.

**„... ich habe nämlich gelernt, mit der Lage zufrieden zu sein, in der ich mich befinde."**
(Philipper 4,11 – Schlachter 2000)

Wahrheitsperle

Lass mich das Wort „zufrieden" erklären. Es ist anders als die Zufriedenheit, die Du an Weihnachten spürst. Es ist nicht das Glück, das Du spürst, wenn all Deine Freunde zu Deiner Geburtstagsparty kommen. Es ist eine andere Art von Zufriedenheit. Sie ist ruhig und friedlich. Es ist in etwa so, wie wenn man sich okay fühlt.

Der Mann, der den Philipperbrief in der Bibel geschrieben hat, wusste, dass wir vielleicht nicht alles kontrollieren können, was uns passiert. Er wusste aber, dass die Dinge, die uns passieren, uns nicht kontrollieren müssen. Er hat einige schwere Sachen durchgemacht, zum Beispiel ist er ins Gefängnis gekommen, weil er von Jesus geredet hat. Aber selbst da war er zufrieden.

**Notizen für Mama:**

**Gesprächstipp für Wahrheit Nr. 8:**
Vielleicht steckt Deine Tochter nicht in einer herausfordernden Familiensituation und kämpft trotzdem mit Unzufriedenheit. Heutzutage trifft man selten jemanden, der wirklich zufrieden ist. Es scheint, als ob die Menschen umso unzufriedener und unglücklicher sind, je wohlhabender eine Gesellschaft ist.
Wir haben so vieles, für das wir dankbar sein sollten. Verglichen mit der Gesamtbevölkerung der Erde geht es jedem, der ein Dach über dem Kopf und eine Mahlzeit auf dem Tisch hat, besser als dem größten Teil der Menschheit. Wenn Du das Geld hast, dieses Buch zu kaufen und außerdem auch lesen kannst, dann bist Du ganz schön reich!

Frag Deine Tochter, ob es etwas gibt, was sie gern hätte oder wäre. Dann frag sie, ob sie bereit ist, auch zufrieden zu sein, wenn sie nie bekommt, was sie sich wünscht.

Wenn sie Nein sagt, akzeptier diese ehrliche Antwort. Nutz es, um Deine Erziehungsweisen zu überdenken.

*Lebst Du Zufriedenheit vor?*

*Gewährst Du ihr alles, was sie haben will, ohne die Möglichkeit, Zufriedenheit zu lernen?*

*Was könntest Du ändern, um ihr zu helfen, diese Wahrheit zu lernen?*

**Zufriedenheit**
„der Zustand, friedlich glücklich zu sein."[33]

Die Wahrheit ist: Wenn Du jetzt nicht mit Deiner Familie zufrieden bist, bist Du es vielleicht Dein Leben lang nie, weil unsere Welt kaputt ist und schlimme Dinge einfach passieren.*

**Notizen für Mama:**
Bete mit Deiner Tochter, und bitte Gott, Euch beiden zu helfen, für das dankbar zu sein, was Ihr habt und geduldig zu bleiben wegen allem, was fehlt.

Die neunjährige Talia weiß, wie es ist, eine kaputte Familie zu haben. Ihre Mama hatte nicht viel Geld. Sie teilten sich ein Bett und Talia hat alle ihre Kleidungsstücke in einer Mülltüte aufbewahrt.

**Talia Saum, Minnesota, USA**

*„Wenn ich aufgewacht bin, gab es oft fast nichts zu essen. Manchmal war meine Mama nicht mal zu Hause. Dann habe ich einfach weitergeschlafen, bis sie wiederkam."*

Alles wurde nur noch schlimmer, als Talia in ein Kinderheim ziehen musste, weil ihre Mama nicht mehr für sie sorgen konnte. Bald darauf kam sie in eine Pflegefamilie, die ihr von Jesus erzählte.

*„Ich liebe es, dass Jesus jeden gleich liebt, ganz egal was sie getan haben. Er hat mein Leben sehr verändert."*

Talia wurde von ihrer Pflegefamilie adoptiert, als sie sieben Jahre alt war, aber sie weiß immer noch, wie zerbrochen Familien sein können.

*„Jeden Abend bete ich dafür, dass meine leiblichen Eltern Christen werden. Und wegen allem, was ich durchgemacht habe, tue ich jetzt gerne Dinge für andere. Ich will nicht nur an mich denken und das, was ich brauche. Ich weiß, wie es ist, verletzt zu werden, und ich weiß, wem ich vertrauen kann – Gott."* Talia hat gelernt, was es heißt, zufrieden zu sein. Ihre Geschichte begeistert mich sehr.

*Beim Zufriedensein gibt es ein paar wichtige Ausnahmen. Wenn Dir jemand wehtut, Dich auf eine Art berührt, die sich nicht gut anfühlt, oder eine Menge böser Dinge zu Dir sagt, **SAG ES JEMANDEM**! Das nennt man Missbrauch und damit sollte man sich nie zufriedengeben.

**Notizen für Mama:**

**Über Wahrheit Nr. 9:**

Jetzt wollen wir etwas wiederholen, über das wir in Kapitel 3 schon nachgedacht haben.

*Ich hatte den Müttern in meinen Gesprächsgruppen diese Frage gestellt: Zeigt Ihre Tochter, dass sie an Unterordnung glaubt, indem sie Ihnen und anderen Autoritäten gehorcht?*

7 % sagten:
„*Ja*, sie gehorcht immer."
16 % sagten:
„*Nein*, sie gehorcht selten."
76 % sagten:
„*Manchmal* – sie versucht es, scheitert aber oft dabei."

Einigen Müttern war klar, dass ihre Töchter eher aus Furcht vor Konsequenzen und weniger aus einem tiefen Gefühl von Richtig und Falsch gehorchten.

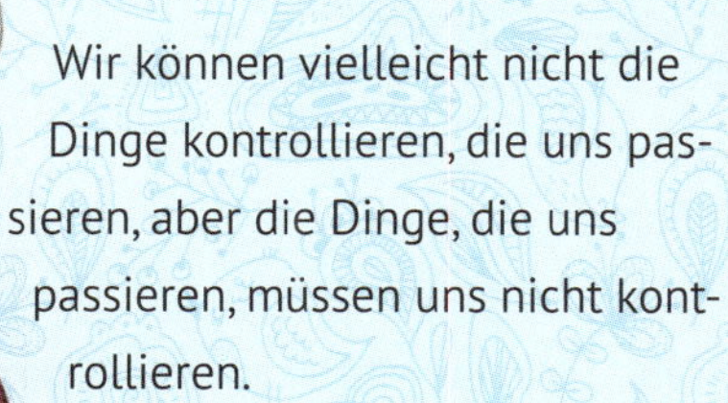

**Als ich aufwuchs, war meine Mama eine meiner besten Freundinnen.** So eine Beziehung sollte man wertschätzen, weil nicht jedes Mädchen eine besondere Freundschaft mit ihrer Mama hat. Wenn Du Dir so eine Beziehung wünschst, solltest Du wissen, dass auch diejenigen von uns, die mit ihrer Mama befreundet sind, den Schmerz gespürt haben, falsch verstanden zu werden.

Stell Dir einen perfekten Tag vor, an dem ihr viel lacht und Popcorn esst, bis ihr euch nicht mehr bewegen könnt. Gerade wenn Du denkst, dass Deine Mama die Allercoolste auf dem Planeten ist, **geht irgendetwas schief**. Du fragst Deine Beste-Freundin-Mama, ob Du einen Film sehen darfst, „den alle anschauen". Aber sie sagt Nein. Und dann sagt sie: „Ich ziehe kein Mädchen groß, das so ist wie alle anderen, sondern eine von den Besten!"

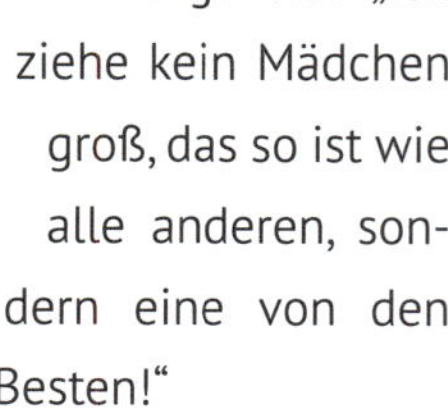

Das hat meine Mama immer und immer wieder zu mir gesagt, wenn ich etwas haben oder tun wollte, was „alle machen". Ich gebe zu, dass ich oft beleidigt weggestampft bin. Manchmal habe ich meine Mama einfach angeschwiegen. **Das war nicht cool! Warum habe ich das gemacht?**

**Nun, manchmal habe ich diese Lüge geglaubt.**

Manchmal dachte ich, meine Eltern wären so alt, dass sie mich einfach nicht verstehen können. Hast Du das auch schon mal gedacht? Diese Lüge kann auch mit anderen Lügen daherkommen, zum Beispiel: „Ich muss meine Eltern nicht ehren, weil sie so altmodisch sind", oder: „Meine Mama (oder mein Papa) liebt mich nicht", oder: „Meine Mama **sollte doch** meine beste Freundin sein!" Ganz egal in welcher Form sie auftritt, riskierst Du, diese Lüge zu glauben, wenn Du nicht gut findest, wie Deine Eltern Dich erziehen.

Was danach kommt, ist oft schlimm. (Hatte ich das Wegstampfen erwähnt, das Anschweigen, das Diskutieren, das Wutanfallkriegen, oder einfach das UNHÖFLICH-zu-meiner-hammer-Mama-sein?) Wir Menschen gehorchen, respektieren und ehren nicht einfach so von allein, oder?

Ich hab einen Vers für Dich. Er ist nicht sehr ausgefallen, weil wir einfach die ungeschönte Wahrheit brauchen.

**„Ihr Kinder, gehorcht euren Eltern im Herrn, denn das ist recht. ‚Ehre deinen Vater und deine Mutter', welches das erste Gebot mit Verheißung ist, ‚damit es dir wohl ergehe und du lange lebest auf der Erde'."**
(Epheser 6,1-3)

Wahrheitsperle

Diese Verse müssen nicht groß erklärt werden. Du sollst Deine Eltern ehren, das heißt, sie mit Respekt behandeln.

Wenn aus Deinem Mädchen eine Freundin werden soll, die teilnahmsvoll für andere sorgt, eine Ehefrau, die ihren Mann respektiert und eine Angestellte, die den Erwartungen ihres Chefs entspricht, braucht sie Motivationen, die aus einer tiefen Wahrheitswurzel erwachsen. Das ist ein Thema, dem Du große Aufmerksamkeit schenken solltest und auf das Herz Deiner Tochter achten solltest, um ihr verstehen zu helfen, warum *gehorchen, ehren* und *unterordnen* gute Worte sind.

**Notizen für Mama:**
Mehr als eine Mutter bekannte, dass der Mangel an Respekt das Ergebnis ihres eigenen dürftigen Vorbilds war.
Wenn das auch für Dich gilt, dann leg dieses Buch zur Seite und schlag *Lügen, die wir Frauen glauben* bei Kapitel 7 auf, wo Gott auf großartige Weise die Worte von Nancy gebrauchte, um mich in Bezug auf meine Unterordnung unter meinen Mann und seine Bedürfnisse zu überführen. Obwohl es in dem Kapitel um die Ehe geht, gilt das Konzept der Unterordnung für uns alle, ob wir verheiratet sind oder nicht.

**Ganz ernste Frage:**
Glaubst Du, dass die Worte *gehorchen, ehren* und *unterordnen* gute Worte sind?

**Gesprächstipp für Wahrheit Nr. 9**

Ich weiß natürlich, dass Du die Antwort schon weißt. Aber frag Deine Tochter, ob Gehorsam und Unterordnung schwer für sie sind. Hilf ihr herauszufinden, *warum* diese Dinge so schwer sind. (Denk daran, dass oft eine Lüge hinter einem sündigen Verhalten steckt.) Glaubt sie, sie würde die Kontrolle verlieren? Hat sie Angst, Du würdest sie nicht verstehen? Bestehen Gründe für Neid zwischen Geschwistern?
Grabe tief, um herauszufinden, welche spezielle Wahrheit sie braucht.

Sprich über die Liste in ihrem Buch, wie man Unterordnung praktizieren kann.

Lass mich Dir fünf Möglichkeiten zeigen, wie Du das tun kannst

## Fünf praktische Wege, Deine Eltern zu ehren

**Akzeptiere ihre Entscheidungen, selbst wenn Du ihre Entscheidungen nicht gut findest.**
(Nicht davonstampfen, diskutieren oder sie anschweigen.)

**Frage sie um Rat, denn sie sind weise.**
(Ich weiß, dass Du normalerweise mit Deiner besten Freundin über Jungs, Freundschaft und Gott reden willst. Aber Deine Eltern wissen bei diesen Themen viel besser Bescheid.)

**Rede vor anderen gut über sie.**
(Du darfst nicht aufhören, sie zu ehren, wenn sie nicht da sind.)

**Sei respektvoll, wenn Du eine andere Meinung hast.**
(Es ist okay, seinen Eltern zu sagen, dass man eine ihrer Entscheidungen nicht mag, oder dass man eine andere Meinung hat. Aber mach das in einer netten Art und gehorche ihnen auch, wenn Du sie nicht umstimmen kannst.)

**Vergib ihnen, auch wenn sie mal etwas falsch machen.**
(Sie sind unvollkommen und sündig, genauso wie Du. Also sei schnell darin, ihnen zu vergeben. Sie haben Dir wahrscheinlich auch schon ein, zwei Mal vergeben!)

Wenn Du Dich dieser wirklich schweren Aufgabe stellst und anfängst, Deinen Vater und Deine Mutter zu ehren, passiert etwas Großartiges: **Es fühlt sich gut an!**

Das nennt sich Freude. Es ist das gute Gefühl in Deinem Inneren, auch wenn äußerlich nicht alles so läuft, wie Du es gern hättest. Es kommt davon, das Richtige zu tun. Das ergibt Sinn, weil uns der Bibelvers sagt, dass „es dir wohl ergehe", wenn Du Deine Eltern ehrst.

*Lass mich Dir noch etwas Wichtiges sagen:*

Vor allem anderen ist sie Deine Mutter, die Dich erzieht. Und lass uns Deinen Papa nicht vergessen. Ich kenne viele Mädchen, die eine besondere Vater-Tochter-Beziehung haben. Das sollte man wertschätzen, aber trotzdem solltest Du treu darin sein, beide Eltern zu ehren, zu respektieren, und sie wie Eltern zu behandeln.

**Notizen für Mama:**

Hast Du einen guten Gedanken? Vergiss ihn nicht! Notiere ihn hier!

**Notizen für Mama:**
Weil die Aufgaben für die Laborarbeit Deiner Tochter unabhängig vom Kapitelinhalt dieselben bleiben, habe ich nur am Ende von Kapitel 4 Ideen vorgestellt, wie Du mit Deiner Tochter zusammenarbeiten kannst. Du findest sie bei den „Notizen für Mama" auf den Seiten 86-87, wenn Du sie noch mal nachlesen willst.

## Zieh Deinen Laborkittel an

**Nimm Deine Stifte zur Hand.**
**Nun bist Du an der Reihe, in unserem Wahrheits-Labor zu arbeiten.**

| Die Lüge | Die Wahrheit |
| --- | --- |
| Meine Familie ist seltsam. | • Deine Familie ist anders. Das ist gut so. *(Römer 12,2)*<br>• Normalsein wird überbewertet. *(Epheser 4,17.19-20)*<br>• Du solltest auffallen. *(Philipper 2,15)* |
| Meine Familie ist dermaßen kaputt, dass ich dort niemals glücklich werden kann. | • Du kannst selbst in einer kaputten Familie glücklich sein. *(Philipper 4,12-13)*<br>• Gott will, dass Du auf ihn vertraust, nicht auf Deine Familie. *(Psalm 118,8)*<br>• Du kannst lernen, zufrieden zu sein, egal was los ist. *(Philipper 4,11.13)* |
| Meine Eltern verstehen mich einfach nicht. | • Deine beiden Eltern sollen geehrt werden. *(Epheser 6,1-2)*<br>• Gehorche Deinen Eltern. *(Epheser 6,1-2)*<br>• Gott schenkt Dir Freude, wenn Du Deine Eltern ehrst. *(Epheser 6,3)* |

## Mir selbst die Wahrheit sagen

**Du bist an der Reihe, die Autorin zu sein!**

- Hast Du irgendeine dieser Lügen über Dich selbst geglaubt? Setz ein X über jede der **LÜGEN** in diesem Kapitel, die Du geglaubt hast.
- Über welche Wahrheit solltest Du dann **die ganze Zeit, JEDEN TAG** nachdenken? Schau Dir **DIE WAHRHEIT** an, die wir zusammen entdeckt haben. Kreise ein, was Dir persönlich wichtig erscheint und wobei Du verweilen willst.
- Fang an, **die ganze Zeit, JEDEN TAG** über die Wahrheit nachzudenken. Du kannst anfangen, indem Du unten ein Gebet an Gott aufschreibst, oder einen hilfreichen Vers aus der Bibel, oder Ideen, die Du nicht vergessen willst.

Notizen für Mama:

## Zoey helfen, die Wahrheit zu glauben

**Es ist Zeit, Zoey einen Rat zu geben!**

Zoeys Freundin hat ihr gesagt, dass es normal ist, sich mit seinen Geschwistern zu streiten. Stimmst Du dem zu oder nicht? Warum oder warum nicht? Was denkst Du sollte Zoey tun, weil sie Streitereien mit ihrem Bruder hat?

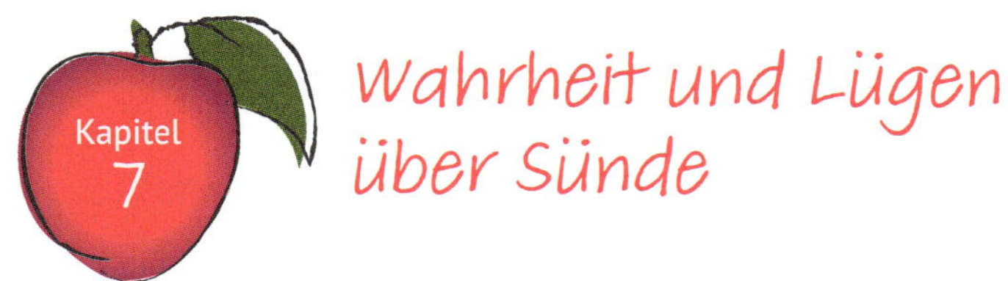

# Kapitel 7 Wahrheit und Lügen über Sünde

Als meine Tochter Lexi sieben oder acht Jahre alt war, reichte sie mir eine zerschlissene Stofftierkatze. Mit Tränen in den Augen bekannte sie mir, sie hätte die Katze aus unserer früheren Gemeinde in Missouri gestohlen.

Ich rechnete im Kopf schnell nach. Wir waren vor fast drei Jahren nach Pennsylvania gezogen. Das bedeutete, dass mein kleines Töchterchen mehr als nur ein gestohlenes Stofftier mit sich herumgeschleppt hatte. Sie war auch für so lange Zeit mit der schweren Last eines Geheimnisses beladen gewesen. Ich betete: *Herr, wie kann ich mit Gnade auf diese Situation reagieren?*

Dann hörte ich zu, als meine Tochter mir ihr Herz ausschüttete. Das war so kompliziert und traurig, wie es für ein kleines Mädchen nur sein kann, das mit dem Lieblingswerkzeug des Teufels – der Scham – geschlagen war. Lexi fühlte sich gedrängt, einen Brief an Pastor Tim Cook zu schreiben, um sich zu entschuldigen und seine Vergebung zu erbitten. Das tat sie auch.

Als Nächstes fuhren wir in ein Geschäft, um eine neue Stoffkatze zu kaufen. Wir packten sie zusammen mit der kaputten Katze ein, legten die handschriftliche Entschuldigung meiner Tochter dazu und schickten das Paket ab.

Einige Wochen später lag ein Brief von diesem lieben Mann in unserem Postkasten. In seiner überaus freundlichen Antwort sprach Pastor Cook Lexi seine Vergebung aus und teilte ihr mit, wie froh er über ihr Bekenntnis sei. Und er ermutigte sie, keine Angst davor zu haben, jemand zu sagen, dass sie gesündigt hätte.

Die meisten von uns fürchten sich aber davor, jemandem eine Sünde zu bekennen, die sie irgendwann im Leben getan haben. 54 % der sieben- bis zwölfjährigen Mädchen, die an unserer Umfrage teilnahmen, versteckten ein Geheimnis über Sünde. Einige der Mädchen erklärten ihre Sünde deutlicher. In bestimmten Fällen handelte es sich um Sachen, von denen ich annehme, dass die Eltern längst davon wussten, wie etwa:

- *„Ich schiebe die Schuld auf meinen Bruder für Sachen, die ich gemacht habe."*
- *„Ich hab die Angewohnheit, meinen Eltern Widerworte zu geben."*
- *„Ich lese nachts, was ich gar nicht darf. Ich versuche aber, das Buch zu verstecken, was mir meistens gelingt."*

Aber nicht alle verborgenen Geheimnissen waren so harmlos. Viele von den Berichten offenbarten schwere Kämpfe mit Scham und Versuchungen. Zum Beispiel:

- *„Ich hab das Gefühl, ich würde meine Mama hassen, und ich kann's nicht erwarten, erwachsen zu werden. In der Schule bin ich gemein zu solchen, die gemein zu mir waren."*

- *„Da ist ein Mädchen, das sagt, sie sei Christ, aber sie benimmt sich nicht so. Sie redet dauernd über Sex. Sie schaut sich Pornos an. Sie zeigt mir unanständige Videos. Wir sehen uns öfter, weil sie zu meiner Home-School-Gruppe gehört. Ich sündige, wenn ich sie weiterhin diese Dinge sagen und tun lasse, ohne ihr zu sagen, dass es falsch ist. Aber ich habe Angst, dass sie mich dann hasst, und sie ist die Einzige, die mit mir spricht."*

Einige der Geheimnisse, die sie mit sich herumtrugen, handelten von den Sünden und den Versuchungen anderer Leute.

- *„Im Moment mache ich mir wirklich Sorgen um meine Freundin, die elf Jahre alt ist, und die mir von einer Liste ihrer Freundin erzählt hat. Auf der Liste stehen Jungs, die sie sich klären will. Das bedeutet, sie will mit ihnen schlafen. Ich glaube, dass sie in Wirklichkeit von sich selbst spricht."*

Weil die Daten der Umfrage vertraulich behandelt werden, konnten wir diese Mädchen und deren Eltern nicht anschreiben. (Wie gern hätte ich das getan!) Aber ich kann die Alarmglocken läuten und Euch ermutigen, mit Euren Töchtern zu reden und Euer Heim zu einem sicheren Ort für sie zu machen, in dem über Sünde geredet werden darf. Ich glaube, Kinder reden nicht über Sünden, weil *wir* nicht darüber reden, zumindest nicht über unsere eigenen. Um die Sache noch schlimmer zu machen: Es ist gut möglich, dass Deine Tochter mitbekommen hat, wie Leute über die Sünden von anderen geredet haben.

Der christliche Psychologe Mark R. McMinn glaubt, dass wir gar nicht ernsthaft über Sünde sprechen wollen, um sie zu verstehen. Über dieses Dilemma schreibt er:

Das ist nicht nur ein Thema in der Populärpsychologie; es beeinflusst genauso die christliche Psychologie. Philip Monroe, ein Fakultätsmitglied des *Biblical Theological Seminary* stellte neulich fest, dass von 1143 Artikeln im „Journal für Psychologie und Theologie" und im „Journal für Psychologie und Christentum" nur 43 von Sünde handelten, und nur vier von ihnen von den Auswirkungen der Sünde oder dem Umgang mit sündigem Verhalten berichten. Ich frage mich, ob wir die Sprache über Sünde verloren haben, weil die Sprache der Psychologie deren Stelle eingenommen hat.

**MARK. R. MCMINN PHD**[34]

An dieser Stelle muss ich auf einen psychologischen Ausdruck zurückkommen, den wir schon untersucht haben: Selbstwertgefühl. Dieser Ausdruck entstand im 19. Jahrhundert, als die Psychologen ihn prägten. Allerdings gewann er erst in den 1940ern an Bekanntheit, als Abraham Maslow das Selbstwertgefühl und die Selbstverwirklichung an die Spitze der Hierarchie der menschlichen Bedürfnisse setzte. Von da an wurde dies von den Psychologen als gemeinsamer Nenner für den Erfolg des Einzelnen anerkannt.

Hier ist der springende Punkt: Die Sprache des Selbstwertgefühls basiert darauf, wie wir uns fühlen. Ich versuche Deiner Tochter verstehen zu helfen, dass ihre Gefühle nicht ihr Verhalten bestimmen sollten, weil sie oft nicht richtig oder verlässlich sind. Was wahr ist, ist Gottes Wort, und im 7. Jahrhundert vor Christus inspirierte Gott Josua, dieses Erfolgsrezept aufzuschreiben:

**„Dieses Buch des Gesetzes soll nicht von deinem Mund weichen, und du sollst darüber nachsinnen Tag und Nacht, damit du darauf achtest, zu tun nach allem, was darin geschrieben ist; denn dann wirst du auf deinem Weg Erfolg haben, und dann wird es dir gelingen."**
(Josua 1,8)

Wahrheitsperle

„Dieses Buch des Gesetzes" enthält Gottes Leitlinien für das Leben. Seine Gesetze. Und dann folgt eine kühne Aussage: Gehorsam – nicht Selbstwertgefühl oder Selbstverwirklichung – ist Gottes Rezept für Erfolg und Wohlstand. Es ist höchste Zeit, die Sprache der Bibel wieder bekannt zu machen. Hier folgt nun die Definition, die Deine Tochter in Kapitel 2 von *Lügen, die Mädchen glauben* gelernt hat:

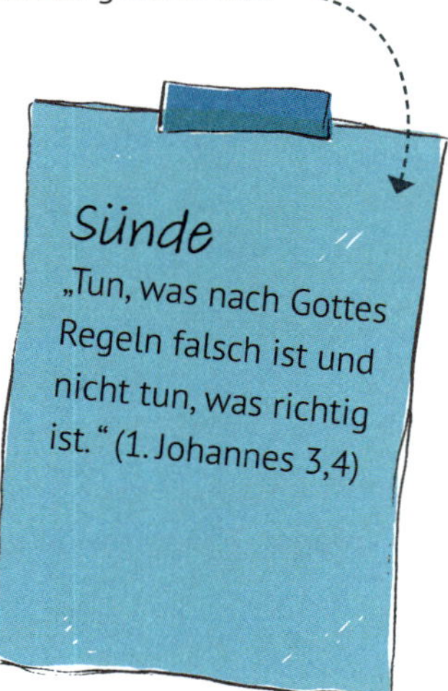


Sündigen heißt, Dinge auf unsere Weise zu tun, anstatt auf Gottes Weise. Das bedeutet, wir erlauben unseren Emotionen und Begierden zu entscheiden, was wir tun wollen und was nicht, anstatt Gottes gutem Plan zu vertrauen. Mit anderen Worten: Wir sind zu viel auf uns selbst konzentriert. Auch wenn das Sprechen über Gottes Gesetze ein wesentlicher Bestandteil der Sprache der Sünde ist, ist Gottes Gnade ein genauso wichtiges Konzept.

Wie Du Dich vielleicht erinnerst, habe ich Dich in Kapitel 1 gebeten, zwischen zwei Erziehungsstilen zu wählen. Ich hatte Folgendes geschrieben:

*Willst Du eine Mutter sein, die nur das äußerliche Verhalten ihrer Tochter einengt, sodass es aussieht, als sei es die Wahrheit?*

**ODER**

*Willst Du sie in der Wahrheit erziehen, sodass das äußerliche Verhalten eine Frucht dessen ist, was Du tief in ihr Herz gepflanzt hast?*

Ich machte Dir Mut, die zweite Möglichkeit zu wählen, und warnte zugleich, dass die Erziehung auf diese Weise reichliche Mengen an Gnade bedarf. Gut, jetzt hast Du die Chance, damit in Aktion zu treten. Während Du Dich durch dieses Kapitel arbeitest, könnte Dir Deine Tochter eine

Sünde beichten. Hör Dir ihr Geständnis ganz in Ruhe, sanft und liebevoll an, sei dankbar dafür und erziehe sie in der Wahrheit! Mit anderen Worten: Verwende eine großzügige Dosis Gnade.

## Mit Gott reden:

**Nutze Josua 1,8 als Inspiration für ein Gebet, um Gott zu bitten, mit Deiner Tochter zum Erfolg zu kommen.** Bitte Gott, ihr ein Verlangen zu geben, Gottes Regeln zu erkennen, indem sie sein Wort studiert, und bitte Gott, ihr ein Herz zu geben, das gehorsam sein möchte. Schreib Dein Gebet auf die Zeilen hier drunter.

*„Dieses Buch des Gesetzes soll nicht von deinem Mund weichen,*
*und du sollst darüber nachsinnen Tag und Nacht,*
*damit du darauf achtest, zu tun nach allem, was darin geschrieben ist;*
*denn dann wirst du auf deinem Weg Erfolg haben, und dann wird*
*es dir gelingen.“*
(Josua 1,8)

## Mit Deiner Tochter reden:

**Jetzt, nachdem Du gebetet hast, bitte Deine Tochter, das Kapitel 7 in ihrem Buch zu lesen,** während Du den gleichen Inhalt hier in Deinem Buch nachliest. Ich habe für Dich noch einige Randnotizen geschrieben. Du können wieder Deine eigenen Notizen hinzufügen, damit Du im Gespräch mit Deiner Tochter später eine kleine Gedächtnisstütze hast.

# Lügen über Sünde

**Notizen für Mama:**

Denk dran: Hier hast Du Platz für Deine Notizen.

Gigi ist meine beste Freundin. Wir erzählen uns **ALLES**! Manchmal hängen wir stundenlang zusammen ab. Aber … jetzt nicht mehr. Sie hat mich **ANGELOGEN**! Gigi meinte, sie wäre die **Einzige,** die Emma zu ihrer Übernachtungsparty eingeladen hätte, aber in Wirklichkeit waren alle Mädchen der Klasse eingeladen – nur ICH nicht. Als ich sie darauf angesprochen habe, hat sie so getan, als wär es **NICHTS BESONDERES**. Sie meint, sie hätte mich angelogen, damit ich mich nicht verletzt fühle!!! Sie sagte sogar, dass es manchmal gut ist, zu lügen. Ich bin richtig sauer! Am liebsten würde ich eine Übernachtungsparty machen und SIE nicht einladen!

**Zoey hat etwas Wichtiges herausgefunden.** Wegen Gigis Lüge fühlt sie sich einsam. Das ist die Sache mit den Lügen: Sie sorgen dafür, dass wir uns weit weg von anderen und von Gott fühlen. (Übrigens, Lügen ist immer eine Sünde, selbst wenn wir versuchen, die Gefühle von jemandem zu schützen.) Lass uns die 10. Wahrheit auspacken!

**Notizen für Mama:**
**Über Wahrheit Nr. 10:**
Ein wesentlicher Aspekt der Sünde sind deren Konsequenzen. Wenn es auch unbarmherzig erscheint, Deinem kleinen Mädchen zu erzählen, dass Sünde uns von Gott trennt, so ist es doch die Wahrheit. Wirklich unbarmherzig wäre es, ihr nicht die Wahrheit zu sagen.

Als Gott mit Adam und Eva über den verbotenen Baum der Erkenntnis des Guten und Bösen sprach, sagte er, dass die Konsequenz der Tod sei, wenn sie davon essen würden. (Das klingt auch ziemlich hart, nicht wahr?) Aber seine Liebe zu Adam und Eva zwang ihn zu dieser Warnung. Bete für dieses Gespräch, bevor Du mit Deiner Tochter darüber redest, aber scheue nicht davor zurück!

**Ich weiß, wie sich die Trennung anfühlt, die durch Sünde entsteht.** Als ich jung war, durften wir im Büro meines Vaters nicht essen oder trinken. An einem richtig heißen Sommertag musste ich in dem Raum etwas erledigen und habe einfach etwas zu trinken mitgenommen. **GROẞER FEHLER!** Ich habe meinen roten Saft verschüttet und über den ganzen Teppich verteilt. Ich hab's sauber gemacht, gebetet, und gehofft, dass mein Papa es nicht merken würde. **Aber das hat er!** Er fragte mich, was passiert ist. Ich habe dann einfach mit den Schultern gezuckt: „Ich weiß es nicht."

Das funktionierte!!! Mein Papa hat mich nicht bestraft oder so. Ich dachte, die ganze Sache wäre kein großes Problem. **Ich hatte schon von schlimmeren Sünden gehört, als nicht auf seine Eltern zu hören oder sie anzulügen.**

Manche Mädchen denken wie ich, dass **ihre** Sünde keine große Sache ist, wenn die Leute um sie herum scheinbar viel schlimmere Dinge tun. Es ist fast so, als würden wir Sünden benoten. Dinge wie Stehlen oder Morden scheinen uns **GRÖẞERE, SCHLIMMERE SÜNDEN** zu sein. Diese Sünden bekommen eine dicke 6 als Note. Aber heißt das, dass Lügen, Schummeln, Meckern oder Gemein-sein noch eine 2- kriegen?

**Vielleicht hast Du die gleiche Lüge geglaubt wie ich.** Wenn ja, dann bist Du nicht allein.

Lüge

**„Meine Sünde ist nicht so schlimm."**

**23% aller Mädchen glauben, dass die Sünden von anderen größer und schlimmer sind als ihre eigenen.**

Diese Mädchen sagten Sachen wie:

- **Ich lüge darüber, dass ich mein ganzes Zimmer sauber gemacht oder mir die Zähne geputzt hab. Das ist eigentlich dumm.**
- **Ich schiebe die Schuld auf meinen Bruder für Sachen, die ich gemacht habe.**
- **Ich hab die Angewohnheit, meinen Eltern Widerworte zu geben.**

Wenn wir nur verstehen könnten, dass jede einzelne Sünde ein riesiges Problem ist. Jedes Mal, wenn wir sündigen, wählen wir unseren Weg statt Gottes Weg. Erinnerst Du Dich noch daran, wie Adam und Eva sich vor Gott versteckten, nachdem sie gesündigt hatten? Sie taten das, weil sie sich weit weg von ihm fühlten.

Nachdem ich meinen Papa angelogen und damit gesündigt hatte, fing ich an, mich weit weg von ihm **und** Gott zu fühlen. Die gute Freundschaft, die wir beide hatten, wenn wir zusammen unseren Schäferhund dressierten, wurde unangenehm. Sogar wenn ich mit ihm auf die Hundeshows fuhr, fühlte ich mich einsam. Und was Gott anging, konnte ich kaum beten. Egal wie groß oder klein eine Sünde scheinen mag – das Resultat ist dasselbe.

Gibt es Sünden in Deinem Leben, die in Deinen Augen keine große Sache sind? **Schreib sie hier auf:**

**Notizen für Mama:**

**Gesprächstipp für Wahrheit Nr. 10:**
Bitte Deine Tochter, Dir von dem letzten sündigen Verhalten zu erzählen, an das sie sich erinnern kann. Dann frag sie, ob sie sich an die Konsequenzen erinnert. Vielleicht kam es ihr vor, als wenn sie vor Dir ein Geheimnis verbergen würde, oder vielleicht war die Freundschaft mit ihrer besten Freundin für eine Weile nicht mehr so gut. Sünde trennt uns für gewöhnlich von den Menschen, die wir kennen und lieben. Nutz das, um ihr klarzumachen, wie es Gott betrübt, wenn sie sich von ihm durch eine Lüge trennt.

**Notizen für Mama:**
**Über Wahrheit Nr. 11**

Eines der mächtigsten Werkzeuge Satans, mit dem er uns zu besiegen versucht, ist die Scham. Scham entsteht, wenn wir nicht bereit sind, mit jemand über unsere Sünde zu sprechen. Dieses giftige Gefühl ist der Boden, auf dem Lügen blühen. Hilf Deiner Tochter, die Kraft dieses Verses zu erleben: *„Bekennt nun einander die Sünden und betet füreinander, damit ihr geheilt werdet."* (Jakobus 5,16a)

Einander die Sünden zu bekennen bedeutet nicht, dass wir jedem die von uns begangenen Sünden erzählen müssen. Aber es bedeutet sehr wohl, dass wir bereit sein müssen, uns zu demütigen, um mit anderen im Licht zu wandeln, sodass wir Rechenschaft ablegen und wahre Hilfe im Umgang mit unserer Sünde bekommen können.

**„Wenn wir unsere Sünden bekennen, so ist er treu und gerecht, dass er uns die Sünden vergibt …"**
(1. Johannes 1,9)

Wahrheitsperle

Was Du gerade aufgeschrieben hast, trennt Dich von Gott. Jede Sünde tut das. Und das fühlt sich schlecht an, oder?

Eva hätte ganz leicht denken können, dass ihre Sünde kein Problem war. Immerhin hat sie sich nicht von Adam scheiden lassen; sie hat Gott nicht geflucht oder gesagt, dass es ihn nicht gibt. Sie hatte ja nur einen Bissen von etwas genommen, von dem Gott verboten hatte, zu essen. Was war daran schon schlimm? Das Schlimme daran ist, dass Gott gesagt hat: „Tu's nicht." Und Eva sagte: „Ich mach's doch."[35]

Wenn Du gerne in einer glücklichen Beziehung mit Gott und anderen sein willst, ist es am besten, alles zu versuchen, damit man nicht sündigt. Aber wenn Du dann doch sündigst – das tun wir alle, und deshalb brauchen wir Jesus – dann ist hier noch eine andere wichtige Wahrheit für Dich:

Sei schnell dabei, Deine Sünden zu bekennen. Gott ist immer bereit, zu vergeben und Dich wieder als Freundin willkommen zu heißen. Er hilft Dir sogar, Deine Freundschaften mit anderen wiederherzustellen. Wo wir gerade bei anderen sind: Willst Du wissen, ob ich meinem Papa von dem roten Saft erzählt habe? Ich erzähl's Dir im nächsten Abschnitt.

**Ein paar Wochen, nachdem ich den Saft verschüttet und meinen Papa deswegen angelogen hatte, brachten mich meine Eltern zu einer Sommerfreizeit.** Ich war mir sicher: Eine Woche Swimmingpool, Süßigkeiten vom Kiosk und Lagerfeuer, und die Schuldgefühle würden schon nachlassen. Da lag ich daneben!

An einem Abend am Lagerfeuer redete unsere Mitarbeiterin über Sünde und das Bekennen. Unsere ganze Gruppe fing an, richtig große Sünden zu bekennen. Ein Mädchen sagte, dass sie heimlich einen Freund hat. Eine andere sagte, dass sie mal etwas geklaut hat. Und die anderen erzählten sogar von noch schlimmeren Sachen. Unsere Mitarbeiterin betete mit jedem Mädchen und sagte danach nur: „Ich denke, Du solltest Deine Eltern anrufen."

Auf **GAAAAAAR KEINEN FALL** wollte ich mein Geheimnis ausplaudern. **Was war, wenn sie dafür sorgen würde, dass ich es meinem Papa erzählte?** Das Ding ist: Als wir dort zusammensaßen, fühlte ich mich plötzlich schuldig. Das Gefühl war schwerer, als jemals zuvor. (Meine Mama erklärte mir später, dass man das „überführt werden" nennt.) Die ganze Zeit hatte ich gehofft, ich könnte das Schuldgefühl aussitzen. Aber so funktioniert das nicht. Schuldgefühle werden größer. Sie gehen nicht weg. Ich fühlte mich so elend!

Plötzlich hielt ich es nicht mehr aus.

**„Ich war's! Ich hab den roten Saft verschüttet",** weinte ich los. Die ganze Gruppe starrte mich mit großen Augen an. Aber niemand gab mir das Gefühl, dass meine Sünde schlimmer war als ihre, oder nicht groß genug, um davon zu reden. Sie haben einfach mit mir gebetet. Und dann sagte meine Mitarbeiterin ... **DIE GEFÜRCHTETEN WORTE: „Ich denke, Du solltest Deinen Papa anrufen."**

**Eine der Lügen, die ich geglaubt hatte, war am Verschwinden.**

**Notizen für Mama:**

**Ganz wichtige Frage:**

Hast Du jemals Deine tiefsten und dunkelsten Sünden jemandem bekannt, der Dir helfen konnte?

Stell Dir vor, Du würdest neben einer Frau sitzen, die offensichtlich tief in Sünde und Scham verstrickt ist, was Dir nicht unbekannt wäre. Hättest Du die Freiheit, dieser Frau Deine eigene Geschichte mit dieser Sünde zu erzählen? Das wäre ein Zeichen von Heilung und Befreiung.

Notizen für Mama:

**Wir haben 1531 Mädchen gefragt, ob sie irgendwelche Geheimnisse über Sünde haben.** ***Mehr als die Hälfte sagte, dass sie Geheimnisse über Sünde haben.***

Wir fragten sie, was das bedeutet.

- **Manche sagten, dass sie ein Geheimnis über ihre eigene Sünde haben.**
- **Manche sagten, dass sie immer wieder die gleiche Sünde begehen, aber nie mit einem Erwachsenen reden, um sich Hilfe zu holen.**
- **Manche sagten, dass sie von der Sünde von jemand anderem wussten. Sie dachten, sie sollten es einem Erwachsenen sagen, hatten davor aber Angst.**

Vielleicht hast Du auch geglaubt, dass Du niemandem von Deiner Sünde oder der Sünde von jemand anderem zu erzählen brauchst. Mit dieser Lüge gehen viele andere einher. Zum Beispiel:

Manche Mädchen versuchen, mit ihren Sünden klarzukommen, indem sie sie verstecken. Sie wollen sie allein besiegen, ihre Eltern nicht enttäuschen, oder vermeiden, dass ihre Freunde über sie herziehen. Aber hier ist die total traurige Wahrheit: Seine Sünde zu verstecken, führt genau zum Gegenteil.

Es ist normal, dass man Sünde verheimlichen oder verstecken will. Von Anbeginn der Zeit, als Adam und Eva sich versteckten, haben Menschen ihre Sünde verborgen. Aber die Bibel sagt, dass Du keinen Erfolg damit haben wirst, wenn Du Deine Sünden **immer weiter** versteckst. Erinnerst Du Dich noch an Gigis Lüge von der Übernachtungsparty? Genau wie ihre Lüge Zoey beschützen sollte und das nicht geklappt hat, schützt es Dich nicht, Deine Sünde zu verstecken. Stattdessen bringt Dich das eher in Schwierigkeiten und führt dazu, dass Du Dich einsam fühlst. Warum? Weil Du nicht die Hilfe bekommen kannst, die Du brauchst, wenn Du Deine Sünde verheimlichst.

**„Wer seine Schuld verheimlicht, dem wird es nicht gelingen, wer sie aber bekennt und lässt, der wird Barmherzigkeit erlangen."**
(Sprüche 28,13 – Schlachter 2000)

Wahrheitsperle

Es ist schwer, aus einer Sünde oder einer schlechten Entscheidung zu lernen, bis Du zugibst, es getan zu haben und es bekennst. Herauszufinden, wie man mit einer Sünde aufhört, ist auch schwierig, wenn man keine Hilfe hat. Jeder sündigt, aber die Bibel sagt, dass nur ein dummer Mensch immer und immer wieder das Gleiche tut.

Ich sage Dir etwas, was Du vielleicht nicht hören möchtest:

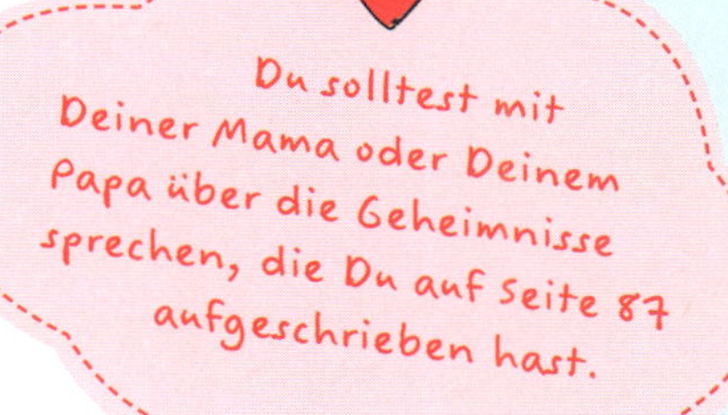


**Notizen für Mama:**

**Gesprächstipp für Wahrheit Nr. 11:**
Erzähl Deiner Tochter von einem Fall, in dem Du jemandem eine Sünde bekanntest, und wie das Dir geholfen hat, wieder Freiheit und Gnade zu erleben. Dann lade sie ein, dasselbe bei Dir zu tun. Nimm Dir Zeit für diese schlichte Aufgabe. Sie ist so überaus wichtig.

**Notizen für Mama:**
**Über Wahrheit Nr. 12**
Die Kinder heutzutage scheinen kaum ein soziales Leben zu haben, bis sie online gehen. Doch wenn Du Dein Kind dem Internet ohne Filter überlässt, ist es, als ob Du eine pornographische Zeitschrift auf den Frühstückstisch legst und dann annimmst, Dein Kind würde keine Notiz davon nehmen.
Und das ist nur eine Art gefährlicher Inhalte. Da gibt es Gewalt, Gier, Materialismus, unanständige Sprache und noch vieles mehr, was besorgniserregend ist.
Es stehen viele großartige Optionen zur Verfügung, um unsere Kinder zu beschützen (sowie die Erwachsenen unter uns!). Aber es ist ebenfalls wichtig, ihnen beizubringen, den besten Filter anzuwenden – Gottes Wort – und ihnen vorzuleben, wie wir es anwenden können.

Was Du dort hingeschrieben hast, trennt Dich von Gott, wenn Du es ihm noch nicht bekannt hast. Aber es kann auch den Beziehungen zu anderen Menschen in die Quere kommen. Die Bibel fordert uns auf: „Bekennt nun einander die Sünden …“ *(Jakobus 5,16)*. Nur Gott kann Sünden vergeben, aber er möchte, dass wir unsere Sünden einander bekennen, damit wir Hilfe bekommen können. Es fühlt sich schlecht an, seine Sünde zu verstecken. Weißt Du, was sich richtig toll anfühlt? Jemandem davon zu erzählen! Das ist eins der befreiendsten Dinge, die ich je getan habe.

In der Nacht nach dem Lagerfeuer habe ich meinen Papa angerufen. Ich sagte ihm, was ich getan hatte und bat ihn um Vergebung. Er sagte: „Ja, ich weiß.“ In Wahrheit war er viel enttäuschter davon, dass ich ihn angelogen hatte, als dass ich ihm ungehorsam gewesen war. Und er war sehr froh, dass ich es ihm endlich gesagt hatte. Er hatte schon darauf gewartet, weil er wusste, dass ich mich besser fühlen würde. Ich fühlte mich nicht schlechter, nachdem ich meinem Papa von meiner Sünde erzählt hatte. Ich fühlte mich besser.

**Die Menschen geben eine Menge Geld für Unterhaltung aus.** Filme. Musik. Das Internet. Bücher. Apps. Denn diese Dinge **unterhalten** uns! Aber wusstest Du, dass uns diese Dinge auch **verändern** können?
Was wir uns ansehen und anhören, kann unser Denken und unser Verhalten beeinflussen, entweder auf gute oder schlechte Weise, je nachdem, WAS wir uns ansehen. Weißt Du warum? Weil es ein bisschen ist wie das „Verweilen“ bei Gedanken. (Erinnerst Du Dich noch an das Wort am Anfang des Buches?) Wenn Du über etwas lange genug nachdenkst, könntest Du anfangen, es zu glauben.

Sei vorsichtig! Du könntest die Kontrolle über Deine Gedanken an die Welt der Unterhaltung verlieren. Es mag „normal" sein, sich alles anzuschauen und anzuhören, worauf man gerade Lust hat, aber denk dran: Wir müssen unsere Gefühle mit Gottes Wahrheit abgleichen. Lass uns das jetzt tun.

Dieser Vers ermöglicht es uns, zu testen, was wir in Filmen, Fernsehserien, Liedern, Büchern, Hörspielen, oder in Videos und Bildern im Internet sehen und hören. Denk an das Letzte, was Du Dir angesehen oder angehört hast: einen Film, eine Serie oder ein Lied. **Schreib hier den Namen hin:**

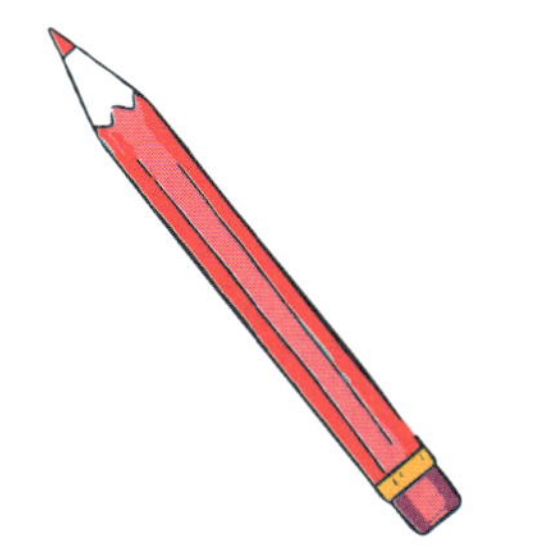

**Notizen für Mama:**
Philipper 4,8 ist nur einer von vielen wichtigen Versen, die uns helfen, den Wert dessen zu beurteilen, was wir in unsere Herzen und in unseren Verstand hineinlassen.

**Notizen für Mama:**

**Gesprächstipp für Wahrheit Nr. 12:**

Nimm Dir einen Augenblick Zeit, den Test auf dieser Seite zu machen. Wie stimmt Deine Auswahl an Medien mit dieser Lehre überein? Wenn Du Deiner Tochter das eine erzählst, aber das andere tust, untergräbst Du damit alle Bemühungen, ihr dabei zu helfen, weise zu unterscheiden, was sie in ihren Kopf hineinlässt.

Wenn Deine Tochter die schwierige Aufgabe bei Wahrheit Nr. 12 eigenständig erledigt hat, frag sie, ob sie Dir das Ergebnis zeigen möchte. Lobe sie, wo sie klug entschieden hat. Hilf ihr mittels Fragen, eine bessere Entscheidung zu fällen, wo es nötig ist. Vermeide Schwarzweißantworten. Lenk sie mit Fragen zu besseren Entscheidungen.

*„Was war an diesen Medien gut, rein und lieblich?“*

*„Kannst du mir ein Beispiel nennen, woran man erkennt, dass das Dargestellte wahr ist?“*

*„Würdest du diesen Film oder diese Musik mit Mama und Papa zusammen anschauen oder anhören wollen?“*

Folgende Aufgabe ist etwas anspruchsvoller: Wenn Deine Tochter diese Aufgabe nicht eigenständig erledigt hat, sei darauf vorbereitet, Dir Zeit zu nehmen, um die Sache gemeinsam durchzuarbeiten. Ermutige sie, den Bibelvers durchgehend auf ihre Unterhaltungsauswahl anzuwenden!

# Jetzt lass es uns testen!

Hake jedes Kästchen ab, wenn Du die Frage mit „Ja“ beantworten kannst.

☐ **Ist es ehrbar?**
(Es gab keine Szenen, Situationen oder Texte, die schlechte Dinge wie Drogen oder sich zu betrinken als gut dargestellt haben.)

☐ **Ist es wahr?**
(Es gab ***nichts*** Falsches darin, wie Lehren über die Evolution oder Behauptungen, dass es Gott nicht gäbe.)

☐ **Ist es recht?**
(Deine Eltern oder Lehrer würden sagen, dass es okay ist, wenn Du das anschaust oder hörst.)

☐ **Ist es rein?**
(Die Leute waren ordentlich angezogen und redeten auch so.)

☐ **Ist es liebenswert?**
(Es hat keine unschönen oder brutalen Bilder und Gedanken bei Dir verursacht.)

☐ **Ist es wohllautend?**
(Es hat einen guten Ruf und Du könntest es bedenkenlos Deinen Eltern, Deinem Gemeindeleiter, Deinem Lehrer oder anderen zeigen.)

☐ **Ist es lobenswert?**
(Du würdest es anderen empfehlen.)

☐ **Ist es tugendhaft?**
(Es wurde sorgfältig erstellt und hat Deine Vorstellungskraft angeregt.)

Wie hat der Film, die Serie oder das Lied von oben abgeschnitten? Es müsste bei **JEDER EIGENSCHAFT** ein Häkchen bekommen, nur dann würde Gott wollen, dass Du es Dir anschaust. Ansonsten **kann es sein**, dass es entweder Sünde war, es anzuschauen, oder dass es Deinen Verstand zur Sünde anleitet. So einfach ist das.

Notizen für Mama:

**Trotzdem glauben einige Mädchen immer noch diese Lüge.**

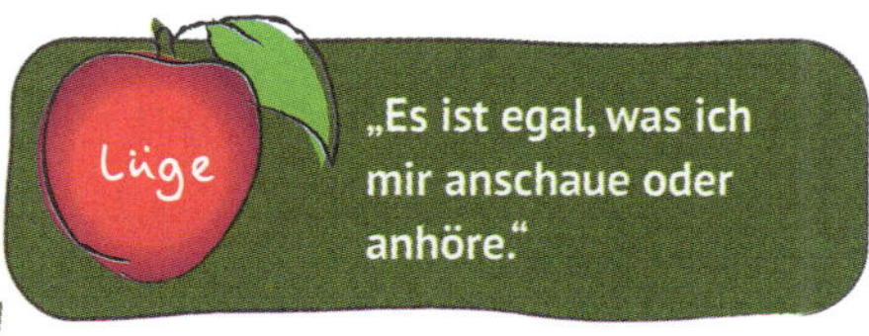


Bist Du eins von diesen Mädchen? Falls ja, lass mich Dich ermutigen, heute mit Deiner Mama oder Deinem Papa darüber zu reden. Sag ihnen, dass Gott möchte, dass Du vorsichtiger mit dem bist, was Du Dir zur Unterhaltung ansiehst, und dass Du gern etwas Hilfe dabei hättest. Ich wette, sie werden sich total freuen, dass Du fragst!

**Notizen für Mama:**

Weil die Aufgaben für die Laborarbeit Deiner Tochter unabhängig vom Kapitelinhalt dieselben bleiben, habe ich nur am Ende von Kapitel 4 Ideen vorgestellt, wie Du mit Deiner Tochter zusammenarbeiten kannst. Du findest sie bei den „Notizen für Mama“ auf den Seiten 86-87, wenn Du sie noch mal nachlesen willst.

## Zieh Deinen Laborkittel an

**Nimm Deine Stifte zur Hand.**
**Nun bist Du an der Reihe, in unserem Wahrheits-Labor zu arbeiten.**

| Die Lüge | Die Wahrheit |
|---|---|
| Sünde ist keine große Sache. | • Sünde trennt uns von Gott, egal wie groß oder klein sie ist. *(Jesaja 59,2)*<br>• Wenn wir unsere Sünden bekennen, wird Gott uns vergeben. *(1. Johannes 1,9)* |
| Ich muss niemandem von meinen Sünden erzählen. | • Seine Sünde zu verstecken, fühlt sich richtig schlecht an.<br>• Du kannst Deine Sünde nicht besiegen und davon lernen, wenn Du Dir keine Hilfe holst. *(Sprüche 28,13)*<br>• Die Bibel sagt, dass Du Deine Sünden jemandem bekennen sollst. *(Jakobus 5,16)*<br>• Nur Gott kann Dir vergeben, aber er ist immer treu und gerecht und wird uns vergeben, wenn wir ihm unsere Schuld bekennen. *(1. Johannes 1,9)* |
| Es ist egal, was ich mir ansehe oder anhöre. | • Alles, was wir sehen oder hören sollte wahrhaftig, ehrbar, gerecht, rein, liebenswert, wohllautend, tugendhaft und lobenswert sein. *(Philipper 4,8)* |

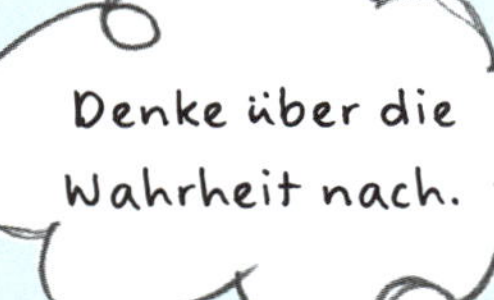

## Mir selbst die Wahrheit sagen

**Du bist an der Reihe, die Autorin zu sein!**

- Hast Du irgendeine dieser Lügen über Sünde geglaubt? Setz ein X über jede der **LÜGEN** in diesem Kapitel, die Du geglaubt hast.
- Über welche Wahrheit sollst Du dann **die ganze Zeit, JEDEN TAG** nachdenken? Schau Dir **DIE WAHRHEIT** an, die wir zusammen entdeckt haben. Kreise ein, was Dir persönlich wichtig erscheint und wobei Du verweilen willst.
- Fang an, **die ganze Zeit, JEDEN TAG** über die Wahrheit nachzudenken. Du kannst anfangen, indem Du unten ein Gebet an Gott aufschreibst, oder einen hilfreichen Vers aus der Bibel, oder Ideen, die Du nicht vergessen willst.

## Zoey helfen, die Wahrheit zu glauben

**Es ist Zeit, Zoey einen Rat zu geben!**

Was denkst Du? Soll Zoey eine Übernachtungsparty machen und Gigi nicht einladen? Warum?

Notizen für Mama:

# Wahrheit und Lügen über das Mädchen-sein

Die ersten Worte, die die Mädchen, die an unserer Umfrage teilnahmen, gelesen haben, waren diese: *„Um an dieser Umfrage teilnehmen zu können, musst du ein Mädchen im Alter zwischen 7 und 12 Jahren sein. Was empfindest du dabei, ein Mädchen zu sein?"*

- *48 % kreuzten an: „Es ist großartig, ein Mädchen zu sein."*
- *46 % kreuzten an: „Manchmal ist es schwer, aber meistens freue ich mich, ein Mädchen zu sein."*
- *1 % kreuzte an: „Mir gefällt es nicht, ein Mädchen zu sein."*
- *4 % kreuzten an: „Ich glaube nicht, dass es einen Unterschied zwischen Jungen und Mädchen gibt."**

Einige von denen, die nicht gern ein Mädchen sein wollten, schrieben Kommentare wie diese:

- *Ich weiß, dass Mädchen anders behandelt und wahrgenommen werden als Jungen, obwohl Mädchen alles schaffen können.*
- *Es ist anstrengender als ein Junge zu sein.*
- *Ich wäre gern so stark wie Jungs.*

Mir ist es noch nie so wie diesen Mädchen gegangen, deshalb habe ich ein paar meiner erwachsenen Freundinnen aufgesucht, die solche oder ähnliche Gedanken schon mal hatten. Ich wollte verstehen lernen, was sie – und natürlich die befragten Mädchen – für Gefühle erlebt hatten. Die Gründe meiner Freundinnen reichten von dem Verlangen, alles machen zu können, was Männer dürfen, bis zu dem Wunsch, sich beim Sport mit den Jungen zu messen. Alle meine Freundinnen bekamen ihre Unsicherheiten in den Griff und freuen sich heute, eine Frau zu sein.

Früher wurde angenommen, dass die Unzufriedenheit eines Mädchens mit ihrem Geschlecht etwas ist, was später vorübergeht. Das ist heute nicht mehr so. Ein kürzlich in der *The Atlantic* erschienener Artikel berichtet davon, dass der Prozess der Umformung von transgender Kindern immer schneller vorangetrieben wird.[36] (Der Ausdruck „transgender" wird benutzt,

*Die übrigen Prozente bei unserer Untersuchung fallen unter „Sonstige", weil keine ihrer Aussagen etwas darüber sagt, wie sie sich als Mädchen fühlen.

um eine Person zu beschreiben, dessen Geschlechtsempfinden nicht mit dem biologischen Geschlecht übereinstimmt.) Immerhin scheinen Untersuchung und Erfahrung zu zeigen, dass viele Kinder geschlechtliche Nicht-Übereinstimmungen auf irgendeine Art erleben. Irgendwo spielt ein Mädchen gern mit Lastwagen, oder geht gern mit ihrem Vater auf die Jagd. Irgendwo gefällt einem Jungen die Farbe rosa, oder das Gärtnern mit der Mutter. Diese Wünsche passen nicht in kulturelle Stereotypen. Trotzdem sind diese Kinder später meistens mit ihrem biologischen Geschlecht sehr zufrieden. Wenn man die Körper solcher Kinder zu schnell verändert, riskiert man große und manchmal irreparable Schäden.

Der Autor des *The Atlantic*-Artikels berichtet von einem Mädchen, das er Claire nennt. Während der Pubertät traten Depressionen auf. Sie fühlte sich in ihrem Körper nicht mehr wohl und war unzufrieden damit, ein Mädchen zu sein. Claire sah sich bei YouTube Videos von jungen Transgender-Leuten an. Sie begann sich zu fragen, ob sie sich in ihrem Körper deshalb unwohl fühlte, weil sie in Wirklichkeit ein Mann war. Schließlich glaubte sie, sie müsste eigentlich ein Junge sein. Sie fing an, sich als solcher zu kleiden und zu benehmen. Am Ende bat sie ihre Eltern um eine geschlechtsangleichende Operation – eine doppelte Mastektomie – und um Testosteron. Ein anerkannter Therapeut hielt das für eine gute Idee und überwies die Familie in eine Klinik.

Aber Claires Eltern waren sich nicht so sicher. Liebevoll ermutigten sie ihre Tochter, ihre Gefühle doch noch weiter zu erforschen und ein Tagebuch zu führen. Einige würden das als unfreundlich und wenig hilfreich empfinden. Claire entschloss sich jedoch, auf den Rat ihrer Eltern zu hören. Als sie eines Tages gerade wieder in ihr Tagebuch schrieb, fiel ihr auf, dass sie zwar als Junge lebte und auch so aussah, aber immer noch unglücklich war. Das brachte sie zu der Erkenntnis, dass sie trotz allem doch kein Mann war. Als sie noch sorgfältiger darüber nachdachte, entdeckte sie, dass sie deshalb unglücklich darüber war, ein Mädchen zu sein, weil sie so steife Vorstellungen über ihr Geschlecht entwickelt hatte. Als sie über diese ungesunden Stereotypen nachgedacht hatte, erlaubte sie sich, sie selbst sein zu dürfen. Heute fühlt sie sich in ihrem Körper wohl und ist froh, ein Mädchen zu sein.

Was wäre passiert, wenn Claires Eltern dem Rat des Fachmanns gefolgt wären, und ihrer Tochter zu einer Geschlechtsumwandlung verholfen hätten? Unsere Kultur ist erpicht darauf, Geschlechter neu zu definieren.

Freunde, die Medien und sogar wohlmeinende Therapeuten wollen, dass junge Leute, die mitten in ihrer geistigen Entwicklungsphase stehen, hinterfragen, ob ihr Geschlechtsempfinden zu ihrem biologischen Geschlecht passt. Was unternimmst Du, um Deine Tochter darauf vorzubereiten, inmitten der öffentlichen Diskussion, die immer weiter um sich greift, der Wahrheit zu glauben?

Leider ist die Gesamtheit der Christen uns darin nicht immer ein Vorbild. Denn oft haben Christen sich schuldig gemacht, an der öffentlichen Diskussion nur mit schmerzhaften Anklagen oder mit ehrlichen, aber fehlgeleiteten Behauptungen teilzunehmen. Wir müssen unsere Kinder vorbereiten, mit überzeugender Freundlichkeit zu reagieren. Sie müssen von dem überzeugt sein, was Gottes Wort über die Geschlechter lehrt. Aber sie müssen auch lernen, ihre Glaubensgrundsätze freundlich auszudrücken.

Um diese Kunst zu lernen, sollten wir das Beispiel Jesu untersuchen. Als er auf der Erde wandelte, wollten die Leute den Bund der Ehe neu definieren und suchten bei der religiösen Welt Bestätigung dafür. Sie wollten heiraten und sich scheiden lassen, wie es ihnen gefiel. Einige Pharisäer befragten Jesus darüber, aber das war eine Falle. Sie hofften, seine Antwort würde ihn um den Respekt bei der Volksmenge bringen. Hier kannst Du den Bericht über diese Situation lesen. (Ich habe einige Wörter zur besonderen Betonung unterstrichen.)

**„Und die Pharisäer kamen zu ihm, versuchten ihn und sprachen: Ist es einem Mann erlaubt, aus jeder Ursache seine Frau zu entlassen? Er aber antwortete und sprach: Habt ihr nicht gelesen, dass der, der sie schuf, sie von Anfang an als Mann und Frau machte und sprach: ›Deswegen wird ein Mann den Vater und die Mutter verlassen und seiner Frau anhangen, und die zwei werden ein Fleisch sein‹? Also sind sie nicht mehr zwei, sondern ein Fleisch. Was nun Gott zusammengefügt hat, soll der Mensch nicht scheiden. Sie sagen zu ihm: Warum hat denn Mose geboten, einen Scheidebrief zu geben und sie zu entlassen? Er spricht zu ihnen: Mose hat euch wegen eurer Herzenshärte gestattet, eure Frauen zu entlassen; von Anfang an aber ist es nicht so gewesen.“**

(Matthäus 19,3-8)

Wahrheitsperle

Mit einer sensiblen kulturellen Frage konfrontiert, wies Jesus zurück auf die Schöpfung, um zu bekräftigen und zu erklären, was Gott ursprünglich beabsichtigte, als er die Ehe und die biologischen Geschlechter einsetzte. Er sagte, dass „der, der sie schuf, sie von Anfang an als Mann und Frau machte", um sie in der Ehe zusammenzubringen, und dann würde er sie eins machen. Jesus bestätigte diese Wahrheit, indem er auf 1. Mose verwies.

Das ist ein kluges Beispiel, dem wir folgen sollten, wenn wir mit Fragen über Geschlechter konfrontiert werden. Wir müssen das, was wir über Geschlechter, Sexualität und Ehe glauben, auf Gottes ursprüngliche Absichten gründen. Er schuf uns und er weiß besser als wir, wie unser Körper, unser Verstand und unser Geist arbeiten. Ein mir bekannter Pastor sagte es so:

„Der, der uns konstruierte, ist auch der, der uns definierte."
**PASTOR DARREN TYLER**

Im Anfang gefiel es Gott, uns als Mann und Frau zu schaffen. Und wie bei den meisten Künstlern hat seine Schöpfung eine Bedeutung. Es war in seinem Plan, ein Bild von sich selbst zu schaffen.

**„Und Gott schuf den Menschen in seinem Bild, im Bild Gottes schuf er ihn; Mann und Frau schuf er sie."**
(1. Mose 1,27)

Wahrheitsperle

Wenn wir unser Frau-sein annehmen – wie die Männer ihr Mann-sein annehmen müssen – kann eine verlorene Welt darin Gott erkennen. Vieles in uns spiegelt sein Bild wider. Wir sind intelligent, bewundernd und kreativ. Wir haben die Schwerkraft überwunden und können in Weltraumraketen zum Mond fliegen. Wir haben fremde Sprachen entschlüsselt, um miteinander zu kommunizieren. Warum weist die Bibel nicht auf solche Merkmale hin, wenn sie uns sagt, dass wir Gottes Bild widerspiegeln? Sie erwähnt nur unser Mann- und Frau-sein. Diese aus zwei Einheiten bestehenden Geschlechter sind ein wesentlicher Bestandteil unserer Gottesähnlichkeit.

Wieso? Nun, ein Grund könnte sein, dass sich darin ein einzigartiger Aspekt des gemeinsamen Wesens der Dreieinheit spiegelt: Gott der Vater, Gott der Sohn und Gott der Heilige Geist sind deutlich unterschieden und wiederum doch eins. Im Alten Testament ist das Wort für Gottes Einheit *„echad"* (siehe 5. Mose 6,4). Ein Mann und eine Frau kommen in der Ehe zusammen, um eins zu werden. Die Bibel gebraucht dasselbe Wort *„echad"*, um die Einheit eines Mannes mit seiner Frau in der Ehe zu beschreiben (vgl. 1. Mose 2,24). Auf diese Weise helfen die Geschlechter, das Ebenbild Gottes zu vervollständigen. Diese Wahrheit ist entscheidend.

Das nimmt natürlich nicht den Schmerz und die Schwierigkeiten weg, die Kinder und Erwachsene wegen der Verwirrung durchmachen, die dadurch entsteht, wenn sie sich nicht mit ihrem biologischen Geschlecht identifizieren können. Geschlechtsdysphorie gibt's wirklich. Ebenso Intersexualität; ein Ausdruck, den man für eine Reihe unterschiedlicher Konditionen benutzt, wie Chromosomen-Abnormitäten, bei denen manche mit Fortpflanzungs- oder Geschlechtsorganen geboren werden, die nicht eindeutig männlich oder weiblich sind. In so einem Fall wird ein Geschlechtsentwicklungsspezialist zu Rate gezogen. Bluttests zeigen meistens, ob ein Baby biologisch männlich oder weiblich ist. Aber in einigen extrem seltenen Situationen ist kein eindeutiges Geschlecht festzustellen.

Ein solcher Fall war „Laurie", deren Adoptivmutter mich um Rat gebeten hat. Was diese Mutter mir über die Christen in ihrem Umfeld erzählte, brach mir das Herz. „Sie sind die erste christliche Person, die bereit ist, sich mit uns zu unterhalten", sagte sie. „Diese Angelegenheit ist einfach zu schwierig für solche, die alles nur schwarz oder weiß haben möchten." Zurzeit ziehen Lauries Eltern ihr Kind als Mädchen auf. Antworten sind schwer zu finden, darum wollen sie noch keine ärztlichen Eingriffe zur Bestimmung des Geschlechts machen lassen. Sie möchten Laurie helfen, solche Entscheidungen zu treffen, wenn sie erwachsen ist. Seltene und komplexe Fälle wie dieser werden oft benutzt, um Transgenderismus zu legitimieren. Aber: Intersexualität ist eine körperliche Kondition, während Geschlechtsdysphorie (Geschlechtsverwirrung) eine psychologische Kondition ist.

Chromosomale Anomalitäten sind eine Realität in unserer zerbrochenen, gefallenen Welt. Dazu gehören Dinge wie das Down-Syndrom oder Klinefelter-Syndrom (bei dem ein männliches Kind ein zusätzliches X-Chromosom hat, das zu Sprach- und Fruchtbarkeitsproblemen führt), oder

Fragiles X-Syndrom (häufige Ursache für Autismus). Syndrome sind eine schmerzliche biologische Tatsache, der man mit Liebe und Einfühlungsvermögen begegnen muss.

Mentale Störungen und Leiden sind eine weitere Realität in dieser Welt. Einige von ihnen sind sexueller Natur oder auf das Geschlecht bezogen. Diese Bedingungen sind oft von PTSD, Neigung zum Suizid, Depressionen und anderen Schwierigkeiten begleitet, die normalerweise auch nicht verschwinden, nachdem Operationen zur Geschlechtsfestlegung abgeschlossen sind.[37] Wie sollte unser Herz nicht brechen, wenn wir an Menschen denken, die mit solchen Erkrankungen belastet sind? Wenn Deine Tochter mit solchem Schmerz kämpft, bete ich, dass Du eine liebevolle christliche Gemeinschaft findest, die Dir beisteht. Wenn Deine Tochter nichts mit solcher Geschlechtsverwirrung zu tun hat, kann sie eine Quelle von Mitleid werden.

Versteh bitte, dass Mitleid nicht Überzeugung ersetzt. Wir können der Bibel vertrauen, dass sie unsere Fragen wegen unseres Körpers, unserer Sexualität und unserem Geschlecht beantwortet. Aber wir leben in einer gefallenen Welt, in der es nötig ist, unsere Kinder mit Überzeugungen auszustatten, die von Mitleid gekennzeichnet sind.

## Mit Gott reden:

**Nutze 1. Mose 1,27, um ein Gebet aufzuschreiben**, in dem Du Gott bittest, dass er Deiner Tochter hilft, gerne anzunehmen, ein Mädchen zu sein. Bitte ihn, ihr ein Herz zu geben, das sein Bild widerspiegelt. Schreib Dein Gebet auf die Zeilen hier drunter.

*Und Gott schuf den Menschen in seinem Bild, im Bild Gottes schuf er ihn;*
*Mann und Frau schuf er sie.*
(1. Mose 1,27)

## Mit Deiner Tochter reden:

**Jetzt, nachdem Du gebetet hast, bitte Deine Tochter, das Kapitel 8 in ihrem Buch zu lesen,** während Du den gleichen Inhalt hier in Deinem Buch nachliest. Ich habe für Dich noch einige Randnotizen geschrieben. Du kannst wieder Deine eigenen Notizen hinzufügen, damit Du im Gespräch mit Deiner Tochter später eine kleine Gedächtnisstütze hast.

# Lügen über das Mädchen-sein

**Notizen für Mama:**
Schreib drauflos, liebe Mutter! Das hier ist Dein Notizzettel!

**„Ein Mädchen zu sein ist MEGA!“** Das hab ich heute in der Mittagspause auf dem Karussell gerufen, als Gigi, Via und ich uns so schnell gedreht haben, wie wir konnten. Wir schauen jeden Tag, wer es am längsten aushält. Heute war **ICH** es. Via hat ganz schnell aufgegeben und Gigi kurz danach. Wir lagen am Boden und versuchten, unser Pausenbrot im Magen zu behalten, als Via rief: **„Mädchen REGIEREN und Jungs VERLIEREN!“** Gigi meinte dann, dass ihre Mama nicht will, dass sie das sagt, weil Jungs und Mädchen beide wichtig sind. Da wurde Via wütend. „Hasst du Mädchen etwa?“, fragte sie. Gigi sagte: „Nein! Aber warum denkst du, dass Jungs erst blöd sein müssen, damit sich Mädchen toll fühlen können?“ Dann hatten sie ein langes Gespräch, das für mich nicht so viel Sinn ergeben hat. Beide sagen eigentlich, dass Jungs und Mädchen nicht so verschieden sind, aber warum sagt Via auf der einen Seite **das** UND „Mädchen regieren und Jungs verlieren“? SEUFZ! Ich bin echt verwirrt.

Notizen für Mama:

**Da bist Du nicht die einzige, Zoey.** Es scheint, dass überall alle über dieses Thema reden. Sie sagen es mit anderen Worten als Via, aber im Endeffekt versuchen sie, herauszubekommen, ob Mädchen oder Jungs wichtiger sind. Manche wollen die Unterschiede zwischen Jungs und Mädchen sogar ganz loswerden.

Manchmal gibt es Ungleichheiten, die nicht gut sind und die geändert werden sollten. Als ich noch ein Mädchen war, haben viele Frauen die gleiche Arbeit wie Männer gemacht, haben aber weniger Geld damit verdient. Heutzutage haben viele erkannt, dass das nicht okay ist und kämpfen dafür, dass Männer und Frauen, die die gleiche Arbeit machen und gleich viel Erfahrung haben, auch gleich bezahlt werden. Das ist gut!
Aber manchmal ist es nicht okay, wie Leute die Unterschiede zwischen Jungs und Mädchen beseitigen wollen. Es ist okay, wenn sich ein Mädchen eher jungenhaft anzieht als wie eine Prinzessin. Aber sie sollte auch wissen: „Es ist toll, ein Mädchen zu sein." Das heißt nicht, dass sie nicht Basketball spielen oder in einer Baufirma arbeiten kann, oder dass sie nicht *Star Wars* besser finden darf als *Cinderella*. Es bedeutet, dass Mädchen nicht so sehr wie Jungen sein wollen sollten, womit dann alles ausradiert wird, was sie zu Mädchen macht. Sonst würde das signalisieren, dass es überhaupt nicht toll ist, ein Mädchen zu sein.

Wir kommen direkt zu einer wichtigen Wahrheit über das Mädchen-sein, die Du wissen musst.

**Seit dem Moment Deiner Geburt** (und nach *Psalm 139,13-16* sogar schon vorher) warst Du anders als jeder Junge, der jemals geboren wurde. Manche Dinge sind offensichtlich, aber Männer und Frauen sind auf Weisen unterschiedlich, die Du vielleicht nicht sehen kannst.

## Mädchen & Frauen

Der Körper der meisten Teenie-Mädchen wandelt Energie in eine dickere Schicht Körperfett um, was es ihnen erlaubt, eines Tages ein Baby weich zu polstern und zu schützen. (Deshalb sind sie auch bei Schwimmwettbewerben besser, weil ihr Körper wärmer bleibt und im Wasser besser funktioniert!)

Erwachsene Frauen haben weitere Beckenöffnungen (das heißt, ihre Hüften sind breiter und lockerer), sodass sie später Babys bekommen können.

Die Gehirne von Frauen neigen dazu, mehr „Verkabelungen" für Gedanken zu haben, was ihnen erlaubt, mehrere Dinge gleichzeitig zu tun.

## Jungen & Männer

Der Körper der meisten Teenie-Jungen wandelt Energie in Muskeln um. Wenn sie 18 Jahre alt sind, haben sie 50% mehr Muskeln als die meisten Mädchen. Das gibt ihnen größere Kraft und die Möglichkeit, körperlich härtere Arbeiten zu tun als die meisten Mädchen in ihrem Alter.[38]

Erwachsene Männer haben kompaktere Beckenknochen. (Das bedeutet, dass ihre Hüftknochen dichter und stabiler gebaut sind.) Das erlaubt es ihnen, länger schwere Sachen zu tragen, ohne sich zu verletzen.[39]

Die Gehirne von Männern haben weniger und direktere „Verkabelungen," sodass sie sich besser auf eine Sache konzentrieren können. Sie sind langsame, gründliche Problemlöser.[40]

### Notizen für Mama:
**Über Wahrheit Nr. 13**

Genauso wie Gott mit Adam über den verbotenen Baum im Garten Eden gesprochen hat, ohne ihn der Sünde auszusetzen, kannst Du mit Deiner Tochter über Geschlechter und Sexualität auf eine Art reden, die rein und angemessen ist. Dieses Kapitel wurde sorgfältig von zahlreichen Müttern geprüft, um Deiner Tochter die vorliegende Wahrheit zu unterbreiten, ohne ihr ihre Unschuld zu rauben.

Es ist nicht unwahrscheinlich, dass Deiner Tochter schon einige der Lügen über Geschlechter und Sexualität begegnet sind, die in der Welt verankert sind. Sei darauf vorbereitet, offen darüber zu reden, während Ihr dieses Gespräch führt. Es ist besser, Du beantwortest ihre Fragen, als dass ihre Neugier sie damit zu Freunden oder ins Internet führt.

Obwohl es in diesem Kapitel nicht um Sex geht, ist es möglich, dass es zu einem Gespräch darüber kommt. Blättere zur Einführung zum nächsten Kapitel vor, um einige wichtige Informationen für „das Gespräch" zu bekommen.

**Notizen für Mama:**

**Gesprächstipp für Wahrheit Nr. 13:**
Frag Deine Tochter, wie sie sich dabei fühlt, ein Mädchen zu sein. Sei bereit für eine offene Diskussion über alles, was ihr nicht gefällt.

Finde dann heraus, ob sie irgendein Mädchen kennt, dem das Mädchen-sein nicht gefällt. Auf diese Weise kannst Du auf sicherem Weg herausfinden, wie viel sie bereits mit Geschlechtsverwirrungen zu tun hatte. Vielleicht hat sie eine Freundin, die eine große Sportlerin ist und sich wünschte, Männerfußball spielen zu dürfen. Über diese unschuldige Entwicklungsphase kann man leicht sprechen. Aber vielleicht hat sie auch eine Klassenkameradin, Nachbarin oder Freundin, die sich mit Hilfe von Eltern und Fachleuten umoperieren lässt. Sei darauf vorbereitet, auch darüber sprechen zu können. Dieses Kapitel bietet nur einen kurzen Überblick über dieses schwierige Thema. Wenn Du Dich außerstande siehst, zieh biblische Wahrheit über das Thema der Geschlechter zu Rate.

Natürlich gibt es von allen diesen Dingen auch Ausnahmen. Du musst einfach das Mädchen sein, das Gott aus Dir gemacht hat!
Was ich meine, ist, dass Jungen und Mädchen beide **fast** alles machen **können**. Aber ihre Körper, Gehirne und Stärken sind insgesamt doch sehr verschieden.

**Trotzdem glauben heutzutage viele Leute diese Lüge.**

Mädchen denken das manchmal, weil sie **eben doch** Dinge wie Basketball oder handwerkliches Arbeiten oder *Star Wars* mögen. Vielleicht wollen sie sogar „so stark wie Jungs" sein. (Es ist okay, zu trainieren und stärker zu werden, wenn Dir das wichtig ist.) Mädchen denken das manchmal, weil sie mit ihren Brüdern Fußball spielen oder mit ihrem Papa jagen gehen wollen. (Es ist okay, auch mal Sachen auszuprobieren, die andere Mädchen nicht machen!) Mädchen denken das manchmal, weil sie die Farbe Pink oder das Tragen von Kleidern nicht mögen. (Es ist okay, die Farbe Blau zu lieben und Hosen zu tragen!) Es ist okay, ein Mädchen zu sein, das anders ist.

Aber manchmal denken Mädchen, dass Jungen und Mädchen gar nicht verschieden sind, weil jemand, den sie kennen, zwar als Mädchen geboren wurde, sich aber **SEHR** wünscht, ein Junge zu sein. Ist das okay? Schauen wir uns einen Bibelvers an, um die Antwort zu finden.

**„Und Gott sprach: Lasst uns Menschen machen in unserem Bild, nach unserem Gleichnis; … Und Gott schuf den Menschen in seinem Bild, im Bild Gottes schuf er ihn; Mann und Frau schuf er sie."**
(1. Mose 1,26-27)

Wahrheitsperle

Du wurdest in Gottes „Bild" geschaffen. Das bedeutet, dass Du geschaffen bist, damit Menschen an Gott erinnert werden und über ihn nachdenken, weil Dinge an Dir sind wie an ihm.

Wie cool ist das denn?

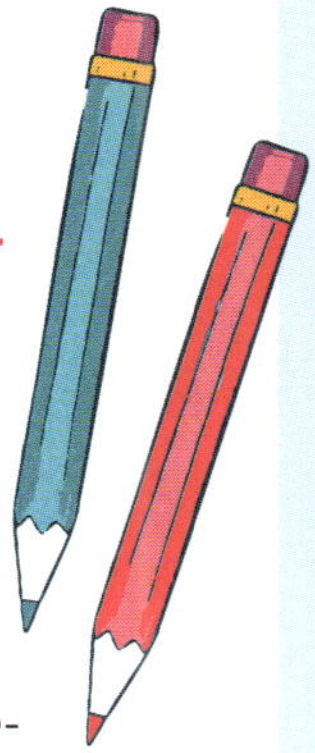

**Nimm Dir zwei Stifte. Kreise die zwei Wörter im Bibelvers ein,** die uns zwei Dinge darüber sagen, wie wir erschaffen wurden. Ich hoffe, Du hast **Mann** und **Frau** eingekreist. Es gibt natürlich viele Dinge, die uns Gott ähnlich machen. Unsere Gehirne. Unsere Kreativität. Aber hier hat Gott nur **männlich** und **weiblich** erwähnt. Ein Mädchen zu sein ist also schon etwas Besonderes. (Ein Junge zu sein ist es aber auch. **Deswegen mag ich Sprüche wie „Mädchen regieren, Jungs verlieren" nicht.**)

Aber warum hat Gott verschiedene Geschlechter erschaffen?

Weil er möchte, dass wir ihm ähnlich sehen. Vielleicht fragst Du Dich: **Was hat das damit zu tun, ein Mädchen oder Junge zu sein?** Ich bin froh, dass Du fragst!

Gott ist drei verschiedene Personen, die tatsächlich **EINS** sind. Gott der Vater, Gott der Sohn und Gott der Heilige Geist. Das nennt man Dreieinigkeit.

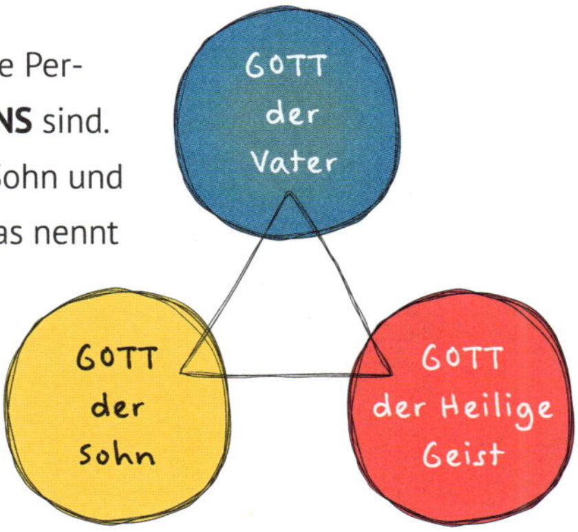

GOTT der Vater

GOTT der Sohn

GOTT der Heilige Geist

GOTT

Ehemann

Ehefrau

Als er uns als **Männer** und **Frauen** erschuf, gab er uns die Möglichkeit, dass zwei verschiedene Menschen in der Ehe durch Gott **EINS** werden können.

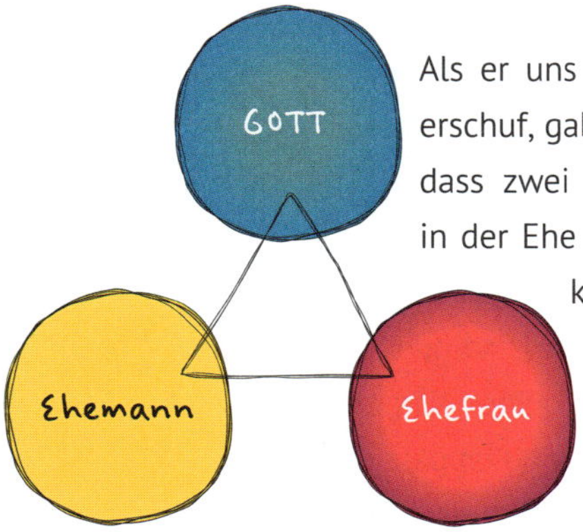

**Notizen für Mama:**

**Ganz ernste Frage:**

Gewinnen wir Leute eher dadurch für Christus, dass wir beweisen, in schwierigen Fragen recht zu haben, oder wenn wir die Menschen in rechter Weise lieben?

**Notizen für Mama:**
**Über Wahrheit Nr. 14:**
Viele Mädchen bekommen ihre Periode, ohne jemals darüber belehrt worden zu sein. Das kann sie erschrecken. Manche Mädchen bekommen die erste Monatsblutung bereits mit neun Jahren. Darum ist es gut, über dieses Thema noch früher zu reden.

Dass sie ihre Periode bekommt, ist ein wunderschönes Zeichen, dass der Körper Deiner Tochter sich vorbereitet, neues Leben hervorbringen zu können. Benutz dieses Kapitel, um ihr zu erzählen, wie alles funktioniert, oder um die Unterhaltung fortzusetzen.

Wenn Du nicht sicher bist, wie man wissen kann, ob sie bereit ist: Die Brustknospen erscheinen normalerweise zwischen sechs Monaten und einem Jahr vor der ersten Periode des Mädchens. Aber das ist nicht unbedingt das Zeichen, dieses Gespräch zu führen. Es ist besser, vor ihren eigenen Erfahrungen bereits praktische Ratschläge zu erteilen. Dann ist sie für diesen Meilenstein in ihrem Leben vorbereitet.

Heißt das, dass Du heiraten **musst**? Nein! Aber Gott hat zwei Geschlechter erschaffen. Männlich. Weiblich. Und es ist wichtig, dass Du dabei hilfst, diese Wahrheit zu schützen.

Es ist auch wichtig, zu sagen, dass Du glaubst, dass Gott die Unterschiede zwischen Männern und Frauen geschaffen hat. Dazu gehört, zu lernen, was die Bibel darüber lehrt, wie wir miteinander umgehen sollen. Es ist wichtig, Gottes Richtlinien darüber zu kennen, wie Männer und Frauen geschaffen wurden, sodass wir in dieser Welt so leben können, wie Gott es geplant hat.
Bei dieser Lüge schaltet sich die Bibel laut und deutlich ein. Sie sagt uns, dass, wenn sich jemand dazu entscheidet, eigene Wahrheiten über die zwei Geschlechter zu erfinden, „die Wahrheit Gottes mit der Lüge vertauscht" wird *(Römer 1,25)*.

## Entscheide Dich für die Wahrheit!

**Es wird kein Orden dafür verliehen, aber jedes Mädchen wird einmal zu einer Frau werden.** Du auch! Eine der größten Veränderungen wird sein, dass Du Deine Periode bekommst. Das kann irgendwann zwischen Deinem 10. und 17. Lebensjahr passieren, also ist es schwierig, genau zu wissen, wann es so weit ist. Das auffälligste Zeichen wird etwas Blut in Deiner Unterwäsche sein. **Keine Sorge!** Du bist nicht verletzt und das ist völlig normal. (Deine Mama, Oma oder Tante werden Dir dabei helfen, zu lernen, Dich um Deinen Körper zu kümmern.)
Lass mich Dir sagen, was wirklich passiert, wenn Du Deine Periode bekommst. Du hast jetzt gerade ungefähr 300.000 Eizellen

in Deinem Körper, von denen jede ein kompletter **MENSCH** werden könnte! (Entspann Dich! Du wirst keine 300.000 Babys bekommen.) So funktioniert das:

- Von den sogenannten Eierstöcken werden jeden Monat einige der Eizellen freigegeben.
- Die in etwa dreieckige Gebärmutter bildet dann eine gute, weich gepolsterte Schicht aus. Falls eins der Eier wirklich zu einem Baby wird, hat es darin einen sicheren Ort, um zu wachsen.
- Aber wenn das nicht passiert, stößt die Gebärmutter die weiche Polsterschicht wieder ab. Das siehst Du, wenn Du das Blut siehst.

## Wie es in Deinem Körper aussieht

Deine Periode ist wissenschaftlich sehr kompliziert und erstaunlich. Das Beste daran ist, dass sie Dich daran erinnert, dass Du als Mädchen einzigartig geschaffen bist. Und eine Deiner einzigartigen Fähigkeiten ist, dass Du eines Tages ein Baby bekommen **könntest**. Das hier sagt die Bibel über das Mutterwerden:

Notizen für Mama:

So sieht es in Deinem Körper aus:

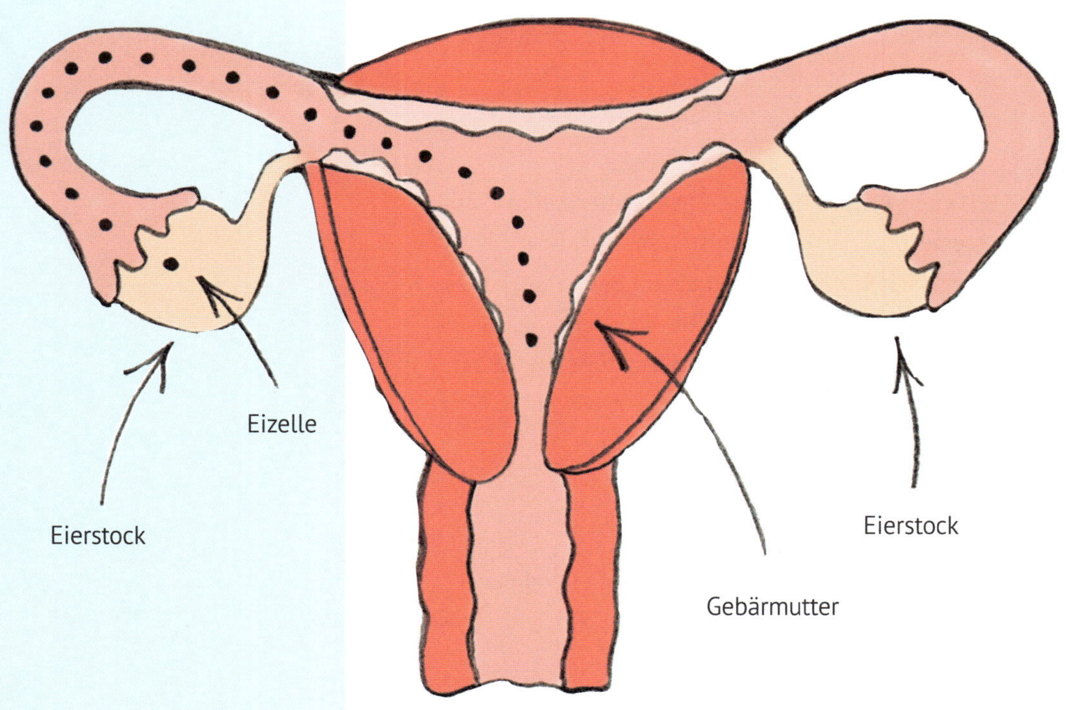


Einen Körper zu haben, der in der Lage ist, ein Baby zu bekommen, ist ein Grund zu **feiern**! Manche Mädchen unternehmen etwas Besonderes, wenn sie ihre Periode bekommen. Ihre Mama geht mit ihnen essen oder sie machen eine Party, auf der andere Frauen ihnen Ratschläge geben können. Ich glaube, das ist eine gute Idee.

Aber nicht jeder denkt, dass es ein Grund zu **feiern** ist, seine Periode zu bekommen.

**Manche Mädchen (und sogar einige Mütter) glauben diese Lüge.**

Es stimmt, dass es unangenehm sein kann, seine Periode zu bekommen. Manchmal hat man Bauchkrämpfe oder Kopfschmerzen. Manche Mädchen werden auch sehr launisch und

**Notizen für Mama:**
**Gesprächstipp für Wahrheit Nr. 14:**
Stell dieses Thema positiv dar. Viele der 7- bis 12-jährigen Mädchen, die an unserer Befragung teilnahmen, äußerten starke Befürchtungen, sowohl wegen der Umstellung ihres Körpers als auch wegen des Kindergebärens irgendwann. Euer erstes Gespräch über die Periode Deiner Tochter formt ihr Denken über den Prozess, eine Mutter zu werden.
Ich kann mir nichts Großartigeres für ihre Zukunft vorstellen, als die Möglichkeit, Kinder zu bekommen.

gemein. (Sei nicht so! Seine Periode zu haben ist keine Ausrede dafür, gemein zu sein.) Es stimmt auch, dass es weh tut, Kinder zu bekommen. Es ist wunderbarerweise auch wahr, dass man den Schmerz danach meistens vergisst.

Glaub mir: Deine Periode zu bekommen ist wahrscheinlich nicht mal ansatzweise so schlimm, wie Du denkst. Es ist einfach etwas Neues. Mir hat es geholfen, mit meiner Periode gut umzugehen, als ich mich daran erinnert habe, dass Gott von uns möchte, „alles ohne Murren" zu tun *(Philipper 2,14)*. Dazu gehört auch, Deine Periode zu bekommen. Erinnerst Du Dich noch an den Vers von Wahrheit Nr. 6?

In *1. Thessalonicher 5,18* steht: *„Seid in allem dankbar." (Schlachter 2000)* Ich finde, dass alles Schwierige einfacher wird, wenn man dankbar ist. Versuch doch mal, Gott dafür zu danken, dass er Dich als Mädchen gemacht hat, anstatt Dir Sorgen wegen Deiner Periode zu machen. Sie kommt sowieso, da ist es nur sinnvoll, eine gute Einstellung dazu zu haben.

Anstatt Deiner Periode mit Bangen entgegenzusehen, beginne Dein Frau-sein mit einem **Fest.** Es ist nicht furchtbar. Es ist genau genommen der fantastische Beweis Deiner gottgeschaffenen Fähigkeit, ein Kind bekommen zu können. Und das ist es wert, **gefeiert** zu werden.

**Notizen für Mama:**
Dir fällt vielleicht auf, dass ich im Buch Deiner Tochter schrieb, dass sie irgendwann ein Baby bekommen ***könnte*** (ich habe es in diesem Buch für Dich fettgedruckt). Manchmal schenkt Gott uns unsere Kinder nämlich durch Adoption. (Eins meiner beiden Mädchen ist adoptiert.) Und manchmal gehört zu seinem Plan für das Leben einer Frau, dass sie überhaupt kein Kind bekommt. Sorg dafür, dass Du Deine Tochter im Gespräch auf all diese Möglichkeiten ebenso vorbereitest.

**Notizen für Mama:**
Weil die Aufgaben für die Laborarbeit Deiner Tochter unabhängig vom Kapitelinhalt dieselben bleiben, habe ich nur am Ende von Kapitel 4 Ideen vorgestellt, wie Du mit Deiner Tochter zusammenarbeiten kannst. Du findest sie bei den „Notizen für Mama" auf den Seiten 86-87, wenn Du sie noch mal nachlesen willst.

## Auf ins Wahrheits-Labor!

**Nimm Deine Stifte zur Hand.**
**Nun bist Du an der Reihe, in unserem Wahrheits-Labor zu arbeiten.**

| Die Lüge | Die Wahrheit |
|---|---|
| Jungs und Mädchen sind nicht wirklich unterschiedlich. | • Gott hat zwei verschiedene Geschlechter geschaffen: männlich und weiblich. *(1. Mose 1,27)*<br>• Mädchen und Jungen haben viele körperliche, geistige und praktische Unterschiede.<br>• Es ist okay, als Mädchen anders zu sein, solange Du glaubst, dass Gott Dich als Mädchen geschaffen hat.<br>• Diejenigen, die nicht glauben, dass es nur zwei unterschiedliche Geschlechter gibt – männlich und weiblich – haben Gottes Wahrheit mit einer Lüge ausgetauscht. *(Römer 1,25)* |
| Meine Periode zu bekommen, wird furchtbar sein. | • Deine Periode ist der fantastische Beweis Deiner gottgeschaffenen Fähigkeit, ein Kind bekommen zu können. Sie ist es wert, gefeiert zu werden.<br>• Kinder zu bekommen ist ein Geschenk Gottes. *(Psalm 127,3.5a)*<br>• Du solltest alles – Deine Periode eingeschlossen – tun, ohne zu murren oder Dich zu beschweren. *(Philipper 2,14.16)*<br>• Du solltest alles – Deine Periode eingeschlossen – mit Dankbarkeit Gott gegenüber tun. *(1. Thessalonicher 5,18)* |

Notizen für Mama:

## Mir selbst die Wahrheit sagen

**Du bist an der Reihe, die Autorin zu sein!**

- Hast Du irgendeine dieser Lügen über das Mädchensein geglaubt? Setz ein X über jede der **LÜGEN** in diesem Kapitel, die Du geglaubt hast.
- Über welche Wahrheit sollst Du dann **die ganze Zeit, JEDEN TAG** nachdenken? Schau Dir **DIE WAHRHEIT** an, die wir zusammen entdeckt haben. Kreise ein, was Dir persönlich wichtig erscheint und wobei Du verweilen willst.
- Fang an, **die ganze Zeit, JEDEN TAG** über die Wahrheit nachzudenken. Du kannst anfangen, indem Du unten ein Gebet an Gott aufschreibst, oder einen hilfreichen Vers aus der Bibel, oder Ideen, die Du nicht vergessen willst.

## Zoey helfen, die Wahrheit zu glauben

**Es ist Zeit, Zoey einen Rat zu geben!**

Das Gespräch in der Mittagspause hat gezeigt, dass Zoeys Freunde durcheinander sind, was die Unterschiede zwischen Jungen und Mädchen angeht. Zoey ist auch durcheinandergebracht worden. Denkst Du, dass es okay war, dass ihre Freundinnen „Mädchen regieren, Jungs verlieren" gesagt haben? Warum oder warum nicht?

Kapitel 9

# Wahrheit und Lügen über Jungs

Egal, ob Du es selbstverständlich findest, mit Deiner Tochter über Jungs zu reden, oder ob Du es hasst wie die Pest – eins ist klar: Es ist extrem wichtig und das weißt Du womöglich auch. Die von mir geleiteten Gesprächsgruppen zeigten, dass die Themen „Jungen und Sex" an dritter Stelle auf der Liste der Lügen standen, die ihnen zu schaffen machten. Manche der Mütter bedauerten einiges aus ihrer eigenen Teenie-Zeit, von dem sie hofften, ihrer Tochter würde das erspart bleiben. Andere waren einfach erschlagen von der Jungenverrücktheit und den Sex-Botschaften in unserer Gesellschaft. Aber die meisten von ihnen wussten, dass es wichtig ist, wegen der Themen Jungs und Sex Wahrheitssamen zu pflanzen. Zu Beginn der Gespräche mit ihren Töchtern stellte ich schnell ein Hindernis fest, das das Reden über diese Themen behindert. Die häufigste Aussage, die ich von den Mädchen hörte, als wir das Thema erkundeten, war: *„Es ist komisch, mit meiner Mama über Jungs zu reden!"* Es gab viele Gründe wegen denen sie sich unwohl fühlten, mit ihren Müttern über Jungs zu sprechen, aber eins ihrer Bedenken liegt mir besonders schwer auf dem Herzen. Die Mädchen hatten Angst, dass ihre Mütter mit anderen Leuten über ihre privaten Gedanken und Gefühle reden würden, oder von Situationen erzählen würden, über die die anderen dann lachen würden. Ein Mädchen drückte es so aus:

*Ich rede mit meiner Mutter nicht über Jungs, weil es dann vielleicht schnell die Runde machen würde.*

Einer der entscheidenden Aspekte, wenn Du Deinem Kind die biblische Wahrheit über Jungen und Sex beibringen willst, besteht darin, das Gespräch offen zu halten. Nichts wird Deine Tochter schneller verstummen lassen, als wenn sie sich beschämt fühlt, oder wenn ihr Vertrauen missbraucht wird. (Das solltest Du bedenken, wenn Du das nächste Mal ein Foto von ihr oder eine Geschichte über sie in den Sozialen Medien verschickst.) Ein Bibelvers, der mich vorsichtig mit dem umgehen lässt, was ich über meine Kinder sage, ist an Väter gerichtet, aber ich glaube, der Grundsatz ist auch für uns Mütter wertvoll.

**„Ihr Väter, reizt eure Kinder nicht, damit sie nicht mutlos werden."**
(Kolosser 3,21)

Wahrheitsperle

Was wir als Eltern tun, kann unsere Kinder frustrieren und sie wütend oder bitter machen oder sie entmutigen. Hier folgen einige Punkte, die Dir verhindern helfen können, dass Deine Tochter verärgert wird, wenn Themen wie Jungs und Sex auf den Tisch kommen.

1 **Deine Tochter könnte unabsichtlich etwas Unpassendes oder Lustiges sagen**, während Du mit ihr über Jungen und Sex sprichst. Gib ihr nicht das Gefühl, sich lächerlich zu machen. Schaffe stattdessen für sie einen sicheren Raum, in dem sie unschuldige Fehler machen darf. Dadurch baust Du Vertrauen auf, sodass sie auch weiterhin die etwas unangenehmen Themen mit Dir bespricht. Ganz ehrlich – ich wünschte, ich hätte das bei meinen Töchtern besser gemacht.

2 **Du wirst manchmal Rat benötigen**, um auf die Fragen und Erfahrungen Deiner Tochter gut reagieren zu können. Hol Dir Rat von Quellen, die ihre Privatsphäre schützen. Es wird Situationen geben, bei denen Du Hilfe suchen musst. Sei weise bei der Auswahl! Lass Deine Tochter vorher wissen, dass Du vorhast, jemand um Rat in ihrer Situation zu bitten. Sag zum Beispiel: *„Ich weiß nicht, wie ich dir dabei helfen kann, aber _____ ist mir eine große Hilfe gewesen, wenn ich private Probleme hatte. Hättest du was dagegen, wenn ich sie frage, was sie darüber denkt?“* Die Absichten vorher offenzulegen, ist meistens vertrauensbildend. Das ist besser als der Vertrauensbruch, wenn sie hinterher davon erfährt.

3 **Wenn Du bei Deiner Tochter Vertrauen aufgebaut hast**, wird sie vielleicht auch über das Verhalten ihrer Freundinnen reden, was anderen Erwachsenen weitergesagt werden muss. Lass Dein Kind wissen, dass es mit Dir über alles reden kann. Wenn Du allerdings erfährst, dass jemand in ungesundes oder gefährliches Verhalten verwickelt ist, dann bist Du zu helfen verpflichtet. Wenn man ihr das sagt, wird das normalerweise die Sprechbereitschaft erhöhen und nicht ersticken. Sie wird verstehen, dass es Dir dabei in erster Linie um den Schutz geht.

Ein anderes Hindernis für eine gesunde Unterhaltung mit Deiner Tochter über Jungs und Sex sind Schmerzen aus der Vergangenheit. Ich rede von Deiner Vergangenheit und von meiner. Wenn wir unseren Töchtern wirklich helfen wollen, in gesunder Weise über Jungs und Sex zu denken, müssen wir selbst eine solche Sicht haben. Ich ermutigen Dich, Heilung zu suchen. Ich brauchte dafür professionelle christliche Beratung, weisen Rat von älteren Frauen und viel Zeit mit Jesus. Ich hatte viel harte Arbeit zu leisten, um die Lügen zu überwinden, die sich aufgrund meiner dummen Entscheidungen in meinem Herzen festgesetzt hatten. Selbst heil geworden zu sein, bildet eine Grundlage, mit Deiner Tochter über Wahrheit in Bezug auf Jungs und Sex zu reden.

Ja, über Jungs zu reden bedeutet, auch über Sex zu reden. Die meisten Kinder sind während ihres neunten Lebensjahres entwicklungsmäßig für dieses Thema bereit. In diesem Alter – dazu möchte ich Dich ermutigen – solltest Du ein solches Gespräch initiieren, um mit dem Pflanzen von Wahrheitssamen und mit andauernden Gesprächen zu beginnen, um eine gesunde Sexualethik aufzubauen. In unseren Gesprächsgruppen hatten nur 50 % der Mütter mit Töchtern ab neun Jahren mit ihren Mädchen über Sex gesprochen. Dein Schweigen schafft ein Vakuum, durch das die Lügen der Welt hereinkommen können. Sei Du der Experte! Pflanze Wahrheit. Dieses Buch ist nicht als umfassender Ratgeber für Dich gedacht, wie Du mit Deiner Tochter über Sex reden sollst. Diese Gesprächsanfänge, eingeteilt nach Entwicklungsstand, könnten Dir jedoch helfen. Ich hoffe, sie geben Dir Mut und einen Ausgangspunkt.

Du und Deine Tochter können an einen Punkt gelangen, an dem Ihr beide die Spannung wahrnehmt, die diese Unterhaltung umgibt, sich aber trotzdem gut fühlen, weil Ihr darüber redet. Eins der Mädchen, mit dem ich sprach, sagte es so:

## Gesprächsanfänge für jeden moralischen Entwicklungsstand

### Nachahmung (Alter 2-5)

„Es ist großartig, ein Mädchen zu sein."

„Jungen und Mädchen sind unterschiedlich."

„Es gibt gute Bilder und schlechte Bilder im Internet. Einige von den schlechten Bildern zeigen Leute ohne Kleidung. Wenn du ein schlechtes Bild siehst, musst du es mir sagen, okay?" *(Das ist ein wichtiges Gespräch, um Kinder vor Pornographie zu schützen.)*

### Beratung (Alter 6-11)

„In unserer Familie möchten wir, dass du erst ab einem Alter von _____ einen festen Freund haben darfst."

„Dein Vater und ich würden gern diejenigen sein, die deine Fragen über Jungs beantworten. Wie können wir dir das am leichtesten machen?"

„Gott schuf das intime Körperteil des Mannes (der Penis genannt wird) so, dass er zu dem intimen Körperteil der Frau passt (den man Vagina nennt). Manchmal, wenn ein Ehemann und seine Frau einander zeigen wollen, wie sehr sie sich lieben, bringen sie diese Teile zusammen. Das nennen wir Sex."

„Sex ist eine wunderbare Gabe Gottes für einen Mann und eine Frau, die sie miteinander teilen, wenn sie verheiratet sind."

### Anleitung (Alter 12+)

„Dein Vater und ich würden gern diejenigen sein, die deine Fragen über Sex und Sexualität beantworten.
Wie können wir dir das am leichtesten machen?"

„Sex zu haben ist nicht das Einzige, was aufreizend ist und mit Sexualität zu tun hat. Es gibt vieles, was dahin führt. Darum lass uns darüber reden, welche Grenzen du dir setzen möchtest, bevor du verheiratet bist." *(Dieses Gespräch sollte Dinge wie Pornographie, Sexting, Masturbation, Oralsex, knutschen, „rummachen" und so weiter beinhalten.)*

*Es ist komisch, mit meiner Mama über Jungs zu sprechen, aber wenn man es macht, fühlt man sich danach viel besser.*

## Mit Gott reden:

**Nutze Kolosser 3,21, um ein Gebet aufzuschreiben.** Wenn Du Dich durch irgendetwas, was ich in diesem Kapitel geschrieben habe, überführt fühlst, bekenne es Gott. Wenn nicht, bitte Gott, Dir zu zeigen, ob Du Deine Tochter irgendwie verärgert oder entmutigt hast. Schreib Dein Gebet hier drunter:

*Ihr Väter, reizt eure Kinder nicht, damit sie nicht mutlos werden.*
(Kolosser 3,21)

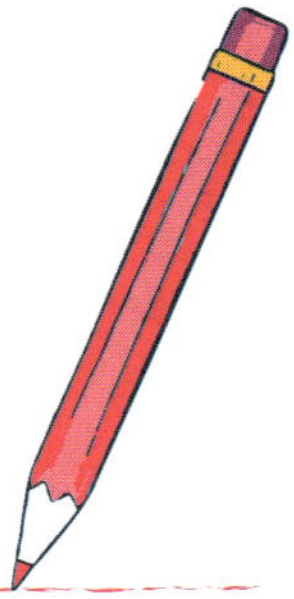

## Mit Deiner Tochter reden:

**Jetzt, nachdem Du gebetet hast, bitte Deine Tochter, das Kapitel 9 in ihrem Buch zu lesen,** während Du den gleichen Inhalt hier in Deinem Buch nachliest. Ich habe für Dich noch einige Randnotizen geschrieben. Du kannst wieder Deine eigenen Notizen hinzufügen, damit Du im Gespräch mit Deiner Tochter später eine kleine Gedächtnisstütze hast.

# Lügen über Jungs

Notizen für Mama:

Schreib drauflos, liebe Mutter! Das hier ist Dein Notizzettel!

Seit Anbeginn der Zeit habe ich noch keinen Besuch bei meiner Oma ohne **DIE FRAGE** überstanden. An Weihnachten dieses Jahr dachte ich, dass ich drum rumkomme, aber **NEIN**. Wir hatten schon die Jacken an und allen Kram von Weihnachten eingepackt. Mein kleiner Bruder saß schon im Auto. Ich hab Oma noch in den Arm genommen und dann ist es passiert: **„Hast du denn eigentlich schon einen Freund?“** Ich bin so schnell ich konnte im Auto verschwunden, sonst wäre ich wahrscheinlich vor Peinlichkeit explodiert. **Meine Güte!** Das fragt sie mich schon, seit ich in den **KINDERGARTEN** gehe!!!

**Ist Dir so etwas auch schon mal passiert?** Manchmal sind es nicht nur die Kinder in Deinem Alter, die Dich unter Druck setzen, nur Jungs im Kopf zu haben. Manche der Erwachsenen, denen wir am meisten vertrauen, scheinen es lustig zu finden, Mädchen danach zu fragen, ob sie einen festen Freund haben.

Wenn Du das nicht lustig findest, bist Du am richtigen Ort. Ich finde das auch nicht witzig. Jungs zu mögen ist eine ernste Sache, denn **Jungs zu MÖGEN** führt normalerweise dazu, dass man in einer besonderen Beziehung mit

**Notizen für Mama:**
**Ganz ernste Frage:**
Epheser 5,31-32 lehrt uns, dass die Ehe ein Bild von Christus und seiner Braut, der Gemeinde, ist. Was glaubst Du, wie sehr Satan also versuchen wird, dieses Bild im Leben Deiner Tochter zu zerstören?

**Über Wahrheit Nr. 15:**
Positive Erziehungsbotschaften sind viel wirkungsvoller als negative. Wenn Ihr über diese Lüge sprecht, möchte ich Dich ermutigen, mit Deiner Tochter darüber zu reden, *wann* sie anfangen darf, ihrem Interesse an Jungen nachzugehen.

Ich hatte viele Unterhaltungen mit untröstlichen Müttern, die entdeckt hatten, dass ihre Tochter in der sechsten, siebten oder achten Klasse einen Freund hatte. Ich fragte sie dann immer, ob sie ihrer Tochter vorher mitgeteilt hatten, ab wann sie eine solche Beziehung haben sollte.
Manchmal zeigten sie Reue, wenn ihnen klar wurde, dass sie eine wichtige Gelegenheit für dieses Gespräch hatten verstreichen lassen.

Bob und ich teilten unseren Kindern unsere Vorstellungen für das Ausgehen mit einem Jungen mit, als sie gerade in die Grundschule gekommen waren. Weil wir von kindlichen, aber nichtsdestoweniger realen „Beziehungen" zwischen Kindern wussten, die in der vierten oder fünften Klasse waren, wollten wir in diesem Fall der gesellschaftlichen Entwicklung zuvorkommen.

ihnen sein möchte. Und **in einer besonderen Beziehung** sein zu wollen führt normalerweise dazu, dass man anfängt, miteinander auszugehen. Und **mit JUNGS auf DATES zu gehen** führt normalerweise irgendwann dazu, dass man einen heiratet. Die meisten Menschen denken, dass die Ehe etwas ziemlich Ernstes ist, deshalb denke ich, dass Jungs auch etwas ziemlich Ernstes sind. Die nächste Wahrheit kennen viele von euch schon. Über die Hälfte aller Mädchen, mit denen wir gesprochen haben, sagte uns: „Ich will warten, bis ich älter bin, bevor ich einen Freund habe."

**Vielleicht hört sich das schwierig an.** Obwohl viele Mädchen noch keinen Freund haben wollten, hatten viele schon mal einen. Ich kann mir also denken, dass Du da etwas unter Druck stehst.

Es kann sich auch so anfühlen, als ob Du dieses Gefühl, nur Jungs im Kopf zu haben, gar nicht kontrollieren könntest. Vielleicht denkst Du, dass diese Gefühle einfach von Natur aus kommen. Denk dran: Immer, wenn Du ein starkes Gefühl hast, musst Du in Gottes Wahrheit nachsehen, wie Du darauf reagieren sollst. Hier ist ein Bibelvers, der hoffentlich manche von euch dazu bewegt, gegen den hinter-Jungs-her-sein-Strom zu schwimmen.

**„Ich beschwöre euch, ... dass ihr weder weckt noch stört die Liebe, bis es ihr gefällt!"**
(Hohelied 2,7)

Wahrheitsperle

Dieser Vers ist aus dem Hohelied, dem Buch der Bibel, das die Ehe und die romantische Liebe besingt. Das Buch sagt, dass sowohl die Ehe als auch die Romantik gut sind. Es gibt auch hilfreichen Rat, wie man Liebe erleben kann. Gott hat die Ehe und die Liebe geschaffen. Er weiß, dass Gefühle gute Entscheidungen überwältigen können, und dass Gefühle allein eine Beziehung nicht tragen können. Der Bibelvers sagt Menschen jeden Alters, sich nicht zu schnell auf eine romantische Beziehung einzulassen, denn die Beziehung kann schneller wachsen als die Hingabe und die Verpflichtung, die nötig sind, damit eine Beziehung Bestand haben kann.

Bist Du bereit, Dich für den Rest Deines Lebens an jemanden zu binden? Wenn deine Antwort *„Nein"* ist, dann trifft der Vers auf Dich zu. Es ist noch nicht die richtige Zeit, die Liebe „anzustacheln", indem man ständig nur über Jungs nachdenkt. Hört sich das in Deiner nach Jungs verrückten Welt unmöglich an? Gott hätte diesen Vers nicht aufschreiben lassen, wenn es **UNMÖGLICH** wäre! Also weißt Du, dass Du zum Verrücktsein nach Jungs Nein sagen kannst. Vielleicht bist Du dafür auf die Hilfe von Gott und anderen angewiesen, aber es geht.

**21% der Mädchen sagten, dass es okay ist, hinter Jungs her zu sein.**

Sie sagten mir, es wäre „normal". Okay! Lass mich Dich noch mal daran erinnern: Normalsein wird überbewertet! Es ist für manche Deiner Freundinnen „normal", nach Klamotten und Make-up verrückt zu sein. Aber ich kenne keinen einzigen Bibelvers, der sagt, dass Mädchen modisch sein sollen. Ich kenne aber Verse, die sagen, dass wir nicht zu viel Wert auf diese Dinge legen sollten.

Es ist „normal" für Mädchen in jedem Alter, „beste Feinde" oder „Freundfeinde" zu haben – Freundinnen, die manchmal zu Feinden werden. Und manche sagen, dass es „normal" ist, Zickenkriege zu haben.

Man kann nicht leugnen, dass Mädchen und Jungen irgendwann eine Attraktion füreinander entwickeln. Ermutige Deine Tochter, auf ihre Gefühle zu reagieren, indem sie lernt, wie man mit Jungen als Freunden umgeht. Immerhin spielt auch in der Ehe Freundschaft eine wichtige Rolle. Das wird ein großes Bauelement für die Zukunft sein, und wird sie daran hindern, der gedankenlosen, jungsverrückten Menge nachzulaufen.

**Gesprächstipp für Wahrheit Nr. 15:**
Wenn Deine Tochter oder ihre Freundinnen nur Jungs im Kopf haben, wird dieses Gespräch sich wahrscheinlich ganz von allein entwickeln. Tränke es in Gebet und leg los.

Aber vielleicht gehört Deine Tochter ja zu den 53 % der Mädchen, die an meinen Befragungen teilnahmen und sagten: „Ich mach mir aus Jungen nicht viel." Das ist fantastisch! Dann wird diese Unterhaltung nur kurz sein, es sei denn, Du benutzt sie als Aufhänger für das größere Thema: „Normal wird überbewertet."

Du wirst feststellen, dass ich diesen Gedanken oft anspreche. *„Normal"* darf nicht unsere Messlatte für Wahrheit sein. Nur Gottes Wort kommt diese Ehre zu. Bevor Du diese Unterredung mit Deiner Tochter beginnst, behalte alle Gebiete im Hinterkopf, bei denen sie die Lüge glauben könnte, dass ein Verhalten oder eine Tat deshalb in Ordnung sei, weil sie „normal" ist. Achte darauf und richte das Gespräch auf das, was am nötigsten ist.

**Notizen für Mama:**
**Wahrheit Nr. 16:**
Ich hoffe wirklich, dass die Gespräche, vor der Du und Deine Tochter stehen, Hindernisse für Unterhaltungen über Jungs und Sex ausräumen. Weil weder Deine Tochter noch Du selbst jemals dahin kommen werden, keinen guten Rat mehr nötig zu haben. Brauchst *Du* Beratung über Männer und Sex? Vielleicht bist Du eine alleinerziehende Mutter. Dann solltest Du eine fromme ältere Frau in Dein Leben bitten, die Dir hilft, Deinen Bedürfnissen mit Weisheit und Selbstbeherrschung zu begegnen.

Ich kann keine Stelle in der Bibel finden, die sagt, dass das okay ist. Stattdessen finde ich Verse, die Sachen sagen wie: ***„Seid aber gegeneinander freundlich."*** *(Epheser 4,32 – Schlachter 2000)* Es mag auch für Mädchen in Deinem Alter „normal" sein, nach Jungs verrückt zu sein, aber das ist nicht das Beste, was Gott sich für Mädchen wie Dich gedacht hat. Sein Wort sagt, dass Du warten kannst, also glaube ich, dass Du dazu in der Lage bist.

Weißt Du, nach wem Du stattdessen verrückt sein kannst? Nach Gott! Ein verrückt-nach-Gott-Mädchen kann man leicht erkennen. Sie lässt Gott in allem, was sie tut, das erste und letzte Wort haben. Das heißt, dass sie ihm gehorcht. Warum nicht das Lager wechseln zu den verrückt-nach-Gott-Mädchen, die genau wie ich glauben, dass man bis zum richtigen Zeitpunkt warten kann, um über Jungs und die Liebe nachzudenken?

Eine Möglichkeit, um nicht ständig über Jungs nachzudenken, ist, mit Deiner Mama zu sprechen. Sie kann Dir auch helfen, von der Jungs-Schiene wieder runterzukommen, wenn Du schon drauf bist. Gott gab Dir eine Mama, damit sie Dich anleitet. Und die Bibel sagt, dass unsere Eltern in allen Bereichen – Jungs eingeschlossen – unsere Hauptquelle für Weisheit sein sollen. Aber hier haben wir ein superriesengroßes Problem in der Mädchenwelt, das in Ordnung gebracht werden muss.

**80% aller Mädchen reden nicht mit ihrer Mama über Jungs.**
Viele von ihnen sagen, dass sie das nicht machen, weil es komisch ist.

**Diese Mädchen glauben diese Lüge.**

Lüge

**„Ich muss mit meiner Mama nicht über Jungs reden."**

Mädchen, die das glauben, sagten Sachen wie:

- **Es ist mir unangenehm, mit ihr darüber zu sprechen.**
- **Es ist mein Geheimnis. Es ist persönlich!**

Es mag sich „komisch" anfühlen. Vielleicht fühlt es sich so an, als würdest Du etwas von Deiner Freiheit und Deiner Unabhängigkeit verlieren. (Denk dran: Du **brauchst keine** Freiheit. Schau auf Seite 68 nach.) Vielleicht hast Du auch Angst, dass Deine Mama mit anderen Leuten über das redet, was Du sagst, zum Beispiel mit Deinem Papa. (Sei ermutigt, mit Deiner Mama auch DARÜBER zu reden, sodass sie Deine Sichtweise verstehen kann.)

Wieder einmal musst Du in der Bibel nachsehen, wie man auf diese Gefühle reagieren sollte. Ich möchte Dir Mut machen, stärker zu sein als Deine Ängste, und das zu tun, was Gott von Dir möchte: **Rede mit Deiner Mutter**. Woher weiß ich, dass Gott das will? Weil dieser Bibelvers uns sagt, dass wir nie zu alt für weisen Rat sind.

**„Wer mit Weisen umgeht, wird weise; aber wer sich zu Toren gesellt, dem wird es schlecht ergehen."**
(Sprüche 13,20)

Wahrheitsperle

Dieser Spruch ist für Dich. Er ist für mich. Er ist auch für unsere Mamas und Omas. Da steht nicht: „Gehe mit Weisen um, bis du 12, 18, oder 21 bist." Da steht einfach, dass man das tun soll. Du wirst nie über diesen Bibelvers hinauswachsen.

Oder vielleicht bist Du eine verheiratete Frau, die sexuelle Barrieren erlebt und professionellen christlichen Rat braucht, damit sie das ganze Ausmaß von Intimität mit ihrem Mann erfahren kann.

Verantwortlichkeit und Rat für sich selbst zu suchen, ist die Grundlage, auf der Du Deine Tochter herausfordern kannst, das Gleiche zu tun. Ich habe herausgefunden, dass es sehr schwierig ist, meinen Töchtern etwas beizubringen, was ich im eigenen Leben nicht verwirkliche.

**Gesprächstipp für Wahrheit Nr. 16:**
Als meine Mädchen am Beginn ihrer Teenagerjahre standen, hielt ich einige Themen für herausfordernder als andere. Eine kluge Freundin brachte mich auf die Idee, ein gemeinsames Tagebuch zu führen. Damit gab ich jedem von uns die Möglichkeit, unsere Worte zu überprüfen, um dadurch Missverständnisse zu vermeiden.

Wenn Deine Tochter sich nicht bereits einen Ringbuchblock für die in diesem Kapitel vorgeschlagene Arbeit gesucht hat, besorg einen und dazu ein paar schöne Bastelsachen, um ihn zu dekorieren, während Ihr über Jungs sprecht. Manchmal wird eine Unterhaltung weniger stressig, wenn man dabei etwas mit den Händen macht.

**Notizen für Mama:**
Ich würde die Tochter entscheiden lassen, ob sie als Erste in das Tagebuch schreiben möchte, oder ob Du die Führung übernehmen sollst. Wenn Du anfängst, schreib welche Ehre und welches Privileg es für Dich ist, ihre Mama zu sein und dass Du es genießt, ihr Vertrauen zu besitzen – gerade jetzt, wo sie die Welt der Jungen und der Beziehungen ansteuert.

„Mit Weisen umgehen" heißt, sie in **alle** Lebensbereiche miteinzubeziehen. Das schließt auch Jungs mit ein. Weil Gott die Ehe so wichtig ist, ist es wahrscheinlich sogar eine der wichtigsten Dinge, über die Du reden solltest. Vielleicht hilft es Dir, zu wissen, dass das für Deine Mama auch ein bisschen unangenehm sein kann. Ich bin schon lange dabei, Müttern und Töchtern zu helfen, über Jungs zu reden, weil ich glaube, dass das **SO** wichtig ist! Eine Sache, zu der ich rate, ist ein Mutter-Tochter-Tagebuch. Das ist ein guter Weg, um sich in aller Ruhe auch an die unangenehmeren Themen heranzuwagen, über die man reden muss. (Das kannst Du auch mit Deiner Oma, Deiner Tante oder einer Frau aus Deiner Gemeinde tun, wenn Gott Dir so jemanden zum Reden gegeben hat!) Es funktioniert so:

- Besorg einen Ringbuchblock. Wahrscheinlich liegt zu Hause irgendwo einer herum.
- Schreib drauf: „Unser Tagebuch." Du kannst das Cover dekorieren und gestalten, sodass es etwas ganz Persönliches wird!
- Beginne den ersten Brief oder Eintrag an Deine Mama, Oma, Tante oder wen auch immer folgendermaßen: *„Lügen, die Mädchen glauben* hat mir erklärt, dass man nie zu alt für weisen Rat wird. Ich möchte anfangen, Rat zu bekommen und hätte dich gerne als Ratgeberin. Eine Sache, über die ich reden möchte, sind Jungs. Andere Sachen sind ... (Schreib noch andere Dinge auf, mit denen Du Hilfe brauchst.) Können wir anfangen, in diesem Buch hin und her zu schreiben? Das könnte es leichter machen, miteinander zu reden." Hieran kannst Du anknüpfen und einfach schreiben, was Du auf dem Herzen hast. Schreib zwei Fragen auf, die Du über Jungs hast. Unterschreib danach mit Deinem Namen.
- Leg das Buch irgendwohin, wo Deine Ratgeberin es finden kann.
- Warte, bis das Notizbuch auf Deinem Bett, Schreibtisch oder Arbeitsplatz mit einem Eintrag voller weiser Ratschläge auftaucht.

Solch ein Tagebuch war schon ein super Werkzeug für einige Mütter und Töchter, die es schwer hatten, einen Anfang zu finden. Und ich glaube, Du wirst merken, dass es leichter wird, wenn man einmal damit angefangen hat.

Ein Mädchen hat mir erzählt:
**Es ist komisch, mit meiner Mama über Jungs zu reden.**
**Aber wenn man es macht, fühlt man sich danach viel besser.**

Notizen für Mama:

**Notizen für Mama:**
Weil die Aufgaben für die Laborarbeit Deiner Tochter unabhängig vom Kapitelinhalt dieselben bleiben, habe ich nur am Ende von Kapitel 4 Ideen vorgestellt, wie Du mit Deiner Tochter zusammenarbeiten kannst. Du findest sie bei den „Notizen für Mama" auf den Seiten 86-87, wenn Du sie noch mal nachlesen willst.

## Du bist an der Reihe

**Nimm Deine Stifte zur Hand.
Nun bist Du an der Reihe, in unserem Wahrheits-Labor zu arbeiten.**

| Die Lüge | Die Wahrheit |
| --- | --- |
| Es ist okay, hinter Jungs her zu sein. | • Man sollte die Liebe nicht „aufwühlen" oder „aufwecken", bis man sich lebenslang an jemanden binden kann. *(Hohelied 2,7)*<br>• Es ist besser, hinter Gott her zu sein. *(2. Korinther 5,13-14)*<br>• Vielleicht ist es „normal," hinter Jungs her zu sein, aber es ist nicht das Beste, was Gott für dich möchte. *(Philipper 2,15)* |
| Ich muss mit meiner Mama nicht über Jungs reden. | • Du wirst nie zu alt für weisen Rat. *(Sprüche 13,20)*<br>• Es wird einfacher, wenn man einmal angefangen hat. |

Notizen für Mama: 

## Mir selbst die Wahrheit sagen

**Du bist an der Reihe, die Autorin zu sein!**

- Hast Du irgendeine dieser Lügen über Jungs geglaubt? Setz ein X über jede der **LÜGEN** in diesem Kapitel, die Du geglaubt hast.
- Über welche Wahrheit sollst Du dann **die ganze Zeit, JEDEN TAG** nachdenken? Schau Dir **DIE WAHRHEIT** an, die wir zusammen entdeckt haben. Kreise ein, was Dir persönlich wichtig erscheint und wobei Du verweilen willst.
- Fang an, **die ganze Zeit, JEDEN TAG** über die Wahrheit nachzudenken. Du kannst anfangen, indem Du unten ein Gebet an Gott aufschreibst, oder einen hilfreichen Vers aus der Bibel, oder Ideen, die Du nicht vergessen willst.

## Zoey helfen, die Wahrheit zu glauben

**Es ist Zeit, Zoey einen Rat zu geben!**

Was denkst Du: Wie sollte Zoey antworten, wenn ihre Oma sie das nächste Mal fragt, ob sie schon einen Freund hat? (Tipp: Vielleicht sollte sie sich etwas weisen Rat holen.) Denkst Du, dass Zoey ihrer Mama sagen sollte, dass die Fragen ihrer Oma ihr peinlich sind? Wie denkst Du, könnte Zoey mit ihrer Mama über das Thema sprechen?

# Wahrheit und Lügen über Freundschaft

Wenn Du Deine Tochter fragen würdest, welches Thema in diesem Buch für sie das wichtigste ist, dann könnte die Antwort „Freunde" sein. Darum sollten wir herausfinden, welches die beste Art und Weise ist, Wahrheit über Freundschaft in unsere Mädchen zu pflanzen. Die kurze Antwort ist: Lebe diese Wahrheit für sie aus!

Selbst erwachsenen Frauen fällt das schwer. Vom beliebten Mädchen geärgert zu werden, sollte in der Mittelschule aufhören, aber wir wissen alle, dass manche erwachsenen Frauen sich auch nicht miteinander vertragen können. Mütterkriege toben überall, und das nicht zu knapp. Manche Frauen kritisieren die Erziehungsmethoden anderer Mütter hinter deren Rücken, während andere in den Sozialen Medien für jedermann sichtbar schnippische Kommentare verbreiten. Mütter streiten sich unerbittlich über Themen, die vom Stillen über Verhütungsmethoden, Impfungen und medizinische Entscheidungen bis zur Art der Schule gehen. Das führt oft zu Entzweiungen in der Nachbarschaft, in Gemeinden und in Freundeskreisen. Möglicherweise bist Du so einer Mutter begegnet, vielleicht bist Du selbst so eine.

Aber fiese Mädchen hören da nicht auf. Viele von uns haben ihretwegen Uneinigkeit in der eigenen Familie erlebt. Vielleicht ist es Deine Großmutter oder Deine Mutter oder es sind zwei Schwestern. Ehe man sich's versieht, wird aus einem kleinen Missverständnis oder aus Mangel an Erkenntnis eine lebenslange Entzweiung. Der Konflikt kann dazu führen, dass man in der Familie nicht mehr miteinander spricht, die Ferien getrennt verbringt, oder dass man sich nicht mehr gegenseitig hilft, wenn es nötig wäre. Wenn Frauen ihrem inneren „bösen Mädchen" erlauben herauszukommen, kann das unglaublich destruktiv für Familien und andere Beziehungen werden.

Wir wollen einmal die klassische „Böse-Mädchen-Geschichte" in der Bibel lesen: Die von Sarai und Hagar. Wir finden die Geschichte in 1. Mose 16.

Sarai konnte keine Kinder bekommen. Weil sie wusste, dass dies das Hauptanliegen ihres Mannes Abram war, schlug sie ihm vor, Hagar zu heiraten und so ein Kind von ihrer Magd zu bekommen. (Ich möchte nur einfügen, dass ich sehr dankbar bin, dass unsere Gesellschaft heute im Allgemeinen auf die biblische Belehrung achtet, dass Männer nur eine Frau haben sollen. Diese Familie hat sich wohl für das entschieden, was in jener Gesellschaft normal war, obwohl es nicht Gottes Plan entsprach.) Die Bibel sagt über Hagar: „als sie sah, dass sie schwanger war, da wurde ihre Herrin gering in ihren Augen." (1. Mose 16,4). In ihrer neuen Stellung und ihrer gelungenen Schwangerschaft meinte Hagar, Sarai nicht mehr ernst nehmen zu müssen. Selbstverständlich zahlte Sarai ihr diese Missachtung heim und behandelte sie ebenso schlecht.

Kannst Du Dir den Schmerz vorstellen? Du und ich werden wohl nie eine dermaßen komplizierte Beziehung erleben, wie die, in der diese beiden armen Frauen standen. Beide hatten Sex mit demselben Mann. Die Unsicherheiten, die Bitterkeit und Scham müssen sich dermaßen hoch aufgetürmt haben, dass nur Gott selbst sie retten konnte, wie die Bibel es später erklärt. Aber jetzt wollen wir erstmal sehen, wie diese beiden „bösen Mädchen" die Sachen nur noch schlimmer machten.

Anstatt Rücksicht auf die Schmerzen der andern zu nehmen, erlaubten sich diese Frauen ein aufgeblähtes Selbstbewusstsein und reagierten zum Selbstschutz so, dass die Situation nur noch komplizierter wurde. Es artete zu einer persönlichen Fehde aus, die die ganze Familie ruinierte. Am Ende wurden Hagar und Ismael von allen und allem abgeschnitten, was sie bisher gekannt hatten. Gott selbst trat auf und tröstete sie und sorgte für sie, was sie aber sicher nicht Sarai zu verdanken hatte.

Weil ich auch heutzutage Entfremdungen in Familien beobachtet habe, frage ich mich manchmal: *Ob diese Frauen wohl jemals die Freundschaft vermissten, die sie einst genossen hatten? Hat sich Isaak nach seinem großen Bruder Ismael gesehnt? War Sarais Beziehung zu Abram jemals wieder dieselbe, oder fühlte er sich von der Bitterkeit seiner Frau beherrscht?* Die Folgen dieser Angelegenheit berührten alle, nicht nur Sarai und Hagar.

Die Art wie wir andere behandeln, wirkt sich auf alle um uns her aus, besonders auf die Kinder. Wenn sie in uns ein „böses Mädchen" wahrnehmen, werden sie unser Verhalten höchstwahrscheinlich nachahmen. Wenn sie aber sehen, dass wir andere lieben, werden sie das ebenfalls tun. Lass uns ein von Wahrheit erfülltes Beispiel geben! Gottes Wort verschreibt uns Folgendes:

„Tut nichts aus Selbstsucht oder nichtigem Ehrgeiz, sondern in Demut achte einer den anderen höher als sich selbst. Jeder schaue nicht auf das Seine, sondern jeder auf das des anderen."
(Philipper 2,3-4 – Schlachter 2000)

Wahrheitsperle

Ich glaube, von anderen höher zu denken als von sich selbst, hält die Egozentrik in Grenzen. Das ist besonders hilfreich, wenn man den Standpunkt des anderen nicht nachvollziehen kann. Wenn Du das beherzigst, hat Deine Tochter bessere Chancen, gute Freundschaften zu schließen. Ein anderes Gebiet, auf dem wir für unsere Töchter Vorbilder sein müssen, ist Freundschaften im Allgemeinen ins richtige Licht zu rücken. Egal, worüber wir in den Gesprächsgruppen mit den Müttern gesprochen hatten – oft endete es so, dass sich alles nur noch um „böse Mädchen", „Freundfeindinnen", beste Freundinnen und Mobbing drehte. Auch wenn ich verstehe, dass uns das zeigt, wie kompliziert Freundschaften während der Teenie-Jahre oft sind, hatte ich doch das Gefühl, dass manche Mütter eine falsche Betonung auf das Haben von Freunden legten. Diese Schlussfolgerung wurde am deutlichsten, als wir über Gemeinde sprachen. Da sagten die Mütter Dinge wie:

- *Die Gemeinde ist nur ein Ort, an dem meine Tochter Freunde finden kann.*
- *Freundschaften für meine Tochter sind ein Hauptkriterium bei der Auswahl einer Gemeinde.*
- *Das Wichtigste an einer Gemeinde sind Freundschaften, weil sie meine Tochter dadurch positiv beeinflussen.*

Es stimmt, dass positiver Gruppenzwang etwas Gutes ist, was man sich für seine Tochter wünschen kann. Aber ich fühlte mich unwohl, als ich sah, wie schnell die Unterhaltung emotional wurde, als wir begannen, über Freunde in der Gemeinde zu diskutieren. Es kam mir vor, als würden viele dieser Mütter weise Helferinnen für die Beziehungen ihrer Töchter sein, dass aber bei einigen bildlich gesprochen das Herz mit und für ihre Töchter brach, sobald es um dieses Thema ging. Darum möchte ich zwei Ratschläge geben:

**Lebe biblische Freundschaften vor:** Ich habe das bestimmt schon einmal gesagt, aber manchmal müssen grundlegende Wahrheiten wiederholt werden. Wir müssen einfach biblische Freundschaften vorleben. In das Buch Deiner Tochter habe ich sechs Faktoren wahrer Freundschaft eingefügt. Während Du diese nachliest, überleg, ob Du in Deinen eigenen Freundschaften diese biblischen Qualitäten vorlebst oder nicht. Das ist eine entscheidende Hilfe für Deine Tochter, gute Freundschaften aufzubauen.

2 **Schaffe Möglichkeiten, mit Deiner Tochter darüber zu reden, was in ihren Freundschaften falsch läuft.** Ich weiß, es bricht Dir das Herz, wenn Deine Tochter mit „bösen Mädchen", „Freundfeindinnen" oder Mobbing Erfahrungen macht. Vielleicht bist Du sogar versucht, solche Gespräche zu meiden, weil sie zu sehr verletzen. Glaub mir, ich verstehe das. Aber die beste Art, wie Du ihr helfen kannst, besteht darin, ihr Gelegenheiten zu geben, darüber mit Dir zu sprechen, wenn sie solche schmerzlichen Erfahrungen macht.

Im Allgemeinen sprechen Kinder mit Erwachsenen nicht darüber, wenn sie gemobbt werden. Dazu gehören Eltern, Berater, Lehrer, Trainer und Jugendleiter. Du musst eine Detektivin werden und nach Indizien suchen, die darauf hinweisen könnten, dass Deine Tochter das Opfer eines „bösen Mädchens" ist. Und Du musst auch tapfer genug sein, zu erkennen, dass die Indizien darauf hinweisen, dass Deine Tochter ein „böses Mädchen" sein könnte. So war es im Fall von Josolyn:

## Ein Fallbeispiel:

Josolyn verbringt die Hälfte ihrer Zeit bei ihrer gläubigen Mutter und die andere Hälfte bei ihrem biologischen Vater. Ihre Mutter ermutigt sie dazu, ihr Verhalten unter Kontrolle zu halten, während ihr Vater ihr erklärt, es sei gesund, seinem Ärger Ausdruck zu verleihen. Ihre Mutter wusste von diesem Konflikt in der Erziehungsphilosophie. Doch sie hatte einfach keine Vorstellung davon, inwiefern ihre Tochter angefangen hatte, dem zu glauben, was ihr Vater ihr beigebracht hatte. Eines Tages kam es auf dem Schulhof zu einem heftigen Ausbruch. Ein Mädchen, das Josolyn schon länger geärgert hatte, schikanierte sie in der Pause wieder einmal. Das war der Tropfen, der das Fass zum Überlaufen brachte. Josolyn reagierte mit einem Sturm von Wut und Entrüstung. Sie packte die Mobberin an den Haaren, schleppte sie quer über den Schulhof und war drauf und dran, sie mit einem Stock zu verprügeln, als ein Lehrer eingriff. Ihre Mutter sagte: „Es war erschütternd, auf den Aufnahmen der Schulhofüberwachungskameras zu sehen, wie grausam meine Tochter handelte."

Josolyns Mutter bat mich, Dir zu sagen, tapfer zu sein und auch bereit, nach den Gründen zu fragen, wenn Deine Tochter sich gemein verhält. Sie glaubt, dass, wenn sie gewusst hätte, wie schlimm es um sie stand, sie Josolyn vielleicht hätte helfen können, bevor sie irreparablen Schaden anrichtete. Jetzt endete die Sache so, dass sie ihre Tochter an einer anderen Schule anmelden musste, um eine Chance auf einen Neustart zu bekommen. Komm zur Ruhe und stell die harten Fragen.

## Mit Gott reden:

**Nutze Philipper 2,3-4**, um einschätzen zu können, wie Du und Deine Tochter mit Freundschaften umgehen. Lies Dir einfach die Verse durch und stell Dir dann anhand der Anweisungen darin Fragen. Bist Du selbstsüchtig? Willst Du andere beeindrucken? Oder sind Deine zwischenmenschlichen Beziehungen von Demut geprägt? Denkst Du viel an andere und weniger an Dich selbst? Kümmerst Du Dich mehr um die Nöte anderer oder bist Du mit Deinen eigenen beschäftigt? Nimm Dir Zeit für eine ehrliche Betrachtung und dann bitte Gott um das, was Du brauchst, um Deine Freundschaften mit Gottes Wahrheit in Einklang zu bringen. Schreib Dein Gebet auf die Zeilen hier drunter.

*Tut nichts aus Selbstsucht oder nichtigem Ehrgeiz,*
*sondern in Demut achte einer den anderen höher als sich selbst.*
*Jeder schaue nicht auf das Seine, sondern jeder auf das des anderen.*
(Philipper 2,3-4 – Schlachter 2000)

## Mit Deiner Tochter reden:

**Jetzt, nachdem Du gebetet hast, bitte Deine Tochter, das Kapitel 10 in ihrem Buch zu lesen**, während Du den gleichen Inhalt hier in Deinem Buch nachliest. Ich habe für Dich noch einige Randnotizen geschrieben. Du kannst wieder Deine eigenen Notizen hinzufügen, damit Du im Gespräch mit Deiner Tochter später eine kleine Gedächtnisstütze hast.

# Lügen über Freundschaft

Notizen für Mama:

Ich bin SO WÜTEND AUF GIGI. SCHON WIEDER! Sie sagte mir, sie „hat keine Freundinnen." Heute beim Mittagessen erklärte sie dann, dass sie sich ab jetzt zu „Danika und den anderen" setzt. Via und ich saßen ganz allein da. Und Via hatte noch den Mumm mir zu sagen, ich sollte mir weniger Sorgen darum machen, wie sehr ich Gigi vermissen würde!!! Sie meinte, wir sollten uns eher darüber Gedanken machen, wie wir Gigi helfen können, weil sie sich Sorgen macht, warum Gigi so etwas überhaupt tut.

**Zoey hat einen schlechte-Freundin-Tag.** Hattest Du schon mal so einen? Das ist keine Überraschung. So gut wie alle in der Mädchenwelt hatten schon mal einen schlechte-Freundin-Tag. Die Geschichten in der Bibel beweisen sogar eine Sache über Freundschaft: Es ist ein schwieriges Thema! Hiobs Leben geriet total aus den Fugen und seine drei besten Freunde machten seinen Schmerz nur noch schlimmer.*

Die ersten Christen kämpften so viel gegeneinander, dass sie sich dazu entschieden, nicht zusammenzuarbeiten, sondern gründeten unterschiedliche Gemeinden und starteten verschiedene Dienste.** Selbst zwei von Jesus' engsten Freunden – Judas **UND** Petrus – waren ihm untreu bevor er starb!***

*Hiob 2,11-13; 6,14-27; 19,21-22; 42,7-9, **Apostelgeschichte 15,3-16,10, *** Lukas 22,47-62

**Notizen für Mama:**
**Über Wahrheit Nr. 17:**
Viele Mädchen gehen durch eine Zeit in ihrem Leben, in der sie glauben, „überhaupt keine Freundin" zu haben. Das kann zeitweise stimmen, aber im Allgemeinen rührt es eher daher, dass man geneigt ist, mehr auf sich selbst als auf andere zu schauen. Man hat eher den Wunsch, eine Freundin zu *haben*, als selbst eine Freundin zu *sein*. Lass uns dieses Thema in Angriff nehmen.

Wahrscheinlich kommt Dir die Geschichte in diesem Kapitel über Laura und Katrina bekannt vor. Ich habe sie Dir in einem früheren Kapitel schon erzählt. Ich glaube, es ist eine gute Geschichte, um Deiner Tochter zu zeigen, wie eine gesunde Konfrontation aussieht. Darum habe ich eine gekürzte Fassung der Geschichte in dieses Kapitel eingefügt. Ich hoffe, dass sie Deiner Tochter hilft, sich Dir gegenüber in Bezug auf Freundschaftsdramen oder auch erfahrenes Mobbing zu öffnen. 48 % der von uns befragten Mädchen gaben an, schon gemobbt worden zu sein. Ungefähr 9 % haben noch mit niemand darüber gesprochen.

Sei nicht zu neugierig, sondern öffne Deiner Tochter die Tür für ein klärendes Gespräch mit Dir über alles Mögliche, wodurch sie verletzt wurde. Über ihre Schmerzen Bescheid zu wissen, gibt Dir die nötigen Mittel, ihr zu helfen, alles besser zu verstehen und richtig darauf zu reagieren, so wie es Lauras Mutter gemacht hat.

Wenn Deine Freundschaften nicht perfekt sind – willkommen im Club! So etwas wie die perfekte Freundin gibt es nicht. Aber Gott will, dass wir nicht aufhören zu lernen. Obwohl uns die Bibel daran erinnert, dass Freundschaft schwierig sein kann, hat sie für uns auch eine Menge an Ratschlägen, wie man es gut machen kann. Eine Sache, die die Bibel uns sagt, ist das hier:

**In einem vorherigen Kapitel haben wir darüber gesprochen, dass wir ein bisschen so geschaffen wurden wie Gott selbst.** Das heißt, dass wir in seinem Ebenbild geschaffen wurden. Gott der Vater, Gott der Sohn und Gott der Heilige Geist genießen es, sich auszutauschen. Du und ich wurden auch so geschaffen. Dein Verlangen nach tiefer, echter, wahrer und großartiger Freundschaft ist also eine weitere Erinnerung daran, dass Du geschaffen wurdest, um so ähnlich zu sein wie Gott. Du brauchst Freundschaften, und wir sind dazu geschaffen, sie zu erleben.

**Deswegen macht es mich so traurig, wenn Mädchen wie Du diese Lüge glauben.**

Es mag sein, dass Du keine allerbeste Freundin hast, mit der Du abhängen kannst, oder dass Du nicht das beliebteste Mädchen in Deiner Klasse bist. Es mag sein, dass Du gerade an einen neuen Ort gezogen bist und noch niemanden kennengelernt hast. Es kann auch sein, dass Du gerade **HEUTE** einen schlechte-Freundin-Tag hattest! Aber ist es **wirklich** wahr, dass Du **GAR KEINE** Freunde hast?

Bevor Du diese Frage beantwortest, lass mich Dir noch eine andere stellen: **Was ist ein Freund?** Klar, ein Freund ist jemand, mit dem man abhängt. Die Bibel hat eine Menge darüber zu sagen, was jemanden zu einem echten Freund macht. Hier sind sechs Dinge, die der Bibel nach den Unterschied zwischen einem Freundfeind – jemand, der an einem Tag ein Freund ist und am nächsten Tag ein Feind – und einem echten Freund ausmachen:

## Sechs Faktoren von wahrer Freundschaft

### Freundfeinde

1. Lieben, wenn es ihnen gerade passt.
2. Bleiben bei Dir, wenn es sich für sie lohnt.
3. Verleiten andere zu Entscheidungen, die Schaden verursachen.
4. Wollen bedient werden.
5. Drehen sich um sich selbst und sind genervt von den Bedürfnissen anderer.
6. Sagen, was andere hören wollen, egal ob es wahr ist oder nicht. Sie wahren die Freundschaft um jeden Preis.

### Echte Freunde

1. Lieben zu jeder Zeit. *(Sprüche 17,17)*
2. Sind treu und ergeben. *(Sprüche 20,6)*
3. Bieten guten Rat an, der Dir hilft, weise Entscheidungen zu fällen. *(Sprüche 13,20)*
4. Dienen anderen. *(Johannes 15,13)*
5. Kümmern sich um die Bedürfnisse anderer. *(Philipper 2,4)*
6. Reden immer die Wahrheit, auch wenn es sehr unangenehm ist und sie damit vielleicht die Freundschaft riskieren. *(Sprüche 27,6)*

Wenn Du mehr in die Tiefe gehen musst, habe ich ein Buch geschrieben, das heißt: *A Girl's Guide to Best Friends & Mean Girls* (bedeutet auf Deutsch so viel wie „Ratgeber für Mädchen über beste Freundinnen & fiese Mädels“). Die Kombination aus Bibelstudium und Erzählungen hilft Deinem Mädchen, auf Dinge wie Freundfeindschaften und Mobbing biblisch zu reagieren. Es geht sogar auch auf die Suche nach gesunden Jungenfreundschaften ein.

**Gesprächstipp für Wahrheit Nr. 17:**
Das Ziel dieser Unterhaltung ist die Anwendung der „Sechs Faktoren wahrer Freundschaft“. Die zwei Listen vergleichen den Unterschied zwischen einer Feindfreundin und einer wahren Freundin. Und am Ende der Tabelle bitte ich Deine Tochter, zu überlegen, welche Liste am besten zu ihr passt. Frag sie, ob sie bereit ist, ihre Antworten ehrlich mit Dir zu besprechen.

Eine Möglichkeit, sie zu ermutigen, Dir ihr Herz zu öffnen, besteht darin, dass Du Dein Herz für sie öffnest. Betrachte die Verhaltensmuster von Feindfreundinnen und echten Freundinnen. Gibt es irgendwelche Gebiete, auf denen Du Dich um eine biblischere Sicht auf Freundschaften bemühen solltest? Wenn ja, dann sag Deiner Tochter, dass Du Dich überführt fühlst und was Du deshalb unternehmen wirst. Dann frag sie, ob auch sie Gebiete kennt, auf denen sie ihr Denken über Freundschaft verbessern möchte.

Ich hab noch eine Frage: **Wenn Du diese Dinge liest, fragst Du Dich dann, ob Du überhaupt solche Freundinnen HAST, ODER hast Du Dich gefragt, ob Du so eine Freundin für andere BIST?**

Die meisten von uns machen sich Sorgen darum, echte Freundinnen zu **haben,** anstatt sich Gedanken zu machen, ob wir selbst echte Freundinnen **sind**. Hier ist ein Bibelvers, den ich immer noch häufig brauche!

Schau mal: Die Bibel sagt, dass die Menschen um Dich herum Dich so behandeln werden, wie Du sie behandelst. Wenn Du also freundlich, treu und ehrlich bist – also die Kennzeichen eines echten Freundes hast – wirst Du eher auch solche Freunde bekommen. Bist Du eine solche Freundin?

Das erinnert mich an eine richtig coole Geschichte über Freundschaft. Laura und Katrina wuchsen zusammen auf, weil ihre Mütter eng befreundet waren. Seit der Grundschule trafen sie sich zum Spielen. Als sie dann auf die weiterführende Schule gingen, haben sich Katrinas Eltern scheiden lassen und ihre Mütter lebten sich auseinander. Laura vermisste Katrina, aber die war in der Schule mittlerweile richtig fies geworden. Laura holte sich Rat bei ihrer Mama und sie beteten zusammen dafür. Am nächsten Tag sagte Laura zu Katrina: „Ich weiß, dass du gerade eine schwere Zeit durchmachst. Gibt es irgendetwas, was ich tun kann, um dir zu helfen? Ich würde alles tun, aber du musst **freundlich** zu mir sein."

Laura ...

Wie eine

„echte Freundin"!

Katrina entschuldigte sich. Und heute sind die beiden wieder gute Freunde. Anstatt zu sagen: „Ich hab keine Freundinnen", kannst Du vielleicht Ausschau halten und Gott fragen: „Wer braucht eine Freundin?"

**Es ist „normal" für Mädchen jeden Alters – sogar für MÜTTER –, dass man „Freundfeinde" hat, und dass man ab und zu selbst ein gemeines Mädchen ist.**

Viele Mädchen haben schon solche „gemeinen" Momente erlebt.

- **Fast die Hälfte der Mädchen, die bei unserer Umfrage mitmachten, sagen, dass sie schon mal gemobbt oder schikaniert wurden. (In anderen Umfragen sind es wahrscheinlich noch viel mehr.)**
- **29% aller Mädchen sagen, dass sie schon mal jemanden schikaniert haben oder bei anderen danebenstanden und es geschehen ließen, ohne etwas dagegen zu unternehmen.**

**Notizen für Mama:**
**Über Wahrheit Nr. 18:**
Folgende Statistik wird in Dir wahrscheinlich den Wunsch wecken, ein gutes Kind zu erziehen. Wenn Nebenstehende eingreifen, hört das Mobben in 57 % der Fälle innerhalb von 10 Sekunden auf.[44]

In unserer Umfrage waren 11 % Zeugen einer Gemeinheit, griffen aber nicht ein, um das Opfer vor Grausamkeit zu schützen.
Mein Mutterherz bricht bei dem Gedanken, meine Tochter sollte die Zielscheibe eines bösen Mädchens sein. Und ich denke, es würde sogar noch mehr schmerzen, wenn ich wüsste, dass sie selbst die Mobberin war. 18 % der an unserer Befragung beteiligten Mädchen gaben zu, solche Mobber oder „bösen Mädchen" gewesen zu sein. Ich lehne mich hier weit aus dem Fenster, wenn ich annehme, dass sie höchstwahrscheinlich die Streitigkeiten unter Geschwistern oder auch Eltern nicht miteinbezogen, sonst würde der Prozentsatz die große Mehrheit ausmachen.

Mit freundlicher Zunge durchs Leben zu gehen, ist keine Selbstverständlichkeit. Wir neigen alle dazu, fiese Sachen zu sagen und schlecht über andere zu reden. Heutzutage begrüßen viele Mädchen ihre besten Freundinnen mit hässlichen Fluchworten. Schmutzige und vulgäre Reden in spaßiger Weise zu verwenden, mag für normal gehalten werden, aber das ist nichts, was unserem himmlischen Vater gefällt.

Gottes Wort sagt, dass jedes Wort, das wir sprechen und jeder Gedanke, den wir denken, ihm wohl gefallen sollen. Das ist ein hoher Maßstab, den wir an uns selbst und an unsere Mädchen anlegen sollten.

**Ganz ernste Frage:**
Wenn wir Zeugen von Mobbing werden, aber weder etwas sagen noch tun, was sagt das über den Zustand unseres Herzens aus?

**Weil es so häufig vorkommt, glauben viele Mädchen diese Lüge.**

Schon immer haben Mädchen diese Lüge geglaubt. Es gibt sogar in der Bibel Geschichten von erwachsenen Frauen, die einander richtig gemein behandelt haben. (Manche Mädchen werden nie zu alt dafür, gemein zu anderen zu sein!) Ich denke, diese Geschichten machen Gott sehr traurig. Ich weiß, dass es die Frauen traurig machte, denn das sagen uns die Geschichten.
Aber ich glaube, dass Gemein-sein heute schlimmer ist als jemals zuvor. Zum Beispiel benutzen Mädchen gemeine Formulierungen, um sich zu begrüßen! Wenn sie eine gute Freundin nach langer Zeit wiedersehen, sagen sie manchmal Sachen wie: **„Na, was geht ab, du blöde Kuh???!!!"**

Das glaub ich einfach nicht!
Aufhören mit dem Wahnsinn!

Wörter haben Macht. Gott schuf diese Welt mit **WORTEN!** Und wenn wir in seinem Ebenbild geschaffen wurden, haben unsere Wörter auch Macht. Nicht so viel wie seine, aber immer noch eine Menge.

Ich habe noch nie einen Berg oder einen Stern erschaffen, aber ich habe Freundschaft und Mut und Hoffnung mit meinen Worten „erschaffen". Ich habe auch Ärger und Angst und Traurigkeit mit meinem Reden „erschaffen". Weißt Du, was ich meine? Haben Deine Worte schon einmal schlechte Gefühle „erschaffen"?

*Jakobus 3* handelt davon, unsere Zunge zu zähmen. Die Stelle sagt, dass die Menschen jede Art von wildem Tier gezähmt haben: Vögel, Reptilien und Meerestiere.

Aber niemand
kann die Zunge zähmen.

Dann werden wir daran erinnert, dass unsere Zungen Gott loben, aber trotzdem manchmal andere Leute verfluchen. So sollte es nicht sein.

Nein, Du kannst Deine Zunge nicht zähmen, aber weißt Du, wer das kann? Gott. Und er hat uns eine Menge von Anweisungen in der Bibel gegeben, um uns dabei zu helfen. Hier ist einer meiner Lieblingsbibelverse, weil man ihn zu Gott als Gebet sagen kann.

**„Lass die Reden meines Mundes und das Sinnen meines Herzens wohlgefällig vor dir sein, HERR, mein Fels und mein Erlöser!“**
(Psalm 19,15)

Wahrheitsperle

**Notizen für Mama:**
**Gesprächstipp für Wahrheit Nr. 18**
Dieses Gespräch bedarf einer großen Dosis an Gnade. Stell diese reichlich zur Verfügung!

Oft sind wir die Zielscheiben des schlechten Verhaltens, der frechen Antworten oder des Zorns unserer Töchter. Zu anderen Zeiten kriegen ihre Geschwister alles ab. Wenn wir nicht aufpassen, verfallen wir in den Modus, nur das Benehmen unserer Tochter in seine Schranken zu weisen, weil wir schnell eine Veränderung sehen möchten.

Sie zu mäßigen, ohne zu versuchen, herauszufinden, warum sie hässliche Ausdrücke benutzt, wird keine langanhaltende Herzensänderung erzielen. Bleib ruhig. Nimm Dir Zeit, ihr herausfinden zu helfen, *warum* sie gemein ist und *wie* sie ihr Herz korrigieren lassen kann.

Vermeide es, sie auf ihre letzten Ausbrüche von grober oder ungehöriger Sprache hinzuweisen, oder darauf, dass sie so etwas überhaupt macht. Nutze stattdessen Fragen, um ihr Herz zu öffnen.

*„Bist du schon einmal gemobbt worden?“*

*„Bist du schon mal ein ‚böses Mädchen‘ gewesen?“*

*„Stimmst du der Bibel zu, die sagt, dass deine Zunge schwer zu zähmen ist?“*

**Notizen für Mama:**
Wenn sie tatsächlich zugibt, unfreundlich zu sein, hast Du begonnen, den Kampf zu gewinnen! Ein Bekenntnis ist ein großer Schritt. Bedenke das! Reagiere freundlich, wenn Du ihr helfen willst, sich neue Verhaltensmuster anzueignen.

Wenn sie sich weigert, zuzugeben, dass sie gemein war und Du das Gefühl hast, dass hier ein Muster durchbrochen werden muss, dann bereite Dich unter Gebet darauf vor, sie sanft zu konfrontieren. Ich schlage vor, zunächst indirekte Fragen zu stellen, wie zum Beispiel:

*„Ist es jemals okay, gemein zu sein?"*

*„Was ist, wenn jemand zuerst gemein zu dir ist?"*

*„Bist du jemals gemein gewesen, weil du dachtest, jemand anderes hat damit angefangen?"*

Das (oder ein anderes sündiges Muster) könnte ein toter Winkel für Deine Tochter sein. Ihr beim Erkennen des Problems zu helfen, kann ein bisschen schmerzhaft sein, aber es könnte sie vor einem Leben voller Sünde und vielen zerbrochenen Beziehungen bewahren. Denk dran, dass die Bibel sagt: „Treu gemeint sind die Wunden dessen, der liebt" (Sprüche 27,6).

Wenn Du Dich Christ nennst und Gott mit der Zunge in Deinem Mund lobst, solltest Du sie auch dafür benutzen, Gutes über Menschen zu sagen. Gott hört jedes Wort, das Du zu anderen sagst, und kennt jedes Wort, das Du über sie denkst. Also, keine Gemeinheiten mehr!

Wenn Du zu jemandem wie Deiner Freundin oder deinen Geschwistern gemein warst, ist das eine gute Gelegenheit, zu üben, jemand anderem von Deiner Sünde zu erzählen. (Schau auf Seite 91.) Bekenne Gott Deine „gemeinen Momente" und bitte um Vergebung. Dann erzähl es Deiner Mama. Und bitte sie um Hilfe, freundliche Worte zu gebrauchen.
Weißt Du, über was es noch wichtig ist, zu reden? Wenn jemand gemein zu Dir war. Glaub nicht die Lüge, dass niemand davon wissen muss. Und schäm Dich nicht dafür. **JEDER** hat schon Momente erlebt, in denen andere gemein zu einem waren. Tust Du mir einen Gefallen? Ich möchte, dass Du jetzt gleich zu Deiner Mama oder Deinem Papa gehst und erzählst, wann das letzte Mal jemand gemein zu Dir war. Ich bin mir ziemlich sicher, dass Du Dich dann viel besser fühlst! (Ich fühle mich schon besser, wenn ich nur daran denke, mit jemandem darüber zu sprechen.)

Benutze dieses Feld, um aufzuschreiben oder aufzumalen, was Du Deiner Mama oder Deinem Papa erzählen wirst.

**Notizen für Mama:**

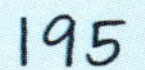

**Notizen für Mama:**
Weil die Aufgaben für die Laborarbeit Deiner Tochter unabhängig vom Kapitelinhalt dieselben bleiben, habe ich nur am Ende von Kapitel 4 Ideen vorgestellt, wie Du mit Deiner Tochter zusammenarbeiten kannst. Du findest sie bei den „Notizen für Mama“ auf den Seiten 86-87, wenn Du sie noch mal nachlesen willst.

## Dein Einsatz im Labor

**Nimm Deine Stifte zur Hand.**
**Nun bist Du an der Reihe, mitzuarbeiten.**

| Die Lüge | Die Wahrheit |
|---|---|
| Ich habe keine Freunde. | • Du solltest Dir weniger Gedanken darum machen, Freundinnen zu haben und mehr darum, eine Freundin zu sein.<br>• Du brauchst treue Freunde. Der beste Weg, eine Freundin zu finden, ist, selbst eine zu werden. *(Matthäus 7,12a)*<br>• Freundschaft ist kompliziert. Selbst Jesus (der ein perfekter Freund war) hatte mit schwierigen Freundschaften zu schaffen. *(Lukas 22,47-62)*<br>• Es gibt keine perfekten Freundschaften. |
| Es ist okay, gemein zu sein. | • Es ist „normal“, gemein zu sein, aber es ist immer noch Sünde.<br>• Gott möchte, dass Du freundlich bist. *(Epheser 4,32)*<br>• Worte haben Macht. *(Jakobus 3,8)*<br>• Du solltest Gott nicht mit Deiner Zunge loben und mit der gleichen Zunge andere Leute beschimpfen. *(Jakobus 3,10)*<br>• Die Worte, die Du sagst, und die Gedanken, die Du über andere hast, sollten Gott gefallen. *(Psalm 19,15)* |

## Mir selbst die Wahrheit sagen

**Du bist an der Reihe, die Autorin zu sein!**

- Hast Du irgendeine dieser Lügen über Freundschaft geglaubt? Setz ein X über jede der **LÜGEN** in diesem Kapitel, die Du geglaubt hast.
- Über welche Wahrheit sollst Du dann **die ganze Zeit, JEDEN TAG** nachdenken? Schau Dir **DIE WAHRHEIT** an, die wir zusammen entdeckt haben. Kreise ein, was Dir persönlich wichtig erscheint und wobei Du verweilen willst.
- Fang an, **die ganze Zeit, JEDEN TAG** über die Wahrheit nachzudenken. Du kannst anfangen, indem Du unten ein Gebet an Gott aufschreibst, oder einen hilfreichen Vers aus der Bibel oder Ideen, die Du nicht vergessen willst.

## Zoey helfen, die Wahrheit zu glauben

**Es ist Zeit, Zoey einen Rat zu geben!**

Zoey muss eine Entscheidung treffen. Wird sie Vias Rat annehmen und versuchen, Gigi zu helfen? Sollte sie das? Wozu würdest Du ihr raten?

**Notizen für Mama:**

# Kapitel 11 Wahrheit und Lügen über die Zukunft

Seit Satan Eva im Paradies versuchte, hat er immer wieder Frauen und das, wozu Gott sie berufen hat, angegriffen. Die feministische Revolution gehört bei uns im Westen zu diesen Überfällen. Versteh mich nicht falsch: Ich bin dankbar, dass ich selbst etwas besitzen darf, dass ich wählen gehen kann und genauso viel Geld verdienen darf wie mein Mann. Das geht Dir wahrscheinlich genauso. Das sind alles gute Dinge. Aber obwohl viele Frauen jetzt denselben Ausbildungsstand und praktisch dieselben Möglichkeiten haben wie Männer, haben wir meiner Ansicht nach bei dem Streben nach Gleichheit etwas verloren.

In unserer Gesellschaft scheint es nicht viel zu geben, was eine Frau in ihrer Entscheidung bestärkt, Hausfrau und Mutter zu sein und das als ihre einzige Berufung zu erkennen. Ich will damit auch nicht sagen, dass dies ihr höchstes Lebensziel sein sollte. Das Einzige, was diese Ehre bekommen sollte, ist, in jedem beruflichen Streben Christus zu erkennen und ihm zu dienen. Aber irgendwo auf unserem Weg haben wir anscheinend die Freiheit verloren, Ehefrau- und Muttersein genießen zu dürfen. Die Einstellung, Bildung und Karriere seien wertvoller als das Streben nach einer Familie, nimmt als gesellschaftliches Denkmuster immer mehr Überhand. Wie ich in Kapitel 3 schon sagte, waren ungefähr 30 % der Mütter aus unseren Gesprächsgruppen besorgt, dass ihre Töchter sich mehr auf eine Karriere konzentrierten, als auf eine Familie hinzustreben. (Dabei darf man nicht aus den Augen verlieren, dass diese Mädchen sieben bis zwölf Jahre alt waren und bereits über einen höheren Bildungsstand nachdachten!) Es war nicht so, dass diese Mütter etwas dagegen hatten, dass ihre Töchter aufs College gingen oder sogar eines Tages selbst Karriere machten. Das wollten sie schon. Aber sie waren erschrocken über die Besessenheit ihrer Töchter, nur noch Einsen zu schreiben, und hielten die Vorbereitungen fürs College oder eine Karriere für viel zu früh. Ihnen fiel auch auf, dass es ihren Töchtern an jeglichem Enthusiasmus fehlte, wenn die Mütter mit ihnen über die Möglichkeit sprachen, in Zukunft zu heiraten und Kinder zu bekommen.

Ich bin froh, einen College-Abschluss zu haben. Und Bob und ich haben unsere Mädchen ermutigt, sich ebenfalls gut ausbilden zu lassen. Eine von ihnen hat bereits einen *Bachelor of Science* und denkt darüber nach, den Master zu machen, während ich dieses Buch schreibe. Die andere hat eine Bibelschule besucht, auf der sie induktive Methoden zum Studium der Bibel lernte. Sie benutzte diese Fähigkeiten, um mit deren Hilfe die Bibel fünfmal durchzuarbeiten! Es war schön für mich, meinen jungen erwachsenen Töchtern in den ersten paar Jahren ihrer Karriere zuzuschauen. Aber warum finden Mädchen und junge Frauen so wenig Gefallen daran, Familien zu gründen? Ist das denn nicht auch wichtig?

Sieh Dir einmal diese Verse aus 2. Timotheus an. Lies den ganzen Text und achte besonders auf das, was ich unterstrichen habe. Dann möchte ich Dir eine darin eingebettete, mächtige Wahrheit mitteilen. Als ich dieses Geheimnis entdeckte, veränderte das die Art und Weise, wie ich in meinen Töchtern das Verlangen nach Ehe und Mutterschaft säte.

**„Dies aber wisse, dass in den letzten Tagen schwere Zeiten eintreten werden; denn die Menschen werden selbstsüchtig sein, geldliebend, prahlerisch, hochmütig, Lästerer, den Eltern ungehorsam, undankbar, unheilig, ohne natürliche Liebe, unversöhnlich, Verleumder, unenthaltsam, grausam, das Gute nicht liebend, Verräter, verwegen, aufgeblasen, mehr das Vergnügen liebend als Gott, die eine Form der Gottseligkeit haben, deren Kraft aber verleugnen; und von diesen wende dich weg.“**
(2. Timotheus 3,1-5)

Wahrheitsperle

Paulus drängte Timotheus, in Bezug auf die Schwierigkeiten der letzten Tage wachsam zu sein. Dafür listete er eine Menge negativer Haltungen und Handlungen auf. Zu denen gehört die Tatsache, dass die Menschen „ohne natürliche Liebe“ (V. 3) sein werden. Die Schlachter-Übersetzung sagt, sie seien „lieblos“. Im griechischen Originaltext steht das Wort *„astorgos“*[45], was sich auf familiäre Liebe bezieht. Damit wird deutlich, welche Art von Liebe fehlen wird. In den letzten Tagen werden die Leute ihre Familien nicht mehr lieben, ja nicht einmal das Konzept der Familie. Sie wollen nicht mehr heiraten oder Kinder kriegen.

Das so schwarz auf weiß stehen zu sehen, hat mich angespornt, mich gegen den kulturellen Angriff auf Ehe und Mutterschaft zur Wehr zu setzen. Als Reaktion darauf habe ich getan, was ich konnte, um die Wahrheit zu verbreiten, dass die Ehe ein wunderbares Bild von Christus und der Gemeinde ist. Es lohnt sich, danach bestrebt zu sein, dieses Bild widerzuspiegeln. Und eine Mutter zu sein, ist der beste Job, den ich jemals gehabt habe. Ausnahmslos. Und ich habe einige coole Karriere-Erfahrungen gemacht. Ich habe zum Beispiel im Kampf für Sauberkeit und Gesundheit an der vordersten Front gegen HIV/AIDS in Sambia gestanden, habe Reden vor großem Publikum gehalten und ... schreibe eben auch dieses Buch für Dich. Aber nichts reicht an das Kinder-zur-Welt-bringen heran, an das Kuscheln mit Babys und das Erleben, wenn die Kleinen ihre ersten Schritte machen, an das Helfen bei den Hausaufgaben und Beobachten, wie Kinder Neues erleben, und schließlich an das Entlassen von drei reizenden jungen Erwachsenen in die weite Welt.

Glaubst Du, es sei zu früh, um mit Deinem Mädchen darüber zu reden, eine Ehefrau und Mutter zu werden? Wenn ja, dann lies bitte noch einmal das Kapitel 2. Es ist niemals zu früh, um biblische Wahrheit in das Herz Deiner Tochter zu pflanzen.

Ein Beweis der negativen Einstellung unserer Kultur gegenüber der Familie ist das steigende Heiratsalter. Um die 1960er Jahre lag das Alter bei einer ersten Eheschließung von Frauen bei zwanzig Jahren. Bei Männern bei zweiundzwanzig. Heute sind die Frauen siebenundzwanzig und die Männer neunundzwanzig.[46] Zwei der Faktoren, die meiner Meinung nach diese Verschiebung beeinflussten, sind die Priorisierung von Ausbildung und Karriere sowie die Entwertung von Sex, die so weit geht, dass kaum noch jemand meint, man habe damit bis zur Hochzeitsnacht zu warten.
Gottes Wort sagt: „Zwei sind besser dran als einer" (Prediger 4,9), und: „Die Ehe sei geehrt in allem" (Hebräer 13,4). Auch lesen wir: „Siehe, Kinder sind eine Gabe des HERRN, die Leibesfrucht ist eine Belohnung" (Psalm 127,3 – Schlachter 2000). Die Bibel sagt an keiner Stelle, dass wir Universitätstitel brauchen oder genügend Geld verdienen sollen, um ein großes Haus zu bauen oder hohe Stellungen erobern müssen.

Dabei muss klar sein, dass Ehe und Mutterschaft nicht die einzigen wunderbaren Aussichten für die Zukunft Deiner Tochter sind. Wir werden beauftragt, hart zu arbeiten und Gott zu gefallen (vgl. 2. Timotheus 2,15). Das kann man als Ärztin oder Rechtsanwältin oder Lehrerin oder Mathematikerin tun. Es gibt zahllose Möglichkeiten für Deine Tochter, dem Herrn und anderen Menschen zu dienen. Aber das schließt nicht aus, dass sie sich darauf freut, eines Tages auch Ehefrau und Mutter zu werden, wenn Gott das für ihre Zukunft bestimmt hat. Natürlich ist es möglich, dass zu Gottes Plan gehört, dass sie ihm als Alleinstehende dient – sei es für kurze Zeit oder länger. Wie es auch kommen mag: Es ist in Ordnung, den Wunsch in sie zu pflanzen, Ehe und Muttersein wertzuschätzen. Wir müssen nur aufpassen, dass wir Gottes Wort anwenden und nicht das, was unsere Gesellschaft gerade für richtig hält, um unsere Töchter für eine glückliche Zukunft vorzubereiten.

## Mit Gott reden:

**Auf der Grundlage dessen, was Du gerade aus 2. Timotheus 3,1-5 gelernt hast**, schreib ein Gebet auf, mit welchem Du Gott bittst, Dir zu helfen, Liebe zur Familie in Deine Tochter zu pflanzen. Schreib das Gebet auf die Zeilen hier drunter.

*„Dies aber wisse, dass in den letzten Tagen schwere Zeiten eintreten werden; denn die Menschen werden selbstsüchtig sein, geldliebend, prahlerisch, hochmütig, Lästerer, den Eltern ungehorsam, undankbar, unheilig, ohne natürliche Liebe, unversöhnlich, Verleumder, unenthaltsam, grausam, das Gute nicht liebend, Verräter, verwegen, aufgeblasen, mehr das Vergnügen liebend als Gott, die eine Form der Gottseligkeit haben, deren Kraft aber verleugnen; und von diesen wende dich weg."*

(2. Timotheus 3,1-5)

## Mit Deiner Tochter reden:

**Jetzt, nachdem Du gebetet hast, bitte Deine Tochter, das Kapitel 11 in ihrem Buch zu lesen**, während Du den gleichen Inhalt hier in Deinem Buch nachliest. Ich habe für Dich noch einige Randnotizen geschrieben. Du kannst wieder Deine eigenen Notizen hinzufügen, damit Du im Gespräch mit Deiner Tochter später eine kleine Gedächtnisstütze hast.

# Lügen über die Zukunft

Heute hat uns Danika erzählt, dass sie nach **HARVARD*** an die Uni gehen wird und irgendwann mal **ein wichtiges Labor** haben wird. Einige Kinder haben darüber gelacht, aber ich glaube, dass das wirklich irgendwann so sein kann. Sie ist so ziemlich die Schlauste in der ganzen Klasse. Dann sagte Carly etwas, worüber noch lauter gelacht wurde. Sie sagte, dass sie eine Ehefrau und Mutter werden will. Jemand meinte: „Du weißt aber schon, dass du mehr als **das** wollen solltest, oder?“ Insgeheim war ich irgendwie traurig, **aber ich wusste nicht, warum.**

**Eine Ehefrau und Mutter zu sein ist eine gute und wichtige Aufgabe.**

*Die *Harvard University* ist eine der bekanntesten und besten Universitäten in den USA.

**Notizen für Mama:**

**Notizen für Mama:**
**Über Wahrheit Nr. 19:**
Empfindest Du Dich manchmal als unbedeutend in Deiner Rolle als Ehefrau und/oder Mutter? Wenn ja, wird Deine Tochter das bemerken, und das könnte sie in ihrem Denken über diese Rollen eines Tages beeinflussen. Mach Dich ganz bewusst daran, jede Lüge, die Du über diese Rollen geglaubt hast, zu erkennen und sie durch Gottes Wahrheit zu ersetzen.

**Notizen für Mama:**
In Kapitel 5 in *Lügen, die wir Frauen glauben* spricht Nancy diese Lüge an: *„Eine Berufskarriere ist wichtiger und befriedigender, als Hausfrau und Mutter zu sein"*. Ich kann Dir sehr empfehlen, das Kapitel zu lesen, wenn Du es nicht schon getan hast. Was darin steht, unterstreicht Gottes Vorstellung von biblischem Frau-Sein. Vieles, worüber zum Beispiel Paulus in Titus 2 schreibt, betrifft unseren Umgang mit Ehe, Erziehung und Haushalt. Interessant sind einige Dinge, die der Apostel *nicht* sagt:

*Er sagt nicht, Frauen hätten nur zu Hause zu arbeiten.*

*Er ist nicht der Meinung, die Frauen seien allein für alles verantwortlich, was zu Hause getan werden muss.*

*Er verbietet uns nicht, außer Haus tätig zu sein.*

*Er verbietet auch nicht, für solche Arbeit entschädigt zu werden.*

„Was willst du mal werden, wenn du erwachsen bist?"

Die Frage bekommt man schon in der Grundschule gestellt! Nun, was **WILLST** Du denn werden, wenn Du erwachsen bist? **Schreib Deine Top 3 hier auf:**

1. ______________________

2. ______________________

3. ______________________

Du wächst in einer Zeit auf, die für Frauen und Mädchen sehr interessant ist. Du kannst fast **ALLES** werden, wenn Du erwachsen wirst. Das war nicht immer so. Kannst Du Dir vorstellen, dass Frauen **vor langer Zeit** kein Grundstück besitzen durften, nicht wählen gehen konnten, oder nicht so viel Geld verdienen konnten wie Männer!!?? Ja, das stimmt.

Die Bibel erzählt uns viele Geschichten von Frauen, die gute Arbeit leisteten – gegen Bezahlung, oder kostenlos, oder um anderen zu helfen – auch außerhalb ihres Zuhauses. Das sagt mir, dass Gott auch für Dich in Zukunft eine Karriere außerhalb Deines Zuhauses bereithalten könnte.

Aber da ist das Problem: Viele Mädchen sind so versessen auf all das, was sie **SEIN WOLLEN**, dass sie sich nicht genug Zeit nehmen, um Gott zu fragen, was sie eigentlich **SEIN SOLLEN.** Sie denken sogar, dass einer der besten Jobs, die Frauen nach Gottes Plan gerne machen sollten – nämlich Ehefrau und Mutter zu sein – gar nicht **so** wichtig ist. Manche glauben sogar, dass es eine schlechte Idee ist, das als Lebensziel zu haben!

**Sie glauben diese Lüge.**

Lüge

**„Nur Ehefrau und Mutter sein ist uncool."**

Ich glaube, dass das eine richtig dicke, fette Lüge ist, deshalb habe ich dazu zwei Bibelverse für Dich.

*Er deutet auch nicht an, dass Frauen in der Öffentlichkeit nichts zu suchen haben.*

Daraus können wir schließen, dass Paulus Folgendes sagt: Unser Zuhause ist wichtig. Und das, was wir da tun, hat Ewigkeitswert.

Wir sollten die Möglichkeit nicht versäumen, dies zu genießen und zur Ehre Gottes zu nutzen.

Wenn Du das wirklich auslebst, wird Deine Tochter auch ein stärkeres Verlangen haben, dies in ihrem eigenen Leben zu erfahren.

**Gesprächstipp für Wahrheit Nr. 19:** Dieses Gespräch kann sehr viel Spaß machen. Du kannst anfangen, indem Du Deine Tochter fragst, was sie einmal werden möchte. Da gibt es keine falschen Antworten. Gott pflanzt Wünsche. Darum hör einfach zu und genieß es, zusammen mit ihr zu träumen.

Wenn sie unter anderem auch Ehefrau und Mutter sein möchte, fang an, dieses Thema zu ergründen. Stell Fragen wie:

*„Wie viele Kinder möchtest du haben?"*

*„Welche guten Seiten sollte dein Ehemann haben?"*

Du brauchst diese Themen nicht zu vermeiden, nur weil sie in der Zukunft liegen. Indem Ihr darüber redet, bekommst Du die Gelegenheit, Wahrheitssamen zu pflanzen. Wenn sie den Ehefrau- und Mutterwunsch nicht erwähnt, ist das auch in Ordnung. Aber frag nach, warum sie es nicht getan hat.

**Notizen für Mama:**
Nutze den natürlichen Ablauf des Gesprächs, um ihr Dein Herz zu öffnen und ihr einige freundliche, aber prüfende Fragen zu stellen:

*„Mir macht es Spaß, eine Mama zu sein. Ist das etwas, was du auch eines Tages mal erleben möchtest?"*

*„Als ich auf dem College war, traf ich deinen Vater. Mit ihm verheiratet zu sein, ist eins der besten Dinge meines Lebens. Willst du auch einmal heiraten?"*

Nimm Dir Zeit, ihr zu sagen, wie froh Du bist, *ihre* Mutter zu sein. Vielleicht kannst Du ihr erzählen, wie sie geboren wurde, und wie Du Dich damals gefühlt hast.

Dieser Vers sagt uns, warum Gott Eva schuf. Er hat nicht einfach plötzlich im letzten Moment entschieden, dass er sie erschaffen würde. Er hatte die ganze Zeit mit ihr geplant. Aber zuerst wollte er, dass Adam erkennt, dass er jemanden zur Hilfe braucht, der andere Eigenschaften und Stärken hat als er selbst. Danach hat Gott Eva geschaffen.

Manche Leute denken, dass **„Hilfe"** hier bedeutet, dass Eva nicht so wichtig war wie Adam, aber dann verstehen sie dieses Wort nicht richtig! Das Buch *1. Mose* war eigentlich in der hebräischen Sprache geschrieben und nicht in Deutsch. Das Wort für Hilfe war **ezer.** In diesen Vers beschreibt es Eva als Adams Hilfe. Aber in vielen anderen Versen bezeichnet dieses Wort **GOTT ALS UNSERE HILFE!** Das ist eine der coolen Möglichkeiten, mit denen wir Frauen so ähnlich wie Gott sein dürfen. (Erinnerst Du Dich noch an die Lektion ein paar Kapitel weiter vorne? Dass wir geschaffen sind, um ihm ähnlich zu sein?)

Wenn man **SO** darüber nachdenkt, ist es superwichtig, eine Hilfe zu sein. Wenn Du das Verlangen hast, einmal eine Ehefrau zu sein, dann ist das ein guter Wunsch. Es ist eine der besten Aufgaben, die Gott Dir geben könnte!

Der zweite Bibelvers, den ich Dir zeigen will, ist folgender. Wir haben ihn schon einmal benutzt, um eine andere Lüge zu bekämpfen, aber ich denke, er ist es wert, dass wir ihn noch mal anschauen.

Jeder wird gerne belohnt und bekommt gerne Geschenke, oder? In diesem Vers werden Kinder eine „Gabe" und eine „Belohnung" genannt. Trotzdem können sich viele Frauen nicht mit dem Gedanken anfreunden, Mutter zu sein. Noch trauriger macht mich, dass manche Frauen, die Mütter sind, sich viel darüber beschweren. Sie sehen es nicht als eine Gabe oder eine Belohnung. Das ist in der Welt von heute eine große Lüge und eine, die ich nicht ganz verstehe.

Als ich ein Mädchen war, hatte ich drei Wünsche, was ich werden wollte, wenn ich groß werde: Eine Ehefrau, eine Mutter und eine Bibellehrerin. Und ich wollte es in dieser Reihenfolge werden! Und obwohl ich auch Erfolg als Autorin, Rednerin und Bibellehrerin habe (Berufe, die ich sehr gern habe) – der **BESTE JOB VON ALLEN** ist es, Ehefrau und Mutter zu sein.

Nicht jede Frau ist dazu **BESTIMMT**, eine Ehefrau und Mutter zu werden, aber die meisten schon. Deswegen hoffe ich, dass Du Dich auch für diese Aufgaben begeistern kannst. Ich denke, Du solltest Folgendes tun: Sag Gott, dass Du ihm mit dem gefallen möchtest, was in der Zukunft aus Dir wird. Sei bereit, seinem Plan zu folgen. Er hat Dich geschaffen und er weiß, wozu Du **BESTIMMT BIST**! Wenn er möchte, dass Du eine Ehefrau und Mutter sein sollst, wirst Du das toll machen, da bin ich mir sicher. Vielleicht möchte er aber auch, dass Du zwei Karrieren einschlägst, so wie ich. Und er wird Dir helfen, die Weisheit zu haben, Ehefrau und Mutter zu sein und gleichzeitig Verantwortung in anderen Bereichen zu übernehmen. Vielleicht wirst Du auch gar keine Mutter, weil Gott etwas anderes für Dich im Sinn hat.

**Notizen für Mama:**
**Ganz ernste Frage:**
Das Forbes-Magazin sagt, dass eine Mutter im Jahr 115.000 Dollar bekommen müsste, entsprechend dem, was sie leistet, den Stunden, die sie arbeitet und dem Geld, das sie der Familie erspart.[47] Ziemlich cool! Aber kann man das wirklich in Zahlen ausdrücken?

**Notizen für Mama:**
**Über Wahrheit Nr. 20**

Wir leben in einer „Mikrowellen-Kultur“. Wir wollen alles sofort, jetzt im Augenblick! Die Mentalität, „alles jetzt“ haben zu wollen, durchdringt alles, was wir machen. Eine signifikante Nebenerscheinung ist, dass die menschliche Aufmerksamkeitsspanne jetzt acht Sekunden beträgt.[48]

Wenn Deine Tochter dieser Denkweise ausgeliefert ist, wird sie in der Zukunft viel Kummer haben. Wie wird sie reagieren, wenn sie nicht in die Fußball-Mannschaft an der High School aufgenommen wird? Auf welche Charakterstärke wird sie sich als Single-Frau stützen können, wenn sie gern einen Mann hätte? Wie will sie Unfruchtbarkeit oder Krankheit durchstehen, wenn sie nicht gelernt hat, geduldig und langmütig auf Gott zu warten?

Bei dieser Sache bin ich mir jedoch ganz sicher: Gott weiß es schon und er bereitet Dich darauf vor. Das bringt uns zu unserer letzten großen **WAHRHEIT**!

**Hört sich das verwirrend an? Lass es mich mit einer Geschichte erklären.** Als ich zum ersten Mal das Zuhause von meiner Freundin Nancy besuchte, fiel mir ein Bilderrahmen in ihrem Wohnzimmer ins Auge. Es war ein Brief, den sie mit sieben Jahren geschrieben hatte. Da stand:

Liebe Mama & Papa,
am Samstag wurde mir klar, dass Gott mein Herz berührt hat und dass er will, dass ich eine Missionarin für ihn werde. Es war, als hätte er vor mir gestanden.

Da fing ich an, mir vorzustellen, wie eine Missionarin zu Leuten spricht. Ich könnte einfach ALLEN diese frohe Botschaft weitersagen. Ich freue mich so darüber.

Und ich weiß einfach, dass Gott zu mir gesprochen hat und mir gesagt hat, ich soll eine Missionarin für ihn werden. Ich glaube, Missionarin zu sein ist der beste Job für mich.

Ich freue mich einfach so, dass Gott möchte, dass ich Missionarin für ihn werde.

Nancy

Als Nancy sehr jung war, war sie schon dabei, das zu werden, was sie heute ist: Eine großartige Bibellehrerin und Autorin, die hunderte und tausende von Frauen anleitet, näher bei Gott zu leben. Ihre Organisation *Revive Our Hearts* (das heißt auf deutsch *„Belebe unsere Herzen"*), gibt es schon in vielen Ländern auf der ganzen Welt. Ich glaube, das macht sie zu einer Missionarin. Auf der ganzen Welt kennen Frauen ihren Namen und vertrauen ihr. Sie hat nicht gewartet, bis sie erwachsen war, um Missionarin zu werden. Sie fing damit an, als sie noch sieben war!

Diese Geschichte verdeutlicht eine einfache Wahrheit Gottes.

Wenn Du Bohnen pflanzt, was bekommst Du dann? Bohnen! Wenn Du eine Zucchini pflanzt, was bekommst Du? Zucchini! Die Bibel sagt uns hier, dass das Gleiche mit unserem Charakter passiert. Wenn Du heute ein Mädchen bist, das die Bibel liest und betet, dann wird aus Dir in Zukunft eine weise Frau, die im Gebet kämpft und Gottes Wort liebt.

**„Irrt euch nicht, Gott lässt sich nicht spotten! Denn was irgend ein Mensch sät, das wird er auch ernten."**
(Galater 6,7)

Wahrheitsperle

Aber ... wenn Du heute ein Mädchen bist, das die meiste Zeit im Internet verbringt, Computerspiele spielt oder Filme schaut, wird daraus nur schwer ein Herz wachsen können, das es liebt, in der Bibel zu lesen und zu beten. Filme und Spiele sind nicht verkehrt, und es ist okay, hin und wieder daran Spaß zu haben. Aber Du musst auch darum eifern, erwachsen zu werden und in das hineinzuwachsen, was Gott sich für Dich erhofft. Egal, ob das bedeutet, eine liebevolle Ehefrau und Mutter, die Frau eines Ältesten, eine Ärztin, eine Missionarin, oder sogar eine Kombination davon zu werden!

Das könnte der geeignete Moment für eine von Nancys Notizen sein.

**Notizen für Mama:**
Eine Möglichkeit, sie vorzubereiten, besteht darin, ihr ein Verständnis dafür beizubringen, dass alles, was sie jetzt erlebt, Auswirkungen auf die Zukunft hat. Ihr zu helfen, vorausschauend zu denken, wird dazu beitragen, dass sie den Durchblick behält, wenn sie schwierige Zeiten durchleben muss.

**Gesprächstipp für Wahrheit Nr. 20:**
Wenn man Bohnen pflanzt, erntet man Bohnen. Was auch immer Du in Deine Tochter pflanzt und in ihr pflegst, wird sich eines Tages entfalten. Das ist Deine Chance, das Gewünschte zu bekräftigen.

Eine großartige Möglichkeit, die Arbeit in unserem *Lügen, die Mädchen glauben*-Labor zu beenden, wäre, Bohnensamen zu kaufen und anzupflanzen. Der Wachstumskreislauf dieser Pflanze ist kurz und einfach. Deine Tochter braucht nur eine oder zwei Bohnen in einen Topf mit Blumenerde zu stecken und täglich zu gießen. Schon bald werden sie sprießen und man erkennt die Pflanze. Diese Tätigkeit ist eine großartige visuelle Erinnerung für Deine Tochter, dass sie gerade eine große Wahrheit in den Garten ihres Herzens gepflanzt hat. Und auch die wird WACHSEN!

**Notizen für Mama:**

Im Leben geht es nicht nur um Spaß. Es ist auch wichtig, sich darauf zu konzentrieren, das zu werden, was Du als Erwachsene einmal sein wirst. Das könnte bedeuten, Klavier zu üben oder mit Deiner Mama zu kochen. Es könnte bedeuten, Deine Bibel zu studieren oder sich extra Mühe bei den Mathehausaufgaben zu geben. Bevor Du etwas tust, frage Dich: *Was wird das auf lange Sicht wert sein?*

Hört sich das zu schwierig an und so, als wäre es nur etwas für ältere Frauen?

**Wenn ja, glaubst Du möglicherweise eine Lüge.**

Lüge

**„Ich bin zu jung, um ______________________ ______________________."**

Diese Lüge taucht in vielen verschiedenen Versionen auf, um Mädchen wie Dich davon abzuhalten, gute Dinge in ihrem Leben zu säen und anzupflanzen. Das hört sich manchmal wie eine von diesen Lügen an:

- **„Ich bin zu jung, um meine Bibel zu lesen."**
- **„Ich bin zu jung, um zu beten."**
- **„Ich bin zu jung, um mein Bett selbst zu machen."**
- **„Ich bin zu jung, um früh aufzustehen."**
- **„Ich bin zu jung, um Geld anzusparen."**
- **„Ich bin zu jung, um Jesus mein Herz zu geben und Christ zu sein."**

Wenn Du dieses Buch liest, bist Du nicht zu jung für irgendeins von diesen Dingen. Fall nicht auf die Lüge herein, dass das, was Du heute als junges Mädchen tust, nicht wirklich zählt. Das tut es. Wenn Du diszipliniert bist, wirst Du diszipliniert werden. Wenn Du freundlich bist, wirst Du freundlich werden. Du entwickelst Dich zu dem, was Du sein wirst.

**Notizen für Mama:**

**Notizen für Mama:**
Weil die Aufgaben für die Laborarbeit Deiner Tochter unabhängig vom Kapitelinhalt dieselben bleiben, habe ich nur am Ende von Kapitel 4 Ideen vorgestellt, wie Du mit Deiner Tochter zusammenarbeiten kannst. Du findest sie bei den „Notizen für Mama" auf den Seiten 86-87, wenn Du sie noch mal nachlesen willst.

## Dein Einsatz im Labor

**Nimm Deine Stifte zur Hand.
Nun bist Du an der Reihe, mitzuarbeiten.**

| Die Lüge | Die Wahrheit |
| --- | --- |
| NUR Ehefrau und Mutter werden zu wollen ist uncool. | • Gott schuf die erste Frau, Eva, als Hilfe für den ersten Mann, Adam. Jede Frau hat diese Fähigkeit, zu helfen! *(1. Mose 2,18)*<br>• Kinder sind eine „Gabe" und eine „Belohnung." *(Psalm 127,3)*<br>• Es ist okay, eine Karriere außerhalb vom Zuhause haben zu wollen, wenn es das ist, wozu Du bestimmt bist. |
| Ich bin zu jung, um ____________ | • Du wirst werden, was Du bist. Was Du säst, wirst Du ernten. *(Galater 6,7b)* |

______________________________

______________________________

______________________________

______________________________

## Mir selbst die Wahrheit sagen

**Du bist an der Reihe, die Autorin zu sein!**

- Hast Du irgendeine dieser Lügen über die Zukunft geglaubt? Setz ein X über jede der **LÜGEN** in diesem Kapitel, die Du geglaubt hast.
- Über welche Wahrheit sollst Du dann **die ganze Zeit, JEDEN TAG nachdenken? Schau Dir DIE WAHRHEIT** an, die wir zusammen entdeckt haben. Kreise ein, was Dir persönlich wichtig erscheint und wobei Du verweilen willst.
- Fang an, **die ganze Zeit, JEDEN TAG** über die Wahrheit nachzudenken. Du kannst anfangen, indem Du unten ein Gebet an Gott aufschreibst, oder einen hilfreichen Vers aus der Bibel oder Ideen, die Du nicht vergessen willst.

## Zoey helfen, die Wahrheit zu glauben

**Es ist Zeit, Zoey einen Rat zu geben!**

Zoey hat gesehen, wie sich andere über ein Mädchen lustig machten, das einmal eine Ehefrau und Mutter werden möchte. Denkst Du, es ist okay, dass dieses Mädchen das werden will? Gibt es etwas, was Zoey zu ihr sagen könnte, damit sie sich besser fühlt?

Notizen für Mama:

Teil 3

# Die Wahrheit, die sie frei macht.

(Wie man Lügen erkennen und sie durch die Wahrheit ersetzen kann)

Unsere Zeit ist beinahe abgelaufen, und wir haben noch nicht über alle Lügen gesprochen, die Deine Tochter versucht sein könnte, zu glauben. Aber mach Dir keine Sorgen. Du kannst damit weitermachen, ihr die Wahrheit beizubringen, die sie befreit.

Zur Erinnerung: Dies ist ein Prozess, der viel Geduld erfordert. Auch wenn Du manchmal das Verhalten Deiner Tochter zügeln kannst (und manchmal solltest), wenn Du die Ergebnisse böser Wurzeln erkennst, ist es weiser und am Ende auch effektiver, sie in gnadenvoller Wahrheit zu erziehen. Da ist es entscheidend, offen über Sünde und Versuchung zu reden und Deine Tochter zu ermutigen, ihre Fehler einzugestehen. Mach ihr auch Mut, Dich daran zu beteiligen, wenn sie Entscheidungen für ihr moralisches Verhalten trifft.

Was ich Dir jetzt vermitteln möchte, wird zeitraubend und vielleicht auch frustrierend sein. Aber das längerfristige Endergebnis ist diese Mühe wert. Es wird eine junge Frau hervorbringen, die Gott wohlgefällige Entscheidungen treffen kann, selbst wenn ihre Mutter gerade nicht da ist, weil sie die Wurzeln der Wahrheit tief in sich herangebildet hat.
In den folgenden zwei Kapiteln möchte ich Dir drei Schritte zeigen, um Lügen durch Wahrheit zu ersetzen. Dann, im abschließenden Kapitel, biete ich Dir eine Schatztruhe voller Bibelverse an, über die Du mit Deiner Tochter nachdenken kannst.

Kapitel 12

# Die Wurzeln ausreißen

**(Wie kann man Lügen erkennt)**

## Geißblatt

Erinnerst Du Dich? Wenn man das Ende der Blüte abkneift, den fadendünnen Blütenstempel herauszieht und sie dann über den offenen Mund hält, muss man nur noch auf den süßen Nektartropfen warten, der auf die Zunge fällt. Kein Kind sagt jemals etwas Schlechtes über Geißblatt.
Auf meiner Farm gibt es Geißblatt, haufenweise. In jedem Frühling mache ich voller Freude meine Fenster weit auf, wenn die Büsche ihren herrlich süßen Duft verströmen. Das heißt – bis letztes Jahr.

Da bemerkte ich Probleme. Die Wege waren dermaßen von Geißblatt überwuchert, dass ich nicht mehr mit meinem Pferd hindurchreiten konnte. Außerdem gab es eine Menge toter Bäume, auch mein Flieder wollte kaum noch blühen.

Ohne dass es mir bewusst war, war ich von einem Eindringling betört worden. Die Ranken überwuchern die Bäume und bringen viele der schwächeren sogar um. Aber die Wurzeln des Geißblatts machen den meisten Schaden. Sie verändern den Nährstoffgehalt des Bodens, sie zerstören die Erdbehausungen vieler Tiere und nehmen ganze Staatswälder in Besitz.
Während ich das hier schreibe, weht der Geruch von brennendem Holz aus dem Garten in unser Haus. Mein Mann hat einen langwierigen Krieg gegen das Geißblatt eröffnet. „Bauer Bob“, wie ich ihn nenne, schneidet nicht nur alles Überirdische ab. Er reißt auch die Wurzeln aus und verbrennt sie. Wenn Du jemals Geißblattwurzeln ausreißen musst, sag Bob Bescheid! Wenn Du aber die Wurzeln von Unwahrheiten ausreißen musst, die sich in das Denken und in das Herz Deiner Tochter eingegraben haben, dann bin ich die richtige Adresse.

In beiden Fällen müssen die Wurzeln heraus, sonst zeigen sich die unliebsamen Verhaltensweisen immer wieder neu. Irgendwann könnte das Sündigen im Leben Deines Mädchens die Oberhand gewinnen. In diesem Kapitel werden wir untersuchen, wie man alle möglichen Lügen, die Deine Tochter glaubt, aufdeckt und ausmerzt. Im nächsten Kapitel geht es darum, wie man Wahrheit pflanzt, um Lügen damit zu ersetzen.

# Übles Grübeln

Vieles von dem, was Deine Tochter glaubt, hängt von ihren Gedanken ab. Ihre Gedanken beeinflussen zunächst die Gefühle, dann ihr Benehmen. Sie formen und offenbaren die Wurzeln ihres Glaubenssystems.

Ich bin überzeugt, dass viele Mütter sehr viel vorsichtiger mit allem wären, was ihre Töchter zu sehen und zu hören bekommen und was sie erleben, wenn sie wirklich die Kraft der Gedanken begriffen hätten. Relativ neue medizinische Untersuchungen zeigen uns, wie todgefährlich unwahres, verirrtes Denken für jeden von uns sein kann. (Ich nenne das „stinkin' thinkin'" – übles Grübeln.) Andererseits erzeugen wahrheitsvolle, richtige Gedanken für Deine Tochter ein Umfeld, in dem eine gesunde Frau aufwächst.

Der Psychiater und Neurologe Dr. Daniel Amen stellte vor mehr als zwei Jahrzehnten fest, dass die Behandlung von Menschen mit Depressionen, Ängsten und anderen emotionalen Herausforderungen ohne das Einbeziehen des Organs, das all diese Dinge steuert – das Gehirn – keine gute Idee zu sein scheint. Er war der Vorkämpfer dafür, zuerst SPECT-Untersuchungen des menschlichen Gehirns anzustellen, bevor man aufs Geratewohl Medikamente verschreibt. Er hat um die 83 000 Gehirnscans angeschaut und zahllosen Patienten geholfen, die unterschiedlichsten schmerzlichen mentalen Gesundheitsprobleme zu überwinden. Obwohl er auch moderne medizinische Eingriffe einsetzt sowie Ernährungsumstellungen und Sport, um den Patienten zu helfen, verwendet er sich stark für die Umschulung des Denkens:

*„Gedanken sind mächtig. Sie können bewirken, dass sich sowohl der Geist als auch der Köper wohlfühlen, und sie können bewirken, dass sich beide schlecht fühlen. Das kommt, weil sich emotionale Aufregungen in körperlichen Symptomen äußern können, wie Kopf- oder Magenschmerzen. Immer, wenn man einen guten, frohen oder hoffnungsvollen Gedanken hat, entsendet das Gehirn Hormone, die das tiefliegende limbische System beruhigen, wodurch es dazu beiträgt, dass der Körper sich wohlfühlt."*[49]

Dr. Amen hält die Gedanken für so mächtig, dass er das Gehirn „die Hardware der Seele" nennt.[50] Das ist nichts wirklich Neues. Schon dem Schreiber des Buches der Sprüche in der Bibel gab Gott ein, für uns aufzuschreiben: *„Denn wie er in seiner Seele [oder in seinem Gehirn] berechnend denkt, so* *ist er"* (Sprüche 23,7 Schlachter 2000). Eine weitere Bibelstelle, die von der Kraft unseres Denkens spricht, ist sehr bekannt geworden. Dr. Amen, der Christi ist, benutzt ihn in einem seiner säkularen Bücher, das auf der Bestseller-Liste der *New York Times* steht, als Rezept für mentales Wohlergehen:

**„Im Übrigen, Brüder, alles, was wahr, alles, was würdig, alles, was gerecht, alles, was rein, alles, was lieblich ist, alles, was wohllautet, wenn es irgendeine Tugend und wenn es irgendein Lob gibt, dies erwägt. Was ihr auch gelernt und empfangen und gehört und an mir gesehen habt, dies tut, und der Gott des Friedens wird mit euch sein."**
(Philipper 4,8-9)

Wahrheitsperle

Der Bibel zufolge ist positives Denken eine der stärksten Handlungen, mit denen wir unser Leben und unsere Emotionen verändern können. Wenn wir an Ehrenhaftes, Gerechtes, Reines und Schönes denken, durchflutet Gottes Frieden unser Sein. Ist das nicht etwas, was wir für unsere Töchter wünschen? Dass sie in innerem Frieden leben? Aber wir als Mütter sollten ehrlich sein: Wir kennen diesen Vers. Vielleicht haben wir ihn auswendig gelernt und in unser Wohnzimmer gehängt oder auf Sozialen Medien geteilt. Aber wir neigen dazu, Unehrenhaftem, Ungerechtem, Unreinem und Unschönem zu erlauben, in den Lebensraum unserer Familie einzudringen.

Ein Bild sagt mehr als 1000 Worte. Darum wollen wir uns die Arbeit einer anderen führenden Gehirn-Spezialistin anschauen. Und zwar Dr. Caroline Leaf. Sie untersuchte einen Teil des Gehirns, den wir tatsächlich sehen können. Ihre Pionierleistung brachte mich dazu, Philipper 4,8-9 noch ernster zu nehmen. *Dendriten* sind kurze Zweige oder Auswüchse der Nervenzellen im Gehirn; durch sie senden und empfangen die Zellen Impulse von und zu anderen Zellen. Dadurch kann das Gehirn den ganzen Körper steuern. Es sind mikroskopisch kleine baumähnliche Strukturen im Gehirn.

Hier sieht man, wie sie aussehen, wenn man ein gesundes, heiles, mit Wahrheit angefülltes Gedankenleben führt. Die Dendriten sind zahlreich und voll und zeigen das Erscheinungsbild eines starken, gesunden Baumes.

Und hier kann man sehen, wie es aussieht, wenn man ein ungesundes, verstörtes Gedankenleben führt, das auf Lügen aufgebaut ist. Es gibt nur wenige Dendriten, und sie sind weit voneinander entfernt und erinnern an tote, verdorrte Äste.[51]

Ich weiß nicht, wie es Dir geht, aber ich möchte, dass meine Mädchen einen gesunden „Wald" von „Dendriten-Bäumen" in ihren Köpfen haben, und nicht einen Geisterwald voller Negativität und Lügen, die aus üblem Grübeln erwachsen sind.

Auch wenn ich das schon einmal gesagt habe, fühle ich mich gedrängt, Dich noch einmal von Herzen darum zu bitten: Geh vorsichtig mit den Gedanken um, die Deiner Tochter begegnen. Dienen die Filme, Lieder, Websites, Freunde und Klassenkameraden, denen sie ausgesetzt ist, dazu, sie mit Wahrheit oder mit Lügen zu füllen? Die Gedanken, mit denen sie umgeht, werden einen starken Einfluss nicht nur auf ihre mentalen und spirituellen Werte, sondern auch auf die Physiologie ihres Gehirns – der Hardware ihrer Seele – haben, in der ihr Glaubenssystem gespeichert ist. Oh, bitte sei vorsichtig!

Wie ich Deiner Tochter sagte: Unsere Gedanken sind der Chef unserer Gefühle, die unser Verhalten kontrollieren. Also muss jeder von uns entscheiden, wer der Chef unserer Gefühle sein soll. Jesus will es sein.

**„... indem wir [...] jeden Gedanken gefangen nehmen unter den Gehorsam des Christus ..."**
(2. Korinther 10,5)

Wahrheitsperle

Bestimmt Jesus über den Inhalt, der in Dein Haus und in das Herz Deiner Tochter kommt?

Ich hoffe es. Natürlich – egal wie wachsam Du bist, es werden Lügen an Dir vorbeikommen. Darum wollen wir uns an die Arbeit machen und bereit sein, die Lügen auszurotten und Wahrheit an ihre Stelle zu pflanzen. In *Lügen, die Mädchen glauben* lernt Deine Tochter, wie man das macht, aber sie schafft es nicht ohne Hilfe. Niemand ist in der Lage, allein die eigenen Lügen zu entlarven. Das liegt vor allem daran, dass Lügen von Natur aus trügerisch sind. Daher gehören normalerweise die Augen eines anderen und dessen Mitwirken dazu, bei der Identifikation behilflich zu sein. Deine Tochter wird Deine Hilfe brauchen, um zu lernen, diesen Prozess auf sich anzuwenden.

Fangen wir an!

### Wie man eine Lüge durch die Wahrheit ersetzt

1. Erkenne die Beweise. (Halte Ausschau nach irgendeiner Sünde oder „klebrigen Gefühlen".)
2. Identifiziere die Lüge und hör auf, sie zu füttern. (Entschließe Dich, nicht mehr so viel darüber nachzudenken.)
3. Ersetze die Lüge durch die Wahrheit. (Finde Verse in der Bibel, die Dir helfen, über die Wahrheit nachzudenken.)

## 1. Erkenne die Beweise.

Deine erste Aufgabe besteht darin, Deiner Tochter zu helfen, die Beweise zu erkennen, die ihr zeigen, dass sich eine Lüge unter der Oberfläche verbirgt.

Es gibt zwei Arten von Beweisen, die wir mit unseren Augen wahrnehmen können: „klebrige Gefühle" und Sünde. Manchmal sieht man nur einen Beweis, oft aber beide. Wenn Du einen davon im Leben Deiner Tochter bemerkst, geh zu Gott ins Gebet und bitte ihn um Weisheit, wann und wie Du darauf zu sprechen kommen sollst. Bitte um Geistesleitung, damit er vor Dir hergeht, um das Herz Deiner Tochter weich zu machen und sie zu überführen. Er kann ihr geistliche Augen schenken, damit sie ihre „klebrigen Gefühle" und ihre Sünde mit einer Lüge in Zusammenhang bringt, die in den Wurzeln des Glaubenssystems Deiner Tochter lauert.

Eine Mutter, die an einer unserer Gesprächsgruppen teilnahm, verband die einzelnen Teile während eines unserer Gespräche in einem mächtigen Aha-Erlebnis. Plötzlich sah sie, wie die „klebrigen Gefühle" und Sünden die Beweise für eine Lüge waren. Hier ist Sophias Geschichte:

## Eine Fallstudie: SOPHIA

Brianas Tochter Sophia ist eine clevere Grundschülerin, die die Schule liebt und seit dem Kindergarten überragende Leistungen bringt. In letzter Zeit ist sie jedoch immer wieder auf ihre Geschwister losgegangen, wenn diese sie beim Lernen abgelenkt hatten. Bei den Spieleabenden mit der Familie bricht sie oft in Tränen aus, wenn die Eltern möchten, dass sie bei den Spielen mitmacht, statt ihre Hausaufgaben zu erledigen. Weil ihre Noten weit über dem Durchschnitt lagen, entschieden ihre Eltern, dass Sophias Stresslevel in Bezug auf ihre Noten sehr ungesund war. Sie legten Grenzen fest: Keine Hausaufgaben und kein Lernen nach dem Abendessen mehr. Auf diese Entscheidung folgten Wutanfälle, Tränen und regelmäßiger Ungehorsam. Während unserer Gesprächsrunde wurde Briana bewusst, dass Sophias launische Gefühle und das sündige Verhalten vermutlich die Folge einer Lüge waren. Sie konnte es sogar mit einem Vorbild im Leben ihrer Tochter verbinden: der Schulleiterin.

„Jeden Morgen erklärt die Schulleiterin den Schülern Dinge wie ‚Macht eure Matheaufgaben, weil ihr nicht an die High School gehen könnt, wenn ihr schlecht in Mathe seid. Und dann könnt ihr nicht aufs College. Und dann werdet ihr keine gute Arbeit finden'", berichtete Briana. „Diese Schulleiterin ist eine gottesfürchtige Frau, aber ich habe das Gefühl, dass sie den Kindern viel zu früh Druck macht und den Wert einer Karriere überbetont. Mit ihrem Versuch, den Kindern Fleiß beizubringen nährt sie eigentlich die Lüge, dass das Wichtigste im Leben meiner Tochter mit akademischer Leistung und einer Karriere in der Zukunft zu tun hat." Am Ende unserer Gesprächsrunde war Briana mit der Zuversicht gerüstet, Sophia helfen zu können, die Lüge aufzudecken und von ihrer emotionalen Bindung an ihre Hausaufgaben befreit zu werden.

Vielleicht denkst Du bereits an spezielle Gebiete im Leben Deiner Tochter, in denen sie „klebrige Gefühle“ und Sünde erlebt. Wenn nicht, dann macht das nichts. Ich habe Deine Tochter eingeladen, diese leeren Zeilen in ihrem Buch auszufüllen und Dir zu zeigen:

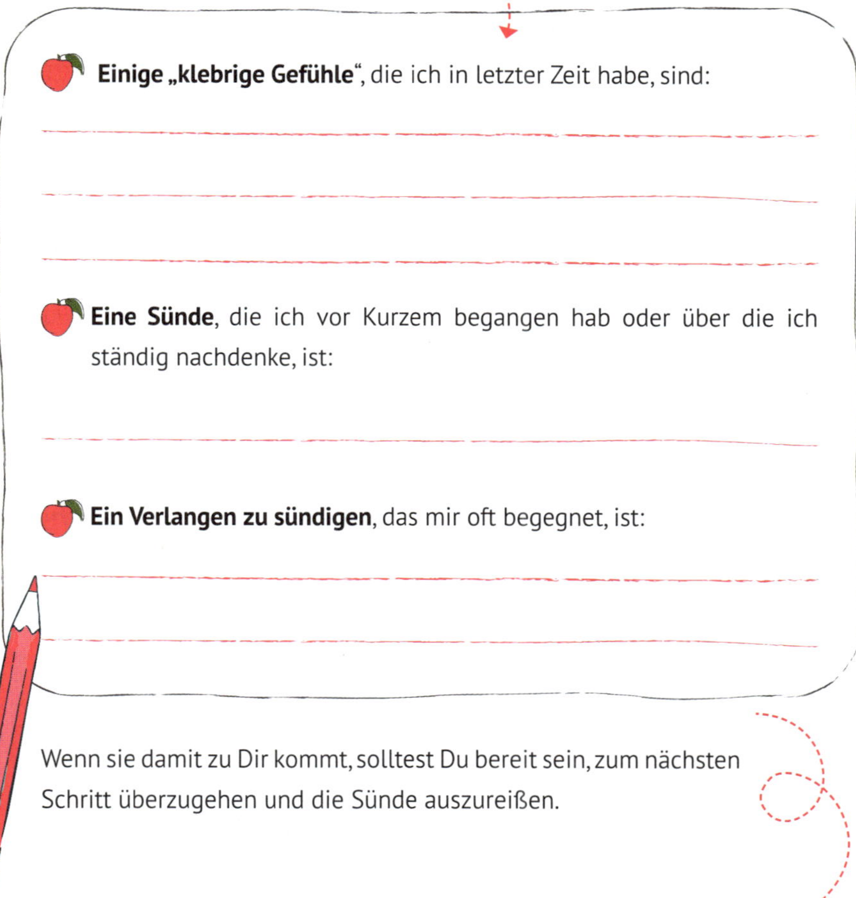


Wenn sie damit zu Dir kommt, solltest Du bereit sein, zum nächsten Schritt überzugehen und die Sünde auszureißen.

## 2. Identifiziere die Lüge und hör auf, sie zu füttern.

Nachdem Du die Beweise für eine Lüge bemerkt hast, ist es an der Zeit, *sie zu identifizieren und aufzuhören, sie zu füttern.* Du kannst das durch eine Unterhaltung mit Deiner Tochter tun. Wenn sie ihr Buch *Lügen, die Mädchen glauben* mitgebracht hat, solltest Du eine Pause in Deiner To-Do-Liste einlegen, um ihren Eifer zu ermutigen, die Sache sofort anzupacken! Wenn Du diesen Prozess dazu benutzt, sie mit einigem zu konfrontieren, was Dir Sorge macht, erkläre, was Du beobachtet hast. Dann frag, ob sie bereit ist, sich helfen zu lassen, die Lüge zu erkennen und aufzuhören, diese zu füttern. Weil sie *Lügen, die Mädchen glauben* studiert, versteht sie hoffentlich, wie alles funktioniert. Immer wieder habe ich festgestellt, dass man die besten Resultate erzielt, wenn man demütig vorgeht und nicht mit einer starken Dosis elterlicher Autorität, egal wie alt die Mädchen sind. Niemand von uns mag es, wenn unsere Sünden und verdrehten Emotionen ans Licht gebracht werden. Darum geh sanft vor, liebe Freundin! Sprich leise. Frag nach und gib Fehler gleich zu und warte, bis Gottes Geist sein Werk, sie weich und formbar zu machen, getan hat.

Wenn sie offen dafür ist, verbring einige Zeit damit, einfach nur mit ihr zu reden und bete dann, dass Gott ihr jede Lüge zeigt, an die sie glaubt. Lass sie hören, wie Du Gott um Leitung bittest, die Lüge zu offenbaren, sodass sie lernen kann, durch Dich auf Gott zu hören.
Es kann sein, dass die Lügen sich von selbst offenbaren und einfach zu erkennen sind. Als ich einmal mit einem jungen Mädchen betete, das einsam und empfindungslos war, drückte sie die Lüge so aus: „Niemand kann mich leiden!" Das ist eine ziemlich offensichtliche Lüge.

Doch manchmal ist alles sehr kompliziert. Ein anderes Mädchen im Teenageralter, über das ich in *Lügen, die junge Frauen glauben* (für Teenager) geschrieben habe, bekam oft Panikattacken und konnte nicht herausfinden, welche Lüge dem zugrunde lag. Und ich auch nicht. Doch als wir beteten und Gott um Hilfe baten, wurde ihr klar, dass diese Attacken zum ersten Mal in der Nacht auftraten, als ihre Eltern ihr erzählt hatten, sie wollten sich scheiden lassen. Die Lüge, die sie glaubte, war: „Alle lassen mich allein!" Ohne Gottes Hilfe hätten wir das nicht herauskriegen können.

Warte auf ihn. Hab Geduld. Sprich Dich mit Deiner Tochter aus. Und vor allem: Lass Deine Tochter die Führung beim Gedankenaustausch übernehmen. Das kann beim Herausfinden der Lüge hilfreich sein. Wenn sie die Lüge entdeckt hat, habe ich ihr in *Lügen, die Mädchen glauben* einen Platz gegeben, wo sie sie aufschreiben kann.

## EINE Lüge, die ich glaube, ist:

Eine Lüge zu identifizieren bedeutet grundsätzlich, sie mit der Wurzel auszureißen. Einmal bloßgestellt hat sie nichts mehr, wohinter sie sich verstecken kann. Aber dann muss man auch aufhören, sie zu füttern. Irgendwann wirst Du mit Deiner Tochter eine Strategie dafür besprechen müssen. Sie darf sich der Lüge nicht mehr aussetzen, indem sie sich an Orte und in Situationen begibt, wo sie nicht mehr auf sie hören oder darüber nachdenken kann. Wenn sie zum Beispiel versucht war zu glauben, niemand würde sie leiden können, dann sollte sie aufhören, sich von allen Menschen fernzuhalten und stattdessen Beziehungen knüpfen. Vielleicht kannst Du ihr helfen, sich mit einigen guten Mädchen zu verabreden. Wenn sie versucht wird, bei einer bestimmten Freundin Fernsehshows anzusehen, die ihr nicht gut tun, kannst Du sie ermutigen, sich lieber mit anderen Freundinnen zu treffen, die einen besseren Einfluss auf sie haben. Du verstehst schon, was ich meine.

Dies ist ein heikles Gebiet, weil man manchmal die elterliche Autorität auspacken und Disziplinarmaßnahmen ergreifen muss, wie zum Beispiel für eine Zeit ihr iPad wegzunehmen oder ihren Umgang mit Netflix zu reduzieren. Auch wenn ich dafür eintrete, dass Eltern vor allem aufbauende und die Wahrheit fördernde Methoden für ihre Töchter verwenden sollten, so bedeutet das nicht, dass man niemals auf Einschränkungen zurückgreifen darf. Es bedeutet nur, dass es nicht die einzige oder wichtigste Erziehungsmethode ist. Und als Regel schlage ich vor, solche Entscheidungen nicht während Eurer Gebets- und Gesprächszeit zu treffen. Mach Dir eine mentale Notiz und redet erst später darüber. Wenn Dir das ein bisschen schwer fällt, erinnere Dich an Gottes Reaktion gegenüber Adam und Eva in Kapitel 3. Er tröstet bevor er konfrontiert. Bleib erst mal beim Trösten, Du bist nämlich noch nicht fertig. Ihr müsst diese Lüge noch durch Wahrheit ersetzen.

## Mit Gott reden:

**Nutze Philipper 4,8 als Inspiration für ein Gebet.** Bilden die Sprache und der Inhalt der Medien in Deinem Zuhause ein Vorbild für Deine Kinder für das, was wahr, würdig, gerecht, rein und empfehlenswert ist? Wenn nicht: Was müsste geändert werden? Schreib Deine ehrlichen Gedanken für Gott auf die Zeilen hier drunter:

*„Im Übrigen, Brüder, alles, was wahr, alles, was würdig, alles, was gerecht, alles, was rein, alles, was lieblich ist, alles, was wohllautet, wenn es irgendeine Tugend und wenn es irgendein Lob gibt, dies erwägt. Was ihr auch gelernt und empfangen und gehört und an mir gesehen habt, dies tut, und der Gott des Friedens wird mit euch sein."*
(Philipper 4,8-9)

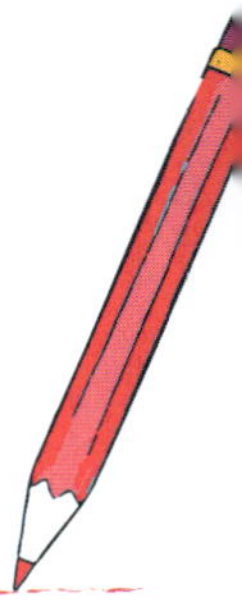

## Mit Deiner Tochter reden:

**Nachdem Deine Tochter Kapitel 12 in *Lügen, die Mädchen glauben* gelesen hat,** schlag Seite 154 auf und hilf ihr, sich durch den Prozess der Lügenerkennung hindurchzuarbeiten. Lügen sind schwer bei sich selbst zu erkennen, sogar, wenn man erwachsen ist. Ich habe Deine Tochter bereits ermutigt, zu Dir zu kommen und sich helfen zu lassen. (Sie wird in Kapitel 13 die Lüge durch Wahrheit ersetzen, also werden wir darauf noch zurückkommen.) Du hast diese Liste bereits gesehen, aber jetzt ist es vielleicht an der Zeit, die leeren Stellen auszufüllen. Der Einfachheit halber habe ich sie hier noch einmal abgedruckt:

- Einige „klebrige Gefühle", die ich in letzter Zeit habe, sind:

  ______________________________

  ______________________________

  ______________________________

- Eine Sünde, die ich vor Kurzem begangen hab oder über die ich ständig nachdenke, ist:

  ______________________________

- Ein Verlangen zu sündigen, das mir oft begegnet, ist:

  ______________________________

  ______________________________

- **EINE Lüge, die ich glaube, ist:**

  ______________________________

# Die Wahrheit pflanzen

**(Wie man Lügen mit der Wahrheit ersetzt)**

**„Wenn du am dunkelsten Ort bist, scheint Gott am hellsten."**

Carla, eine alleinerziehende Mutter, die an einer der Gesprächsgruppen teilgenommen hatte, begann ihre Geschichte mit dieser wunderschönen Aussage. Sie hatte ihre Tochter Chelsey zur Welt gebracht, als sie siebzehn war und zur High School ging. Sie hatte sich davor oft mit einem Jungen namens Brad getroffen. Der war Christ und behandelte sie mit Respekt und ehrte sie. Aber sie konnte nicht glauben, dass sie gut genug für ihn war und verließ diese Beziehung. Ihr Herz brach. Sie fing an, sich selbst durch sexuelle Beziehungen zu anderen Jungen zu trösten. So wurde sie schließlich schwanger. Schon bald erschien Brad wieder auf der Bildfläche und versuchte, Carla zu überreden, ihn zu heiraten, aber sie lief weg wie der verlorene Sohn. Obwohl sie ihr Baby behielt, fuhr sie fort, ihre emotionalen Schmerzen mit sexuellen Beziehungen heilen zu wollen. Rückblickend gibt sie zu:

*Meine Tochter [und ich] wuchsen zusammen auf. Ich war verrückt nach Männern und doch wollte ich nicht, dass sie ihre Identität auf die Weise in Jungen suchte, wie ich es tat.*

In der dunklen Zeit nach einer ziemlich schlimmen Beziehung bat Carla Gott, ihr zu helfen. Er antwortete dadurch, dass er einen Pastor und dessen Frau sandte, die ihr von Jesus erzählten. Sie sagte ihnen, es müsste schon einiges passieren, damit sie sich bekehrte. Darum luden sie sie ein, bei ihnen zu wohnen. Das Ehepaar begann Carla zu zeigen, dass ihr sündiges und schmerzhaftes Verhalten auf Lügen beruhte, die sie in Bezug auf ihren Wert glaubte. Sie belehrten sie Bibelvers für Bibelvers mit Wahrheit, durch die sie befreit werden konnte. Langsam wurde ihr Herz verändert. Ihre Verrücktheit nach Männern wurde durch die Erkenntnis ersetzt, wie sehr Christus sie liebte. Ein neues Begehren, so zu leben, wie es ihm gefiel und seiner Wahrheit gemäß ist, wurde in ihr geboren. Aber die Einwirkung ihres früheren Lebensstils auf ihre Tochter war offensichtlich. Carla sagte darüber:

*Sehr viele Dinge, mit denen meine Tochter zu kämpfen hat, gehen darauf zurück, dass sie mein Leben beobachtete und aus meinem Handeln lernte. Sie kann sich nicht unterordnen und gehorcht nur schwer, weil sie mich als Rebellin erlebt hat.*

Carla wusste, dass es viel Zeit und Mühe erfordern würde, Chelsey beizubringen, Lügen auszurotten und der Wahrheit gemäß zu wandeln. Deshalb kündigte sie ihren Job, der sie ganze Tage lang von ihrer Tochter fernhielt, und fand eine Arbeit, die sie von zu Hause aus erledigen konnte. Das ermöglichte Carla, bei ihrer Tochter zu sein, sowohl, wenn sie zu Schule ging, als auch wenn sie heimkam. Sie begann, ehrenamtlich in der Klasse ihrer Tochter mitzuarbeiten, was ihnen erlaubte, noch mehr Zeit gemeinsam zu verbringen. Doch was war die bedeutsamste Veränderung für diese alleinerziehende Mutter, deren tiefstes Verlangen war, die Einwirkung ihrer sexuellen Freizügigkeit auf ihre Tochter auszurotten? Sie traf die persönliche Entscheidung, nach keinem Mann Ausschau zu halten, obwohl sie gern einen Partner gehabt hätte. Sie war überzeugt, von Gott berufen zu sein, etwas Radikales zu tun, um in Chelsey Wahrheit zu pflanzen. Sie machte ihrer Tochter klar, dass häufige Partnerwechsel und Jungen-Verrücktheit das Ergebnis von Lügen sind, schlug einen *anderen* Lebensweg ein und betete, dass Chelsey von ihrem neuen Beispiel lernen würde.
Aber das ist noch nicht alles.

Die Woche, in der Carla in meine Gesprächsrunde kam, war eine großartige Woche. Sie und ihre Tochter zogen nach Alaska um. Stell Dir vor: Der gottesfürchtige Junge aus der High School – Brad – hatte gehört, dass sie endlich entdeckt hatte, dass Jesus die Wahrheit ist. In der Zwischenzeit war er ein Mann und Soldat geworden, der aber immer noch Jesus liebte – und seine Highschool-Liebe. Er suchte sie auf und fragte wieder, ob sie ihn heiraten wollte. Sie sagte nicht gleich Ja. Zunächst brauchte sie Zeit, um herauszufinden, was das für ihre Tochter bedeuten würde, und was geschehen könnte, wenn sie Brad von ihrer Vergangenheit berichtete. „Ist dir bewusst, dass es viele andere Männer in meinem Leben gab?", fragte sie ihn. Er wusste das und hatte ein vergebungsbereites Herz. Eine langsame Fernbeziehung begann. Das Paar, bei dem Carla wohnte, gab ihr weise Ratschläge. Alle Beteiligten merkten, dass Gott dieser treuen Alleinerziehenden jetzt erlaubte, einen Ehemann zu bekommen – und einen Vater für Chelsey. Sowohl sie als auch ihre Tochter waren begeistert von ihrem neuen Abenteuer. Ich musste sie einfach fragen, warum sie sich die Zeit für eine Zwei-Stunden-Fahrt nahm, um an einer Gesprächsgruppe für *Lügen, die Mädchen glauben* teilzunehmen, wo sie doch mitten in Hochzeitsvorbereitungen und vor einem Riesenumzug quer durch Amerika stand. Sie sagte ohne zu zögern:

*Weil ich frei bin! Ich bin völlig frei von der Sünde, die mein Leben im Griff hatte, und ich möchte andere Mütter wissen lassen, dass auch sie frei werden können. Das mag einige drastische Entscheidungen erfordern, aber sie können frei werden. Und ihre Freiheit wird die Fähigkeit ihrer Tochter, in der Wahrheit zu wandeln, auf dramatische Weise steigern.*

Ihr Gesichtsausdruck sprach Bände. Sie musste kommen ... um Dir zu sagen, dass Du frei werden kannst, und auch Deine Tochter frei werden kann. Ich habe wieder Tränen in den Augen, während ich dies schreibe und dabei bete, dass auch Du die Kraft empfindest, die ich empfand, als sie mir diese Geschichte erzählte. Es ist eine Geschichte, die ich bis hierher aufgespart habe, weil sie überdeutlich schön zeigt, wie Dein Verlangen, in Wahrheit zu wandeln, das Leben Deiner Tochter heftig beeinflusst. Da spielt es keine Rolle, welche Lügen es in Deinem Leben und in dem Deiner Tochter gab. Jesus kann frei machen!

## 3. Ersetze die Lüge durch die Wahrheit.

Im letzten Kapitel entdeckten wir, wie man Lügen ausreißt. Jetzt kommen wir zum besten Teil: Wie man Lügen durch Wahrheit ersetzt. Wieder einmal musst Du beten. Vertraue auf Gott, dass er Dich in seinem Wort zu den konkreten Wahrheiten führt. Manchmal fällt mir ein Bibelvers schnell ein, wenn ich Gott bitte, eine Wahrheit zu offenbaren. Zu anderen Zeiten muss ich ausdauernder suchen. Aber immer lässt er seine Wahrheit hell erstrahlen, wenn ich danach suche, für mich selbst, für meine Töchter oder für andere Frauen, die Gott meiner Leitung anvertraut hat. Ich möchte Dir zeigen, wie Ellorys Mutter das machte:

# Ein Fallbeispiel: ELLORY

Ellorys Vater ließ die Familie sitzen, als das Mädchen gerade erst in der Grundschule war. In der weiterführenden Schule bemerkte ihre Mutter Jill, dass Ellory sich viel zu den Mädchen hielt, die auch ohne Vater aufwuchsen. Am Anfang dachte Jill, dass das ihr helfen würde. Dann fiel ihr aber auf, dass ihre Tochter verbittert und wütend wurde. Einige Mütter halten das vielleicht für die normale nächste Verarbeitungsstufe in der Trauer um den Vater, aber Jills feines Gespür sagte ihr, dass etwas nicht stimmte. Sie vermutete, dass diese „klebrigen Gefühle" Alarm dafür schlugen, dass etwas in den Wurzeln des Glaubenssystems ihrer Tochter faul war.

In Gesprächen wurde Jill dann klar, dass Ellory angefangen hatte, zu glauben, dass die Wut auf ihren Vater die Traurigkeit mildern würde. Die Stimmen der anderen Mädchen, die sich so auf ihre Wut konzentrierten, vermehrten Ellorys Zorn nur noch. Es stimmt, dass Wut uns von unserer Traurigkeit ablenkt, aber das heißt nicht, dass sie die Lösung für das Problem der Traurigkeit ist. „Es ist so, als ob Satan die Mädchen zueinander zieht, damit sie einander runterziehen, indem sie nur auf die Ablehnung ihrer Väter schauen", sagte Jill. „Wenn einer der Väter nicht zu einem verabredeten Treffen kommt, werden sie alle sauer auf ihre Väter."

Nachdem sie diese Lüge identifiziert hatte, suchte Jill nach einem passenden Vers für Ellory. Weil ihre Tochter nur auf ihre Vaterlosigkeit schaute, suchte sie im Gebet speziell nach einem Vers, in dem es ums „Hinschauen" geht, und fand den folgenden: *„Deshalb lasst nun auch uns […] mit Ausdauer laufen den vor uns liegenden Wettlauf, indem wir hinschauen auf Jesus, den Anfänger und Vollender des Glaubens, der um der vor ihm liegenden Freude willen die Schande nicht achtete und das Kreuz erduldete und sich gesetzt hat zur Rechten des Thrones Gottes."* (Hebräer 12,1-2)

Obwohl es in diesem Vers nicht um Vaterlosigkeit geht, ist das der Vers, zu dem Gottes Geist Jill führte. Er ist reich an Wahrheit, die Ellory helfen wird, ihren Blick auf Gott zu richten und sie ermutigen wird, auch in anhaltendem Leid Freude zu erleben. Es wird natürlich nicht über Nacht passieren, aber Jill reißt die Wurzeln der Lügen aus und pflanzt die Wahrheit in ihre Tochter. Sie kann bereits sehen, wie Freude und Hoffnung die „klebrigen Gefühle" Stück für Stück ersetzen. Ellory könnte in Einsamkeit, Bitterkeit und Wut über die Ablehnung ihres Vaters aufwachsen und zulassen, dass es ihre Beziehungen in der Zukunft beeinflusst. Viele erwachsene Frauen leiden immer noch an tiefen Wunden, die aus den Problemen mit ihrem Vater stammen. Aber stattdessen hat Ellory eine Mutter, die nun Samen der Zufriedenheit sät, indem sie ihrer Tochter hilft, sich auf den zu konzentrieren, der sie niemals verlässt.

Beachte, dass die Wahrheit, die Jill für ihre Tochter fand, nicht das Gegenteil von der Lüge war. Manchmal ist das nicht die Wahrheit, die wir am nötigsten brauchen, obwohl sie am leichtesten zu finden wäre. Aus diesem Grund ist es so wichtig, sich während dieser so entscheidenden Arbeit auf Gottes Geist zu verlassen. Du kannst dasselbe für Deine Tochter tun, wenn Du „klebrige Gefühle" oder sündiges Verhalten in ihrem Leben bemerkst.

Ich vermute, dass Du Dich wegen dieses Vorgangs ein wenig unsicher fühlst. Vielleicht weißt Du nicht, ob Du die Fähigkeit besitzt, die Lügen, die Deine Tochter glaubt, zu erkennen, oder die Wahrheit, die sie braucht. Vielleicht hast Du Angst, etwas falsch zu machen und Deine Tochter ein für alle Mal zu verwirren. Wieso kann ich mir vorstellen, dass es bei Dir so ist? Gleich und gleich erkennt sich gut, Schwester! Ich habe viele lange Monate an den Seiten dieses Buches gearbeitet und mit ähnlichen „klebrigen Gefühlen" zu kämpfen gehabt.

Zeitweise war ich versucht, dem Buch diesen Titel zu geben: Das Buch, das nicht geschrieben werden wollte. Solche quälenden Schreibblockaden hatte ich seit der Arbeit an dem Buch *Lügen, die junge Frauen glauben*, vor fast zehn Jahren, nicht gehabt. Zwei lange Monate und zahllose Stunden habe ich verbracht, bis ich auch nur ein Kapitel fertig hatte, das wirklich druckreif war. Und das hatte ich mehrere dutzendmal umgeschrieben und genauso oft in den Papierkorb geworfen. Und ich blieb immer wieder vor den leeren Seiten sitzen. Ich habe versucht, dafür eine ausweichende Erklärung zu geben. Im Folgenden findest Du einige der Gedanken, die mich bedrängten, als ich dasaß und an diesem Buch arbeitete:

- *Diese Wahrheiten sind für kleine Mädchen viel zu schwierig.*
- *Was passiert, wenn Leuten, die mir nahestehen, das Buch nicht gefällt?*
- *Deine Schriftstellertage sind zu Ende.*

Von Lügen befeuert schlugen mich diese „klebrige Gefühle" k. o. Kein einziges Wahrheitshaar war daran. Und doch saß ich da – mit einem leeren Bildschirm vor der Nase. Irgendwo steckten doch irgendwelche Wahrheiten dahinter – ein paar Tatsachen, die diese Lügen untermauerten – oder? Aber genau das ist der Punkt. Wir suchen nicht einfach nach irgendwelchen Wahrheiten. Wir suchen nach der unsichtbaren, aber überwältigend machtvollen *Wahrheit Jesu*.

Es kann sein, dass Deine Tochter unter Leukämie oder Depressionen leidet. Es kann sein, dass sie das „böse Mädchen" ist, vor dem sich alle fürchten, oder aber das Opfer eines solchen Mädchens. Sie könnte mit jeder Lernschwierigkeit zu kämpfen haben, die jemals diagnostiziert wurde, oder aber an akademischem Stolz leiden. Sie könnte verrückt nach Jungen sein, oder unter einer Geschlechtsverwirrung leiden.

Vielleicht ist sie auch nur unfreundlich oder unmotiviert. Schau hinter diese kleinen Wahrheiten, und greif nach der großartigen, mächtigen Wahrheit Jesu! Geistliche Freiheit besteht nicht darin, dass Gott auf wundersame Weise all diese Schwierigkeiten wegnimmt. Es ist der köstliche Friede, der aus dem Wissen entspringt, dass man selbst im Schmerz aufgrund von Wahrheit glaubt und handelt. Jesus verwies nicht auf Umstände, religiöse Systeme, Regierungen, Ärzte, und nicht einmal auf Mütter, als er Deiner Tochter Freiheit versprach. Er verwies seine Nachfolger auf sich selbst und sagte:

**„Wenn ihr in meinem Wort bleibt, seid ihr wahrhaft meine Jünger; und ihr werdet die Wahrheit erkennen, und die Wahrheit wird euch frei machen. […] Wenn nun der Sohn euch frei macht, werdet ihr wirklich frei sein."**
(Johannes 8,31-32.36)

Wahrheitsperle

Bring Deiner Tochter bei, auf die Wahrheit von Gottes Wort zu vertrauen. Allein dort wird sie Freiheit finden. Und manchmal wird das gegen alle sichtbaren Fakten sprechen.

## Manchmal widerspricht Wahrheit den Fakten

Während der leere Bildschirm mich quälte, stützte ich mich täglich auf Gottes Wort, um Wahrheit zu erfahren, damit ich dieses Buch schreiben konnte. Gott führte mich zu dem Buch Jeremia, in dem wir etwas aus der schmerzlichsten Zeit der Geschichte des Volkes Israel erfahren. Das Babylonische Heer belagerte Jerusalem, riss die Mauern nieder und brachte alle Soldaten, Führer und Denker fort, die etwas zum Wohl Israels hätten tun können. Jeremia war jedoch übersehen worden und steckte im Gefängnis des königlichen Palastes. Er hätte seinetwegen und wegen des Volkes besorgt oder voller Angst sein können, aber er war es nicht. Stattdessen blieb er dabei, eine Botschaft des Trostes zu verkünden: *Es gibt Hoffnung für eure Kinder!* (Siehe Jeremia 31,17.)

Alle, die das hörten, hielten den Propheten für verrückt, einschließlich seines Onkels Hanamel, der anscheinend ein wenig gewissenlos gewesen ist. Dem Kerl gehörte ein Stück Land bei Anatot, der Heimatstadt Jeremias. Das bot er Jeremia zum Kauf an, und das zu einer Zeit, in der Immobilienkäufe höchst unsicher waren. Jeremia hatte gerade dem Volk Gottes zugerufen, sie sollten das permanente Weinen sein lassen, denn für ihre Kinder gebe es Hoffnung.

Hanamel erkannte einen Trottel, wenn er einen sah. Deshalb rief er „Hey, ich habe tolles Stück Land mit Meeresblick bei Anatot. Willst du's kaufen?" Was meinst Du? Tat Jeremia das? Ich meine, keiner, der noch klar im Kopf ist, würde auf so ein Geschäft eingehen, wenn er weiß, dass dieses Land schon wenige Stunden später in den Händen der Feinde sein wird, oder? Niemand hätte Jeremia verachtet, wenn er das Angebot ausgeschlagen hätte. Aber Jeremia kaufte den Acker!

Er hatte Gottes Wahrheit gehört, und indem er den Acker kaufte, bewies er, dass er glaubte, was Gott ihm gesagt hatte! Und stell Dir vor: Gott gebot Jeremia, Zeugen für den Kauf zu holen (vgl. Jeremia 32,12-25). Warum? Weil unser Handeln beweist, was wir glauben. Sicher hatte Gott Hanamel diese Idee, dieses Angebot zu machen, gerade deshalb in seinen Kopf gesetzt, damit Jeremias Worte etwas mehr Schlagkraft hatten. Der Prophet bewies, dass er glaubte und kaufte den Acker. Oft ist Wahrheit etwas, was man nicht sehen kann, denn Wahrheit besteht in Wirklichkeit nicht in Handlungen, sondern in einer Person. Mit dieser Person in Verbindung zu stehen, bedeutet, Wahrheit zu erkennen.

Liebe Freundin, wenn es um Deine Tochter geht, möchte ich Dich ermutigen, „einen Acker zu kaufen". Es scheint vielleicht so, als ob der Einfluss ihres Vaters, der vielleicht ein Atheist ist, die Oberhand behält. Vielleicht bist Du im Kampf gegen ihre Depressionen, oder ihre emotionalen Höhen und Tiefen müde geworden. Vielleicht empfindest Du Dich selbst als hoffnungslos, weil sie das letzte Deiner Kinder ist, das noch zu Hause ist, und die anderen sind bereits den Weg des Verlorenen Sohnes gegangen.
Glaub an das Unmögliche.

Das war es, was meine Freundin Carla tat. Sie glaubte, Gott könnte allen Schaden aufheben, den sie ihrer Tochter durch ihr sexuell wahlloses Leben zugefügt hatte. Mit dem Entschluss, keinerlei neue Verbindung ein-

zugehen, „kaufte sie einen Acker“. Das heißt, sie investierte in etwas, was merkwürdig und absurd erschien, doch Gott wirkte auf wunderbare Weise durch den mutigen Gehorsam dieser Mutter. Ihr Glaube inspiriert mich, der Wahrheit nachzustreben.
Ich hoffe, er inspiriert auch Dich!

## Mit Gott reden:

**Benutze Johannes 8,31-32.36, um ein Gebet aufzuschreiben.** Bist Du eine wahre Jüngerin? Hast Du Dich treu an seine Lehren gehalten? Kennst Du die Freiheit, die Du für Deine Tochter erhoffst? Rede mit Gott über Dein Verlangen nach Freiheit!

*„Wenn ihr in meinem Wort bleibt, seid ihr wahrhaft meine Jünger; und ihr werdet die Wahrheit erkennen, und die Wahrheit wird euch frei machen. [...] Wenn nun der Sohn euch frei macht, werdet ihr wirklich frei sein.“*
(Johannes 8,31-32.36)

## Mit Deiner Tochter reden:

**Nachdem Deine Tochter Kapitel 13 in ihrem Buch gelesen hat**, schlag die Seite 156 auf und hilf ihr, die von ihr identifizierten Lügen mit Wahrheit zu ersetzen. Sei geduldig, aber beharrlich, wenn Du konkrete Verse für sie findest, über die sie nachdenken sollte. Auf der Seite 167 findet sie in ihrem Buch eine Liste von 10 Orten, an denen sie Verse anbringen kann, damit sie sie ständig vor Augen hat. Hilf ihr dabei und erinnere sie immer wieder an die Wahrheit, die Du für sie herausgefunden hast.

## Die Wahrheit für meine Tochter ist:

# Kapitel 14 Trage den Gürtel der Wahrheit

**(Die Wahrheit benutzen, um frei zu werden)**

Ich habe eine Mutter, die ihre Bibel liebt und treu betet. Als ich acht Jahre alt war, gab sie mir mein erstes Andachtsbuch für Kinder. Das war der Beginn einer lebenslangen Liebe zum Bibellesen und Durchdrungen-Werden von Wahrheit.

Als ich die Nachforschungen für dieses Buch anstellte, war ich sehr traurig, weil ich entdeckt hatte, wie unüblich es war, dass meine Mutter der Anlass war, ihre Tochter zu einem hingegebenen Leben anzuregen. Ich fragte die Mütter, die meine Gesprächsgruppen besuchten, ob ihre Mädchen täglich in der Bibel lesen und beten würden.

Die Antworten darauf waren:

 *30 % ihrer Töchter hatten eine regelmäßige private Gebetszeit*

 *48 % hatten keine private Gebetszeit*

 *22 % der Mütter sagten, sie wüssten eigentlich keine Antwort auf diese Frage*

Während die Mehrheit der Mütter berichtete, ihre eigene private Gebetszeit zu haben, waren viele von ihnen nicht dabei, ihren acht- bis zwölfjährigen Töchtern diese Gewohnheit beizubringen. Wir sind ans Ende dieses Buches gekommen, aber Deine Tochter in der Wahrheit zu erziehen ist eine Lebensaufgabe. (Meine Mutter erzieht mich immer noch treu in der Wahrheit.) Deshalb möchte ich mit der wichtigsten Herausforderung von allen schließen: Lies in der Bibel und bring Deiner Tochter bei, ihre eigene zu lesen. In *Lügen, die Mädchen glauben* habe ich folgende Worte benutzt, um Deiner Tochter zu erklären, wie wichtig das Bibellesen ist:

Viele Bibelverse fordern uns auf, Dinge „anzuziehen". Dinge wie Demut, Rechtschaffenheit und Liebe. Klar, man steckt nicht wirklich die Arme durch und zieht's über seinen Kopf, aber denk Dir für Dich selbst: „Ich nehme heute die Wahrheit und ziehe sie an! Ich werde mich in Freundlichkeit und Liebe einhüllen." Das sind geistliche Eigenschaften, die man anziehen kann, genau wie ein Paar Jeans oder das Lieblingstrikot! (Du kannst sie nicht berühren oder anfassen, aber ich glaube man kann es irgendwie „sehen", wenn jemand diese Dinge trägt!) Eine Sache, die wir „anziehen" können, ist der Gürtel der Wahrheit.

Als der Apostel Paulus diese Verse schrieb, hat er die Christen auch ermutigt, eine Menge anderer Sachen zu tragen. Sachen wie:

- **den Brustpanzer der Gerechtigkeit**
- **die Schuhe des Evangeliums des Friedens**
- **den Helm des Heils**
- **den Schild des Glaubens**
- **das Schwert des Geistes, das Wort Gottes**

Wir nennen all diese Dinge die **Waffenrüstung Gottes**, und es ist wichtig, dass Christen all das „anziehen". Aber der „Gürtel der Wahrheit" ist das allererste Kleidungsstück, das Paulus erwähnt. **Warum?** Nun, als Paulus diese Verse schrieb, trugen römische Soldaten einen Gürtel, der ganz anders war, als die Lederstreifen, die wir heute als Gürtel benutzen.

Es war ein dickes, schweres Band, das aus Leder und Metall hergestellt wurde. Er hatte einen großen Schutzstreifen, der vorne in der Mitte herunterhing. Der Gürtel hielt das Schwert und andere Waffen an ihrem Ort.

**DEIN** Gürtel der Wahrheit hält auch alles andere an seinem Ort. Er hilft Dir, richtige Entscheidungen zu treffen. Er hilft Dir, in Frieden zu leben. Er hilft Dir, Deinen Glauben zu bewahren. Du weißt schon, was ich meine!!!

Du **musst** ihn anziehen, damit der Rest an seinem Ort bleibt. **Wie macht man das?** Ich bin froh, dass Du fragst. Die Antwort ist recht einfach.

Denk jeden Tag über die Wahrheit nach!

Ich mache das gerne morgens als Allererstes, indem ich meine Bibel lese und Verse in mein Tagebuch schreibe. Vielleicht findest Du ein Lieblingsandachtsbuch oder eventuell habt ihr auch Andachten als Familie oder Mama-Tochter-Andachten. Fang doch eine Sammlung Deiner Lieblingsbibelverse an und klebe sie an Deine Schlafzimmerwände. Es ist nicht so wichtig, wie Du das machst, aber lies an jedem Tag in der Bibel! Jedes Mal, wenn Du das tust, ziehst Du damit den so wichtigen Gürtel der Wahrheit an.

Den Gürtel der Wahrheit anzuziehen, kann sowohl Dich als auch Deine Tochter verwandeln. Ich hoffe, Du wirst fortfahren oder damit anfangen, den Gürtel der Wahrheit jeden Morgen anzuziehen, damit Du Deiner Tochter die gleiche Gewohnheit beibringen kannst. Schließlich kannst Du nichts Besseres tun, um Wahrheit in sie zu pflanzen.

Es war mein Gebet, Dich als Mutter in dem Pflanzen der Wahrheitssamen und dem Ernähren der Wurzeln in Deiner Tochter zu ermutigen. Als wir dieses Experiment zusammen begannen, schrieb ich, dass Du nicht wirklich wissen kannst, woraus die Wurzeln in Deiner Tochter bestehen, bevor sie nicht erprobt sind.

Während meine beiden jungen erwachsenen Töchter mit den unterschiedlichsten Prüfungen zu tun haben, halte ich mich an diesen Bibelvers. Es ist mein Gebet, dass sowohl Du als auch ich erleben, wie er im Leben unserer Töchter lebendig wird:

**„Gesegnet ist der Mann, der auf den HERRN vertraut und dessen Vertrauen der HERR ist! Und er wird sein wie ein Baum, der am Wasser gepflanzt ist und am Bach seine Wurzeln ausstreckt und sich nicht fürchtet, wenn die Hitze kommt; und sein Laub ist grün, und im Jahr der Dürre ist er unbekümmert, und er hört nicht auf, Frucht zu tragen."**
(Jeremia 17,7-8)

Wahrheitsperle

## 20 Schlüsselwahrheiten

Am Ende von *Lügen, die Mädchen glauben* habe ich eine Liste zusammengestellt, die die Mädchen verinnerlichen sollten. Diese Wahrheiten haben mir in meinem Leben sehr geholfen, und ich vertraue darauf, dass sie auch für Dich und Deine Tochter hilfreich sein werden. (Wir werden für Gottes Wahrheit schließlich nie zu alt.) Viel Freude damit!

**1. Wenn Du Dich fühlst, als würde Gott Dich nicht lieben.**

*Wahrheit:* Gott liebt Dich **immer**, **JEDEN TAG,** selbst wenn Du etwas Schlechtes getan hast. Er möchte nicht, dass Du sündigst und deshalb leidest, aber er liebt Dich, ganz egal was passiert, und ist immer bereit, Dir zu vergeben. *(Römer 5,8)*

**2. Wenn es sich anfühlt, als wäre Gott nicht genug.**

*Wahrheit:* Gott ist alles, was Du brauchst. Er ist wichtiger als Freundinnen oder Noten oder Dinge, weil er die Quelle von allem ist, was Du brauchst. *(Philipper 4,19)*

**3. Wenn Du Dir nicht sicher bist, ob Du ein Christ bist oder nicht.**

*Wahrheit:* Du bist ein Christ, „wenn du mit deinem Mund Jesus als Herrn bekennst und in deinem Herzen glaubst, dass Gott ihn aus den Toten auferweckt hat“ *(Römer 10,9)*. Und Du wirst anders sein, denn Christ zu werden, verändert, wie man sich verhält. Man will mehr von Gott und weniger von dieser Welt.

**4. Wenn Du denkst, Du wärst nicht gut genug.**

*Wahrheit:* Egal, wie sehr Du Dich anstrengst oder wer Dich mag oder nicht: Wenn Du ein Christ bist, bist Du von Gott auserwählt. Wir selbst sind nicht gut genug, aber mit ihm sind wir genug. *(Epheser 1,4)*

**5. Wenn Du Dich dick oder hässlich fühlst und denkst, dass hübsche Mädchen mehr wert sind.**

*Wahrheit:* Gott hat Dich gemacht. Und Du bist perfekt gemacht. Er hat keine Fehler gemacht, als er Dich schuf. Aber er interessiert sich weniger für Dein Äußeres. Die Schönheit, die er sieht, ist in Deinem Inneren und zeigt sich in Eigenschaften wie Freundlichkeit, Hilfsbereitschaft und Sanftmut. *(1. Samuel 16,7)*

**6. Wenn Du Dich fühlst, als hättest Du nicht genug Freiheiten.**

*Wahrheit:* Du brauchst nicht mehr Freiheit. Du bist bereit für mehr Verantwortung, und Gott möchte, dass Du damit beginnst, Dich mehr einzubringen. *(Galater 6,5-6)*

**7. Wenn es sich anfühlt, als wäre Deine Familie seltsam.**

*Wahrheit:* Denk daran – anders ist gut. Deine Familie ist anders. Jede Familie ist anders und das ist gut so. Gott will nicht, dass wir so sind wie alle anderen, sondern dass wir anders sind, weil wir ihm gehorchen. *(Epheser 4,17.19-20)*

**8. Wenn es sich anfühlt, als ob Deine Familie zu kaputt wäre, als dass Du glücklich sein könntest.**

*Wahrheit:* Gott – nicht Deine Familie – ist von allem die Quelle. Er will die Quelle Deiner Zufriedenheit sein. Er will Dich lehren, ihm zu vertrauen und mit der Familie, die Du hast, zufrieden zu sein. *(Philipper 4,11-12)*

**9. Wenn Du Dich fühlst, als würden Dich Deine Eltern einfach nicht verstehen.**

*Wahrheit:* Es ist super, wenn man sich gut mit seinen Eltern versteht und gerne Zeit mit ihnen verbringt, aber sie müssen nicht Deine Freunde sein, sondern Deine Eltern. Es ist ihre Aufgabe, Grenzen zu setzen. Es ist Deine Aufgabe, ihnen zu gehorchen. Gott wird Dir Freude daran geben, wenn Du Dich entscheidest, Deine Eltern zu ehren. (Und wenn Du mal älter bist, stehen die Chancen gut, dass ihr richtig gute Freunde werdet!) *(Epheser 6,1-2)*

**10. Wenn Du versucht bist, zu glauben, dass Deine Sünde nicht so schlimm ist.**

*Wahrheit:* Jede Sünde trennt uns von Gott und manchmal auch von Menschen, die wir kennen und lieben. *(Jesaja 59,2)*

**11. Wenn Du versucht bist, zu glauben, dass Du niemandem von Deiner Sünde erzählen musst.**

*Wahrheit:* Erinnere Dich, dass es auf jeden Fall schiefgeht, seine Sünde zu verstecken. Du brauchst Hilfe dabei, schlechte Gewohnheiten und Sünde zu überwinden. Bitte jemanden um Hilfe, der älter und weiser ist. *(Sprüche 28,13; Jakobus 5,16)*

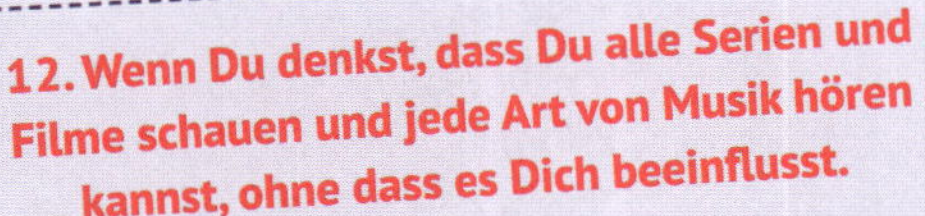

**12. Wenn Du denkst, dass Du alle Serien und Filme schauen und jede Art von Musik hören kannst, ohne dass es Dich beeinflusst.**

*Wahrheit:* Was wir sehen, anhören und lesen verändert uns. Es verändert unsere Gedanken und unser Verhalten. Gott möchte, dass wir uns nur Dingen aussetzen, die wahr, ehrbar, gerecht, rein, liebenswert, wohllautend, tugendhaft und lobenswert sind. *(Philipper 4,8)*

**13. Wenn es so scheint, als wären Jungen und Mädchen gar nicht so verschieden.**

*Wahrheit:* Gott schuf zwei Geschlechter: männlich und weiblich. Sie sind wichtig, weil sie uns helfen zu verstehen, wer Gott ist, und dass er ein soziales Wesen ist. Es ist gut, die Unterschiede zwischen Jungen und Mädchen anzuerkennen. *(1. Mose 1,26-27)*

**14. Wenn Du Angst davor hast, Deine Periode zu bekommen.**

*Wahrheit:* Es wird nicht mal ansatzweise so schlimm, wie Du denkst. Jedes Mädchen bekommt sie. Am besten, Du sprichst mit Deiner Mama darüber, um Dich darauf vorzubereiten. Denk dran: Es ist ein Zeichen, dass Dein Körper die Fähigkeit hat, Leben in sich zu tragen. Sei dankbar für dieses Geschenk! *(Psalm 127,3)*

**15. Wenn alle um Dich herum hinter Jungs her sind und Du versucht bist, auch so zu werden.**

*Wahrheit:* Es mag „normal" sein, hinter Jungs her zu sein, aber es ist nicht das Beste, das Gott sich für Dich denkt. Zum Verrücktsein nach Jungs kannst Du Nein sagen. *(Hohelied 2,7)*

**16. Wenn Du die Lüge glaubst, dass Du mit Deiner Mama nicht über Jungs reden musst.**

*Wahrheit:* Es mag schon mal unangenehm sein, aber Du solltest mit Deiner Mama oder einem anderen vertrauenswürdigen Erwachsenen über Jungs reden. Eines Tages zu heiraten, wenn Gott das für Dich möchte, ist eine wirklich wichtige Sache. Deshalb ist es auch wichtig, darüber zu reden. Jeder braucht weisen Rat.
*(Sprüche 13,20)*

**17. Wenn Du Dich fühlst, als hättest Du keine Freunde.**

*Wahrheit:* Wir alle brauchen treue Freunde. Der beste Weg, eine treue Freundin zu finden, ist selbst eine zu sein. Überleg Dir, wie Du eine gute Freundin sein kannst und halte Ausschau nach Mädchen, die eine brauchen.
*(Matthäus 7,12a)*

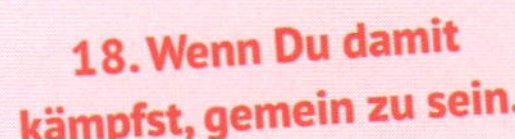

**18. Wenn Du damit kämpfst, gemein zu sein.**

*Wahrheit:* Jedes Wort, das Du sagst, und jeder Gedanke in Deinem Kopf sollten Gott gefallen. Vielleicht ist es normal, gemein zu sein, aber Gott will, dass man freundlich zu allen Menschen ist.
*(Psalm 19,15)*

**19. Wenn Du glaubst, dass eine gute Karriere wichtiger ist, als Ehefrau und Mutter zu sein (wenn Gott das für Dich geplant hat).**

*Wahrheit:* Es ist toll, einem Ehemann eine Hilfe zu sein. Mama zu sein ist eins der besten Geschenke, die Du je kriegen wirst.
*(1. Mose 2,18; Psalm 127,3)*

**20. Wenn Du denkst, dass Du zu jung bist, um reife Dinge zu tun.**

*Wahrheit:* Du wirst werden, was Du bist. Wenn Du freundlich bist, wirst Du freundlich werden. Wenn Du ein weises Mädchen bist, wird aus Dir eine weise Frau werden.
*(Galater 6,7b)*

Du kannst diese Seiten ausschneiden und in Deinem Schlafzimmer aufhängen. Oder Du schreibst die Wahrheiten in ein Tagebuch. Ich hoffe, Du wirst diese Liste von Wahrheiten nutzen, um jeden Tag den Gürtel der Wahrheit „anzuziehen". Trag die Wahrheit! Lass es die Leute daran erkennen, wie Du handelst. Denn wie Du handelst, wird von der Wahrheit gesteuert, nicht von „klebrigen Gefühlen"!

Ich bete für Dich!

# Zusammenfassung der Ergebnisse von den Gesprächsgruppen mit Müttern*

**Frage 1: Glauben Sie, dass die jungen Mädchen heute eher dazu neigen, Lügen über sich selbst, ihre Beziehungen, moralisches Verhalten und Gott zu glauben, als Sie selbst in dem Alter?**

Ja ... 85 %
Nein ... 12 %
Unsicher ... 3 %

**Frage 2a: Welche Lügen machen Ihnen den meisten Kummer?**

Selbstwertgefühl ... 32 %
Glaube ... 23 %
Jungen/Sex ... 15 %
Freundschaft/Akzeptanz ... 11 %
Gruppenzwang ... 7 %
Soziale Medien ... 5 %
Gesellschaft ... 3 %
Zu schnelles Reifen ... 2 %
Depressionen/Ängste ... 1 %
Homosexualität ... 1 %

**Frage 2b: Mit was hat Ihre Tochter zu kämpfen, das für Sie im gleichen Alter kein Problem war?**

Selbstwertgefühl ... 23 %
Körperliche Schönheit ... 16 %
Soziale Medien ... 11 %
Freundschaft/Akzeptanz ... 8 %
Jungen ... 8 %
Homosexualität ... 7 %
Anspruchsdenken ... 5 %

* Nicht alle Fragen wurden zu 100% beantwortet, weil einige nicht alle Fragen beantworten wollten, oder weil sie mehrere Antworten angekreuzt hatten.

**Frage 3: Glaubt Ihre Tochter an eine absolute moralische Wahrheit?**

*Antworten bevor über bestimmte Aspekte von Muttersein/Ehe und Unterordnung/Gehorsam gesprochen wurde:*

Ja ........ 80 %
Nein ........ 7 %
Unsicher ........ 13 %

*Antworten nachdem darüber gesprochen wurde:*

Ja ........ 56 %
Nein ........ 16 %
Unsicher ........ 27 %

**Frage 3a: Träumt Ihre Tochter davon, verheiratet zu sein und Kinder zu haben, bzw. schätzt Ihre Tochter das höher ein als eine Karriere?**

Ja ........ 67 %
Nein ........ 18 %
Unsicher ........ 14 %

**Frage 3b: Zeigt Ihre Tochter einen Glauben an Unterordnung, indem sie Ihnen und anderen Autoritäten gehorcht?**

Ja, sie gehorcht fast immer ........ 7 %
Nein, sie gehorcht selten ........ 16 %
Sie versucht es, scheitert aber häufig ........ 76 %

**Frage 4: Sind fiese Mädchen, Feindfreundinnen und Mobbing Probleme im Leben Ihrer Tochter?**

Ja ........ 50 %
Nein ........ 34 %
Unsicher ........ 15 %

**Frage 5a: Hat sich Ihre Tochter bekehrt und folgt sie Christus nach? Ist sie errettet?**

Ja ........ 67 %
Nein ........ 18 %
Unsicher ........ 13 %

**Frage 5b: Hält Ihre Tochter eine regelmäßige „Stille Zeit"?**

Ja ........ 30 %

Nein ........ 48 %

Unsicher ........ 22 %

**Frage 5c: Halten Sie eine regelmäßige „Stille Zeit"?**

Ja ........ 70 %

Nein ........ 23 %

Unsicher ........ 6 %

**Frage 6a: Gefällt Ihrer Tochter an ihrem Gesicht oder Körper irgendein Teil nicht?**

Ja ........ 50 %

Nein ........ 31 %

Unsicher ........ 18 %

**Frage 6b: (Nur für die, die bei der Frage 6a mit „Ja" geantwortet hatten): Was denken Sie über diesen Teil ihres eigenen Gesichts oder Körpers?**

Mir gefällt er auch nicht ........ 28 %

Ich habe keine Probleme damit ........ 55 %

Unsicher ........ 17 %

**Frage 7a: Ist Ihre Tochter verrückt nach Jungs?**

Ja ........ 6 %

Nein ........ 80 %

Unsicher ........ 14 %

**Frage 7b: (Nur für Mütter von Töchtern zwischen 9 und 12 Jahren): Haben Sie mit ihr über Sex gesprochen?**

Ja ........ 50 %

Nein ........ 46 %

Unsicher ........ 4 %

**Frage 8: Glauben Sie, dass ein kleines Mädchen von Satan/Dämonen unterdrückt sein kann?**

Ja ........ 72 %
Nein ........ 4 %
Unsicher ........ 23 %

## Zusammenfassung der Umfrageergebnisse von Mädchen im Alter von 7 bis 12 Jahren*

**Frage 1: Um an dieser Befragung teilnehmen zu dürfen, musst Du ein Mädchen zwischen 7 und 12 Jahren sein. Wie fühlst Du Dich dabei, ein Mädchen zu sein?**

Es ist toll, ein Mädchen zu sein ........ 48 %
Manchmal ist es schwierig, aber meistens finde ich es gut ........ 46 %
Ich hasse es, ein Mädchen zu sein ........ 1 %
Ich denke, es gibt keinen Unterschied zwischen
Jungen und Mädchen ........ 4 %**

**Frage 2: Kreuze alle Teile Deines Gesichts und Körpers an, die Dir gefallen.**

Gesicht ........ 75 %
Haare ........ 90 %
Haut ........ 69 %
Augen ........ 91 %
Gewicht ........ 3 %
Größe ........ 71 %
Beine ........ 63 %
Arme ........ 64 %
Gar nichts ........ 1 %

* Nicht alle Fragen wurden zu 100% beantwortet, weil einige nicht alle Fragen beantworten wollten, oder weil sie mehrere Antworten angekreuzt hatten.

** Die übrigen Prozente wählten „Sonstiges", weil keiner der Vorschläge zu dem passte, was sie über Mädchen dachten.

**Frage 3: Kreuze alle Teile Deines Gesichts und Körpers an, die Dir NICHT gefallen.**

Gesicht ........ 10 %
Haare ........ 7 %
Haut ........ 13 %
Augen ........ 2 %
Gewicht ........ 29 %
Größe ........ 17 %
Beine ........ 17 %
Arme ........ 12 %
Gar nichts ........ 49 %

**Frage 4: Was meinst Du: Wie denkt Gott über Dich?**

Gott liebt mich ........ 92 %
Gott liebt mich nicht wirklich ........ 1 %
Ich bin mir nicht sicher, was Gott von mir hält ........ 5 %
Sonstiges ........ 2 %

**Frage 5: Erzähl mir etwas über Deine Familie. Kreuze alle Auswahlmöglichkeiten an, die zutreffen.**

In meiner Familie gibt es zu viele Regeln ........ 15 %
Ich brauche mehr Freiheit, als Mutter und Vater mir geben wollen ........ 22 %
Meine Geschwister (Brüder und Schwestern) und ich streiten oft, aber das ist normal ........ 34 %
Meine Geschwister (Brüder und Schwestern) und ich streiten oft, aber das ist nicht gut und ich wünschte, wir würden nicht so oft streiten ........ 47 %
Meine Familie ist ganz in Ordnung ........ 56 %
Meine Familie kommt mir total unnormal vor ........ 11 %

**Frage 6: Wenn es um Sünde geht, kreuze alles an, was am ehesten dem entspricht, was Du glaubst.**

Einige Sünden sind größer und schlimmer als andere ........ 23 %
Alle Sünden sind gleich schlimm und trennen von Gott ........ 64 %
Mir ist nicht klar, wie ich über Sünden denken soll ........ 10 %
Sonstiges ........ 4 %

**Frage 7: Wenn es um Sünde geht, hast Du da irgendwelche Geheimnisse?**

Ich habe ein Geheimnis über etwas Böses, was ich gemacht habe, und habe es niemand erzählt.......... 15 %

Ich habe immer und immer wieder Schwierigkeiten mit derselben Sünde (wie Lügen oder Spicken oder Gemein-sein) und ich habe nie mit einem Erwachsenen darüber gesprochen.......... 20 %

Ich kenne die geheime Sünde von jemand anderem und glaube, ich müsste mit einem Erwachsene darüber reden, traue mich aber nicht.......... 9 %

Ich habe keine verborgenen Sünden.......... 60 %

Sonstiges.......... 6 %

**Frage 8: Jetzt geht es ums Lügen. Kreuze alle Aussagen an, die auf Dich zutreffen.**

Ich habe echte Probleme mit dem Lügen und tue es oft.......... 12 %

Ich glaube nicht, dass Lügen schlimm ist.......... 0,5 %

Manchmal ist es richtig, wenn man lügt. Es kommt auf die Situation an.......... 21 %

Ich glaube, dass das Lügen immer falsch ist.......... 55 %

Ich lüge nicht so oft, aber manchmal doch.......... 58 %

Meine Eltern reagieren zu krass, wenn ich lüge.......... 10 %

Ich lüge nie.......... 4 %

Keine von den Antworten trifft auf mich zu.......... 1 %

**Frage 9: Manchmal können Menschen echt gemein sein. Erzähl mir von Deinen Erfahrungen mit Mobbing. Kreuze alles an, was auf Dich zutrifft.**

Ich wurde schon gemobbt.......... 47 %

Wenn ich gemobbt wurde, habe ich es einem Erwachsenen gesagt.......... 46 %

Wenn ich gemobbt wurde, habe ich mit niemand darüber geredet.......... 9 %

Ich war selbst manchmal gemein zu anderen oder habe jemanden gemobbt.......... 18 %

Ich stand dabei und schaute zu, wenn jemand gemobbt wurde und habe mich nicht für das Opfer eingesetzt.......... 11 %

Ich habe gesehen, wie jemand gemobbt wurde und hab etwas getan, um zu helfen (einem Erwachsenen davon berichtet, oder den Täter aufgefordert, aufzuhören).......... 45 %

Ich habe noch nie jemand gesehen, der gemobbt wurde ........ 19 %

Keine von den Antworten trifft auf mich zu ........ 6 %

**Frage 10: Sag mir, was Du von Jungs hältst. Kreuze alle Aussagen an, die auf Dich zutreffen.**

Ich bin voll verrückt nach Jungs ........ 6 %

Es ist in Ordnung, hinter Jungs her zu sein, weil das normal ist ........ 11 %

Ich habe einen festen Freund ........ 4 %

Meine Freundinnen haben einen festen Freund ........ 24 %

Ich will warten, bis ich älter bin, bevor ich einen festen Freund haben will ........ 60 %

Ich denke noch wenig über Jungs nach ........ 54 %

**Frage 11: Wenn Du mit Deiner Mutter über Jungs sprechen sollst, wie fühlst Du Dich dann?**

Es ist komisch, mit meiner Mutter über Jungs zu sprechen ........ 44 %

Ich mag es, mit meiner Mutter über Jungs zu sprechen ........ 19 %

Wir sprechen nicht über Jungs ........ 36 %

Sonstiges ........ 15 %

**Frage 12: Sag mir, was Du so hast. Kreuze alles an, was nur Dir gehört. (Nenne keine Familiengeräte oder was Du mit Mutter oder Vater teilst.)**

Ein Smartphone mit Internet ........ 19 %

Ein Smartphone OHNE Internet ........ 7 %

Einen eigenen PC oder einen Laptop ........ 13 %

Ein eigenes iPad oder Tablet ........ 37 %

Einen Fernseher in meinem Zimmer ........ 18 %

Einen iPod oder ein Musik-Speichergerät ........ 30 %

Keins von diesen Sachen ........ 25 %

Sonstiges ........ 14 %

**Frage 13: Lass uns mal über Neflix, Filme, Fernsehen und Musik reden. Kreuze alle Aussagen an, die auf Dich zutreffen.**

Meine Familie hat zu viele Regeln darüber, was ich mir anhören und anschauen darf ........ 13 %

Meine Familie hat gute Regeln für das,
was ich mir anhören und anschauen darf.......... 86 %
Ich darf hören und anschauen, was ich will.......... 3 %
Was ich mir anschaue und anhöre, schadet mir nicht.......... 15 %

**Frage 14: Wenn Du sagst, dass Du Christ bist: Was hat Dich dazu gemacht?**
Ich gehe in die Kirche.......... 13 %
Meine Mutter und/oder mein Vater sind Christen.......... 3 %
Ich habe ein Gebet gesprochen und ich glaube, dass Jesus für meine
Sünden gestorben ist.......... 69 %
Ich bin als Christ geboren.......... 6 %
Ich bin kein Christ.......... 2 %
Sonstiges.......... 8 %

**Frage 15: Wenn Du sagst, dass Du KEIN Christ bist – warum?**
Ich bin noch nicht alt genug.......... 1 %
Ich habe noch nie richtig darüber nachgedacht.......... 2 %
Ich glaube nicht an Jesus.......... 0 %
Ich verstehe gar nicht, was ich tun muss, um ein Christ zu werden.......... 3 %
Ich bin Christ.......... 93 %
Ich gehöre einer anderen Religion an.......... 1 %

**Frage 16: Wie alt bist Du?**
7.......... 8 %
8.......... 13 %
9.......... 16 %
10.......... 23 %
11.......... 21 %
12.......... 18 %

**Frage 17: Auf was für eine Schule gehst Du?**
Öffentliche Schule.......... 51 %
Homeschool.......... 30 %
Christliche Privatschule.......... 16 %
Nicht-christliche Privatschule.......... 1 %
Andere.......... 2 %

**Frage 18: Beschreibe das Zusammenleben in Deiner Familie anhand der folgenden Möglichkeiten:**

Ich lebe mit meiner Mutter und meinem Vater zusammen .................. 86 %

Ich lebe allein mit meiner Mutter .................. 3 %

Ich lebe allein mit meinem Vater .................. 0 %

Meine Eltern leben getrennt und ich bin abwechselnd bei beiden ...... 2 %

Ich wohne bei meinem Vater und einer Stiefmutter .................. 0,5 %

Ich lebe bei meiner Mutter und einem Stiefvater .................. 3 %

Bei mir ist es anders .................. 5 %

# Anmerkungen

**Seite 27**

[1] *Instagram Leitfaden für Eltern und Betreuer*innen von Jugendlichen und Kindern*, S. 8., https://about.instagram.com/de-de/community/parents (zuletzt abgerufen am 02.08.23).

**Seite 27**

[2] Juliet B. Schor: *Born to Buy: The Commercialized Child and the New Consumer Culture* (New York: Scribner, 2004), S. 13.

**Seite 30**

[3] Kevin John Siazon: *Adolescent depression rates are on the rise with tween girls especially at risk*, Today's Parent, 18. November 2016, https://www.todayspa-rent.com/kids/kids- health/adolescent-depression-rates-on-the-rise/ (zuletzt abgerufen am 02.08.23).

[4] *Social Media and Teen Anxiety*, Harvard Graduate School of Education, 15. Dezember 2017, https://www.gse.harvard.edu/news/uk/17/12/social-media-and-teen-anxiety (zuletzt abgerufen am 02.08.23).

[5] *Number of child, teen, and young adult Facebook, Instagram, and Snapchat users in the United States as of August 2017,* Statista, https://www.statista.com/sta-tistics/250176/social-network-usage-of-us-teens-and-young-adults-by-age-group/ (zuletzt abgerufen am 02.08.23).

[6] Melissa Healy: *Self-harm rises sharply among tween and young teen girls, study shows*, Los Angeles Times, 21. November 2017, https://www.latimes.com/science/sciencenow/la-sci-sn-tween-girls-self-in-jury-20171121-story.html (zuletzt abgerufen am 02.08.23).

[7] Margaret Renkl: *The scary trend of tweens with anorexia*, CNN.com, 2011, http://edition.cnn.com/2011/HEALTH/08/08/tweens.anorexia.parenting/index.html (zuletzt abgerufen am 02.08.23).

**Seite 30**

[8] Patti Richards: *How Does Media Impact Body Image and Eating Disorder Rates*, https://centerforchange.com/how-does-media-impact-body-image-and-ea-ting-disorder-rates/#:~:text=By%20Patti%20Richards&text=Early%20and%20consistent%20exposure%20to,or%20at%20the%20swimming%20pool (zuletzt abgerufen am 02.08.23).

**Seite 38**

[9] Jonathan Edwards: *The Nature of True Virtue* (Eastford, CT: Martino Fine Books, 2015).

**Seite 45**

[10] Stuart Turton: *'Sex' makes list of top search terms for children*, ITPro, 17. Dezember 2009, https://www.itpro.co.uk/618913/sex-makes-list-of-top-search-terms-for-children (zuletzt abgerufen am 02.08.23).

**Seite 51**

[11] *SHiFT: Insights Into Winning the Battle for Our Children's Hearts*, vorgetragen von George Barna und Francis Chan (Franklin, TN: Tween Gospel Alliance, 2012), digitales Video. Verfügbar unter ishinelive.com.

**Seite 61**

[12] Dictionary.com Unabridged, basierend auf dem ungekürzten Wörterbuch Dictionary (Random House, Inc., 2023), http://www.dictionary.com/browse/truth?s=t (zuletzt abgerufen am 02.08.23).

**Seite 64**

[13] Karl Menninger: *Whatever Became of Sin?* (Portland, OR: Hawthorn Books, 1973), S. 179.

**Seite 71**

[14] Nancy DeMoss Wolgemuth: *Lügen, die wir Frauen glauben* (Bielefeld: CLV, 2020), S. 43.

**Seite 72**

[15] SHiFT, vorgetragen von George Barna und Francis Chan (Franklin, TN: Tween Gospel Alliance, 2012), digitales Video. Verfügbar unter: https://player.vimeo.com/video/213159355.

[16] Ebd.

[17] Ebd.

**Seite 73**

[16] Howard Culbertson: *At what age do Americans become Christians?*, Homepage der Southern Nazarene University, https://home.snu.edu/~hculbert/ages.htm (zuletzt abgerufen am 02.08.23).

[19] Barna Group: *Atheism Doubles Among Generation Z,* Barna, 24. Januar 2018, https://www.barna.com/research/atheism-doubles-among-generation-z/ (zuletzt abgerufen am 02.08.23).

[20] Ebd.

[21] Ebd.

[22] Mike Nappa: *What Do Christian Teens Actually Believe About Jesus?*, Biola Magazine, 18. Juni 2012, https://www.biola.edu/blogs/biola-magazine/2012/what-do-christian-teens-actually-believe-about-jes (zuletzt abgerufen am 02.08.23).

**Seite 78**

[23] Dieses Konzept ist von Philip Yancy überarbeitet und vereinfacht worden in Rumors of Another World: *What On Earth Are We Missing?* (Grand Rapids: Zondervan, 2003), S. 144.

**Seite 79**

[24] Philip Yancey: *What's So Amazing About Grace* (Grand Rapids: Zondervan, 2002), S. 70.

**Seite 98**

[25] Diese Daten repräsentieren die Ergebnisse unserer Umfrage, an welcher 1521 „Kirchenmädchen" im Alter von 7 bis 12 teilnahmen. Manche Umfragen, die sowohl Mädchen aus Gemeinden als auch Mädchen außerhalb von Gemeinden umfassen, zeigen sogar eine höhere Prozentzahl an Mädchen, die ihr Aussehen nicht mögen.

**Seite 99**

[26] Sadie Robertsons Facebookseite, geöffnet am 22. August 2022, https://www.facebook.com/sadiecrobertson/posts/707756299425971:0

[27] Jeffrey Zaslow: *Girls and Dieting, Then and Now*, Wall Street Journal, 2. September 2009, https://www.wsj.com/articles/SB100014240529702047318045743868222457317 10 (zuletzt abgerufen am 02.08.23).

**Seite 101**

[28] Jeff Sherwood: *Is "Emerging Adulthood" Really a Thing? The Secret History of Words for Young People*, Slate, 22. August 2014, https://slate.com/human-interest/2014/08/emerging-adults-teenagers-adolescents-and-other-words-for-young-people-are-older-than-they-seem.html (zuletzt abgerufen am 02.08.23).

Das Wort »tween« tauchte 1941 zum ersten Mal auf, wurde aber erst in letzter Zeit gebräuchlicher. Davor gab es in den 1920er Jahren das Wort »preteen«. Beide Wörter wurden von Leuten erfunden, die diesem Alter neue Produkte verkaufen wollten.

[29] Talking with Trees: *What is Responsibility?* TalkingTreeBooks.com, https://talkingtreebooks.com/definition/what-is-responsibility.html (zuletzt abgerufen am 07.08.23).

**Seite 108**

[30] John Piper: *Your Kingdom Come: Matthew 6:9–13, Part 1*, Desiring God, 1. Januar 2015, https://www.desiringgod.org/labs/your-kingdom-come (zuletzt abgerufen am 09.08.23).

**Seite 108**

[31] Philip Yancey: *Prayer: Does It Make Any Difference?* (Grand Rapids: Zondervan, 2010), S. 172.

**Seite 117**

[33] Englisches Google-Wörterbuch (basierend auf Oxford Languages), abgeleitet vom Eintrag zum Wort „content".

**Seite 127**

[34] Mark R. McMinn: *Why Sin Matters: The Surprising Relationship Between Our Sin and God's Grace* (Wheaton, IL: Tyndale, 2004), S. 110–11.

**Seite 134**

[35] Nancy Leigh DeMoss: *Lügen, die wir Frauen glauben* (Bielefeld: CLV, 2017), S. 90. Dieses Zitat ist mit der Erlaubnis des Herausgebers dem Leselevel von *Lügen, die Mädchen glauben* angepasst worden, bleibt aber in seiner Aussage gleich.

**Seite 145**

[36] Jesse Singal: *When Children Say They're Trans: Hormones? Surgery? The choices are fraught–and there are no easy answers*, The Atlantic, Juli/August 2018, https://www.theatlantic.com/magazine/archive/2018/07/when-a-child-says-shes-trans/561749/ (zuletzt abgerufen am 04.08.23).

**Seite 150**

[37] Paul McHugh: *Transgender Surgery Isn't the Solution*, Wall Street Journal, 12. Juni 2014, überarbeitet am 13. Mai 2016, https://www.wsj.com/articles/paul-mchugh-transgender-surgery-isnt-the-solution-1402615120 (zuletzt abgerufen am 04.08.23).

**Seite 155**

[38] Alfred Gluckman: *Sexual Dimorphism in Human and Mammalian Biology and Pathology* (Cambridge, MA: Academic Press, 1981), S. 66-75.

[39] Igor Klibanov: *Key Structural Differences Between Men and Women*, Fitness Solutions, 13. Februar 2016, https://www.fitnesssolutionsplus.ca/blog/key-structural-differences-between-men-and-women/ (zuletzt abgerufen am 04.08.23)

[40] Christian Jarrett: *Getting in a Tangle Over Men's and Women's Brain Wiring*, Wired, 4. Dezember 2013, https://www.wired.com/2013/12/getting-in-a-tangle-over-men-and-womens-brain-wiring/ (zuletzt abgerufen am 04.08.23)

**Seite 200**

[45] Strongs Konkordanz sagt, dass dieses altgriechische Wort sich speziell auf das Fehlen natürlicher Zuneigung und auf eine Hartherzigkeit gegenüber Familienmitgliedern bezieht. https://bibeltext.com/greek/794.htm (zuletzt abgerufen am 07.08.23).

**Seite 201**

[44] *Bullying Facts and the Challenge to be Met*, Anti-Bullying Institute, https://www.rmccharity.org/bullying-prevention-institute/resources/facts-and-laws/ (zuletzt abgerufen am 04.08.23).

**Seite 201**

[46] Eleanor Barkhorn: *Getting Married Later Is Great for College-Educated Women: For everyone else, the results are mixed*, The Atlantic, 15. März 2013, https://www.theatlantic.com/sexes/archive/2013/03/getting-married-later-is-great-for-college-educated-women/274040/ (zuletzt abgerufen am 07.08.23).

**Seite 209**

[47] Jenna Goudreau: *Why Stay-at-Home Moms Should Earn a $115,000 Salary*, Forbes, 2. Mai 2011, https://www.forbes.com/sites/jenna-goudreau/2011/05/02/why-stay-at-home-moms-should-earn-a-115000-salary/#5878aeda75f4 (zuletzt abgerufen am 07.08.23).

**Seite 210**

[48] Jane Daugherty: *Living in a Microwave Society*, Whole Magazine, 7. März 2013, https://wholemagazine.org/living-in-a-microwave-society/ (zuletzt abgerufen am 07.08.23).

**Seite 222**

[49] Daniel Amen: *Healing the Hardware of the Soul* (New York: Free Press, 2002), S. 158.

[50] Amen: *Healing the Hardware of the Soul*, S. 194.

**Seite 224**

[51] Dr. Caroline Leaf: *Who Switched Off My Brain?* (Southlake, TX: Thomas Nelson, 2007), S. 59.

CLV

Nancy Leigh DeMoss / Dannah Gresh

# Lügen, die junge Frauen glauben

Paperback, 256 Seiten
ISBN978-3-86699-344-0

»Ich weiß, dass ich in Gott allein völlig zufrieden sein soll, aber wenn ich mit ihm und mit meinen Freunden glücklich sein dürfte, dann wäre ich wirklich glücklich!«
»Es scheint mir, als würde ich wohl für immer mit Depressionen kämpfen müssen. Ich fühle mich immer so, als wäre ich nicht gut genug.«
»Aus meiner Sicht wird dieses ganze Ehefrau- und Mutter-Thema überbewertet. Es ist nicht cool, einen Ehemann und eine Familie haben zu wollen.«

Das sind einige der Reaktionen, die Nancy Leigh DeMoss und Dannah Gresh zu hören bekamen, als sie sich mithilfe einer von ihnen landesweit durchgeführten Umfrage und in die Tiefe gehender Diskussionsgruppen aufmerksam unter jungen Frauen umhörten.

Dieses Buch ist geschrieben worden, um jungen Frauen zu helfen, die Wahrheit zu finden – denn auf die richtigen Stimmen zu hören, kann schwierig sein.

Die Autorinnen stellen 25 der am häufigsten geglaubten Lügen vor. Sie berichten aus dem Leben einiger junger Frauen, mit denen sie sprachen, und schreiben ehrlich davon, wie sie selbst die Lügen überwinden konnten, denen sie glaubten. Und sie zeigen, dass die Wahrheit wirklich frei machen kann.